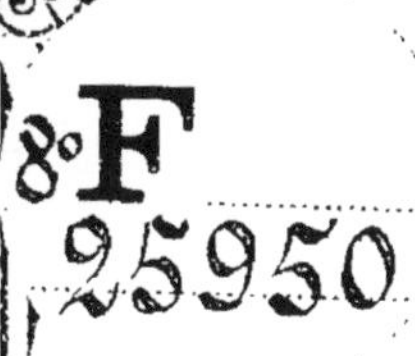

MEMORANDUM

DU

CHEF DE DÉTACHEMENT

ET DE

L'OFFICIER D'APPROVISIONNEMENT

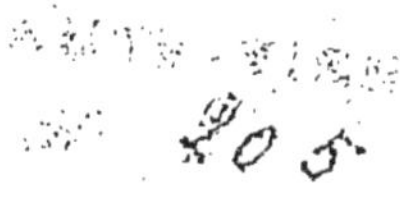

PARIS ET LIMOGES
HENRI CHARLES-LAVAUZELLE
Imprimeur-Editeur Militaire

MEMORANDUM

DU

CHEF DE DÉTACHEMENT

ET DE

L'OFFICIER D'APPROVISIONNEMENT

Capitaine CHARTON

MEMORANDUM

DU

CHEF DE DÉTACHEMENT

ET DE

L'OFFICIER D'APPROVISIONNEMENT

3e ÉDITION — 1914

PARIS
HENRI CHARLES-LAVAUZELLE
Éditeur militaire
124, Boulevard Saint-Germain, 124
MÊME MAISON A LIMOGES

INTRODUCTION

En garnison, un chef de corps, un chef de détachement de quelque importance qu'il soit, peut toujours, grâce au concours des comptables dont il dispose ou des règlements qu'il peut consulter tout à son aise, élucider tous les points litigieux.

En route ou en détachement, hors de la garnison, sur un point quelconque du territoire, pour un temps indéterminé, il n'en est pas toujours de même, et il faut qu'un chef de détachement connaisse et ses droits et ses devoirs, afin de pouvoir donner à sa troupe le plus de confortable possible, et résoudre toutes les difficultés qui peuvent se présenter.

Il est donc indispensable qu'il sache extraire de nos nombreux règlements tout ce que les tarifs permettent d'allouer et qu'il connaisse la procédure à suivre dans les fréquents incidents ou accidents d'une route ou d'un détachement.

Mais sa mémoire seule pouvant lui faire défaut, un *memorandum* lui sera indispensable.

Celui que nous donnons ici n'est donc qu'un travail de compilation, tiré des instructions en vigueur. Il a pour but de faciliter la tâche du chef de détachement et de l'officier d'approvisionnement.

Il comprend deux parties bien distinctes : le texte, les modèles.

Le texte, avec renvois aux règlements ou circulaires en vigueur, chaque fois qu'il est utile, pour en permettre la citation lui donnant un caractère d'autorité, suivi de tableaux divers et des tarifs en vigueur.

Les modèles, complétés par des exemples, car nous avons estimé que l'imprimé sans exemples était comme un cadre sans portrait.

Pas de littérature, pas de phrases, mais de la concision et de la pratique.

Une table des matières, en tête, et une table alphabétique, à la fin, permettront de trouver rapidement le renseignement cherché.

En faisant paraître la troisième édition de ce Mémorandum nous tenons à remercier les nombreux chefs ou amis qui ont bien voulu nous adresser un témoignage de l'utilité de notre petit ouvrage et nous sommes heureux d'avoir rempli le seul but que nous nous étions proposé, « rendre service aux camarades ».

Charles CHARTON,

Capitaine commandant au 10e chasseurs.

Sampigny, le 25 mars 1914.

OUVRAGES CONSULTÉS

Collection du *Bulletin Officiel* (Edition méthodique) du Ministère de la guerre (1).

Administration et comptabilité des corps de troupe..... Vol. 1.
Service du chauffage et de l'éclairage dans les corps de troupe.. — 5.
Gestion des ordinaires.................................... — 7.
Règlement sur la comptabilité en campagne.......... — 8.
Couchage et ameublement................................ — 9.
Conditions civiles et politiques des militaires......... — 28.
Règlement sur le service du casernement............ — 51.
Instruction générale sur les manœuvres............. — 55^3.
Paiement des dommages causés aux propriétés........ — 58.
Réquisitions militaires...................................... — 70.
Recensement et classement des animaux et des voitures. — 70 *bis*.
Service intérieur des troupes............................ — 78.
Service de places.. — 75.
Service de santé.. — 80.
Service vétérinaire.. — 84.
Objets divers.. — 86.
Solde et revues... — 88.
Tarifs de solde.. — 90.
Subsistances militaires....................................... — 91.
Notice des subsistances militaires...................... — 92.
Notice des subsistances militaires...................... — 93.
Subsistances militaires en campagne.................. — 94.
Alimentation en campagne.................................. — 94 *bis*.
Instruction concernant les officiers d'approvisionnement.. — 95.
Transports par chemin de fer.... ....du vol. 100^1 au vol. 100^9.
Transports maritimes..............................Vol. 101 à 103
Frais de déplacement..................................... Vol. 100^5.

---

(1) En vente à la librairie militaire Charles-Lavauzelle.

TABLE DES MATIÈRES

TITRE Ier

GÉNÉRALITÉS

Pages.

TITRE II

MOUVEMENTS PAR VOIE DE TERRE

CHAPITRE Ier.

DISPOSITIONS A PRENDRE POUR LA MISE EN ROUTE D'UN DÉTACHEMENT PAR VOIE DE TERRE

CHAPITRE II

ALIMENTATION EN ROUTE. — AUX MANŒUVRES

Pages.

1° *Achats directs par l'officier d'approvisionnement ou le chef de de détachement.*

2° *Ravitaillement par le service des subsistances. — Cas des manœuvres.*

CHAPITRE III

RÉQUISITIONS

CHAPITRE IV

DU LOGEMENT ET DU CANTONNEMENT

CHAPITRE V

INCIDENTS ET ACCIDENTS DE ROUTE

CHAPITRE VI

RAPPORTS DES CHEFS DE DÉTACHEMENT AVEC LES AUTORITÉS MILITAIRES ET CIVILES

CHAPITRE VII

COMPTABILITÉ

CHAPITRE VIII

PETITS DÉTACHEMENTS

CHAPITRE IX

CHAPITRE X

CHAPITRE XI

DÉTACHEMENTS AUX MANŒUVRES D'AUTOMNE

CHAPITRE XII

CHAPITRE XIII

DÉTACHEMENTS AUX GRÈVES

CHAPITRE XIV

CHAPITRE XV

TITRE III

MOUVEMENTS PAR VOIE DE FER

CHAPITRE Ier

PRÉLIMINAIRES

CHAPITRE II

MISE EN ROUTE D'UN DÉTACHEMENT PAR VOIE DE FER

CHAPITRE III

MESURES PRÉPARATOIRES

CHAPITRE IV

EMBARQUEMENT. — DÉBARQUEMENT. — HALTES ET STATIONS

TITRE IV

MOUVEMENTS PAR VOIE D'EAU

CHAPITRE Ier.

CONVOIS PAR EAU

CHAPITRE II

EXÉCUTION DES TRANSPORTS DE LA GUERRE PAR NAVIRES DE COMMERCE

CHAPITRE III

EMBARQUEMENT

CHAPITRE IV

DÉBARQUEMENT

CHAPITRE V

TRANSPORTS MARITIMES ENTRE LA FRANCE, L'ALGÉRIE, LA TUNISIE, LA TRIPOLITAINE ET LE MAROC

Passagers de l'Etat.

CHAPITRE VI

TRANSPORTS MARITIMES ENTRE LA FRANCE ET LA CORSE

TITRE V

ADMINISTRATION EN CAMPAGNE

CHAPITRE Ier.

ADMINISTRATION ET COMPTABILITÉ DES CORPS DE TROUPE EN CAMPAGNE

CHAPITRE II

ALIMENTATION EN CAMPAGNE

CHAPITRE III

FONCTIONNEMENT DU SERVICE

CHAPITRE IV

CHAPITRE V

ANNEXE N° 1

Service des frais de déplacement.

ANNEXE N° 2

Caractères distinctifs des denrées.

CHAPITRE Ier.

VIVRES

CHAPITRE II

FOURRAGES

ANNEXE N° 3

ANNEXE N° 4

Tarifs et modèles.

MEMORANDUM

DU

CHEF DE DÉTACHEMENT

ET DE

L'OFFICIER D'APPROVISIONNEMENT

TITRE Ier

GÉNÉRALITÉS

Qu'entend-on par détachement ?

Un détachement est une fraction de corps de troupe, de force variable, détachée de la portion centrale (1).

Qu'entend-on par portion centrale ?

La portion centrale d'un corps de troupe est celle où fonctionne le conseil d'administration lorsque le régiment est fractionné (1).

Qu'entend-on par portion principale ?

La portion principale d'un corps de troupe est celle que commande directement le chef de corps lorsque, le régiment étant divisé, il ne réside pas à la portion centrale, c'est-à-dire où fonctionne le conseil d'administration (1).

Qu'appelle-t-on dépôt ?

On appelle dépôt le détachement du corps stationné dans la garnison où se trouvent les approvisionnements de réserve destinés au corps, lorsque ceux-ci ne se trouvent pas dans le lieu de garnison du régiment (1).

Comment peut être composé un détachement ?

Un détachement peut être composé : soit d'unités administratives constituées (une ou plusieurs compagnies, escadrons ou batteries), soit de fractions d'unités (pelotons ou sections), soit même d'un nombre d'hommes supérieur ou égal à six d'un même régiment (fraction de corps ou unité administrative).

---

(1) Art. 2 (Vol. 1, E. M., page 19).

En dessous de six hommes réunis, la fraction porte encore le nom de détachement, mais elle n'a plus la même administration ; les hommes faisant alors mouvement sont considérés comme isolés, avec droit aux indemnités fixées par le règlement sur les frais de déplacement.

Par qui est administré un détachement ?

Tout détachement est administré par son chef.

Selon l'importance du détachement, ce chef peut être un officier (supérieur, capitaine, lieutenant ou sous-lieutenant) ou un sous-officier, un caporal ou brigadier, ou même un simple soldat (1).

Comment s'administre un détachement formé d'unités administratives constituées ?

Si un détachement formé d'unités administratives constituées, commandé par un officier, ne peut faire percevoir le prêt soit chez le trésorier du corps, soit chez le commandant de la fraction dont il relève, il a une administration distincte, et le chef de ce détachement a les attributions et les responsabilités du conseil d'administration. Les règles d'administration et de comptabilité sont alors celles données pour l'administration et la comptabilité intérieure des corps de troupe.

Si, au contraire, en raison de la facilité des communications, les détachements peuvent faire percevoir le prêt, soit chez le trésorier du corps, soit chez le commandant de la fraction dont ils relèvent, ils sont administrés par le conseil d'administration du corps ou par le commandant de la troupe dont ils relèvent (1).

Comment s'administrent les détachements de moindre importance ?

D'après les principes des détachements de plus grande importance.

Toutefois, lorsque le chef n'est pas officier, il ne peut établir d'états de solde et reçoit des avances de la fraction dont il dépend pour assurer sa subsistance (1).

Comment sont formés les détachements ?

Les détachements sont formés en vertu d'« ordres de mouvement » émanant du Ministre de la guerre ou du commandant de corps d'armée délégué.

S'ils sont formés de fractions constituées, celles-ci sont désignées d'après un tour de service établi entre les unités d'un régiment et, dans chaque unité, entre les pelotons ou sections. Si, dans un détachement ayant une administration distincte, il est formé plusieurs détachements placés sous les ordres de chefs indépendants les uns des autres, chaque détachement nouveau s'administre séparément à dater du jour de la séparation.

Si, au contraire, plusieurs détachements d'un même corps administrés séparément viennent à être placés sous un même commandement, ils ne donnent plus lieu dès lors qu'à une seule administration ; celle-ci est alors exercée par le plus ancien dans le grade le plus élevé à dater du lendemain de la réunion (1).

---

(1) Art. 4 et 5 (Vol. 1, E. M. p. 20-21).

A quelle date commence l'administration d'un détachement ? A quelle date cesse-t-elle ?

Le détachement commence, pour une fraction quelconque, du jour de la mise en route, s'il y a déplacement, ou du jour où le reste du corps quitte cette fraction.

Il cesse à la date du lendemain du jour où il rentre dans sa garnison, s'il en a été détaché, ou du lendemain du jour de la rentrée du reste du régiment si, au contraire, il était resté seul.

Combien y a-t-il d'espèces de détachements ?

1° Les *détachements permanents.* — Ce sont les fractions de certains corps tenant garnison dans une ville autre que celle de la portion centrale ou principale.

2° Les *détachements momentanés*, qui sont multiples : détachements aux manœuvres de cadre, de garnison, d'automne ; détachements en conduite de chevaux de remonte ; détachements aux grèves, etc.

Qu'entend-on par ordre de mouvement ?

L'ordre de mouvement d'une troupe ou fraction de troupe est le document formant avis, délivré par le Ministre ou les autorités qui ont sa délégation, et faisant connaître le but du déplacement, les dates de départ et d'arrivée, l'effectif approximatif de la composition du détachement, l'itinéraire à suivre (voir modèles nos 58, 60, 64).

Quels sont les divers modes de transport des détachements ?

1° Par voie de terre ;
2° Par voie de fer ;
3° Par voie d'eau.

TITRE II

MOUVEMENTS PAR VOIE DE TERRE (1)

CHAPITRE Ier

Dispositions à prendre pour la mise en route d'un détachement par voie de terre.

Les localités où doit passer ou séjourner le détachement, ayant été avisées par le commandement territorial, prévenu lui-même par le corps d'armée qui a en même temps avisé le préfet, le chef de détachement prend les dispositions suivantes :

Avis aux maires des localités.

Prévenir directement les maires des communes où le détachement doit cantonner ou séjourner, du jour de passage et des jours de séjour s'il y a lieu, de l'effectif de la troupe en officiers, hommes, chevaux et voitures à loger et cantonner ; des quantités de pain, viande, fourrages et autres denrées qu'il se propose d'acheter sur place [voir mod. n° 30, p. 149].

Demande de feuille de route à la sous-intendance.

Dès la réception de l'ordre de mouvement il est établi, par les soins du conseil d'administration du corps, s'il s'agit d'un détachement du régiment à mettre en route, ou par les soins du chef de détachement lui-même, s'il s'agit de la mise en route de son propre détachement, une demande de feuille de déplacement [modèle n° 43, p. 162] appuyée d'une copie de l'ordre reçu [mod. n° 58, p. 192]. Un compte rendu du mouvement est à adresser dès le départ [mod. n° 59, p. 193].

Cette feuille de déplacement donne le droit au logement et au cantonnement chez l'habitant, même si la municipalité n'avait pas été prévenue.

Elle doit être visée dans chaque localité, soit par le sous-intendant militaire ou son suppléant dans les places de garnison, soit par le maire dans tous les autres cas.

Officier devançant la colonne.

Lorsqu'un détachement se déplace pour se rendre à un point déterminé et passant par des points également fixés à l'avance, le commandant de la troupe, lorsque cette troupe est au moins de la force d'une compagnie, escadron ou batterie, peut désigner un officier qui devance la colonne d'un ou deux jours. Cet officier est alors chargé de préparer, dans chaque point de passage, l'installation des officiers et de la troupe, et de prendre les dispositions préliminaires que comporte son alimentation.

Nous verrons, sous le titre *Du logement et du cantonnement*, ce que doit faire l'officier devançant la colonne (voir p. 19 et 20).

Perception de fonds avant le départ.

Avant son départ, le chef de détachement reçoit du conseil d'administration (trésorier) la somme qui lui est nécessaire pour assurer ses premiers besoins ; il est dépositaire de la caisse et en est seul res-

(1) Vol. 100[1], page 23.

ponsable, à moins que le détachement ne compte un officier payeur. Il doit assurer lui-même les divers payements à effectuer. S'il se fait seconder par un officier, ce qui est son droit, il n'est pas moins responsable et certifie seul les pièces de recettes et de dépenses.

Comptabilité à ouvrir au départ. — Registres à tenir. — Imprimés à emporter.

Le chef de détachement (nous envisageons le cas d'un détachement n'ayant pas d'officier payeur ni d'officier d'approvisionnement, une compagnie, escadron ou batterie par exemple) ouvre un *Registre journal de recettes et dépenses* pour l'inscription de toutes les sommes qu'il reçoit à titre d'avances ou par envois, ou pour ventes des fumiers ou dépouilles des chevaux ou mulets morts, et aussi pour l'inscription des dépenses de toute nature.

Il emporte les registres ou imprimés suivants :

Livret de solde, pour la perception de fonds en cours de route, si c'est nécessaire.

Carnet de factures et quittances, pour l'achat et le paiement des diverses fournitures lorsqu'il doit être procédé par achats directs (vivres et fourrages) [mod. n° 53 et n° 54, p. 181 et 183].

Carnet de bons de réapprovisionnement, pour la perception de denrées (vivres et fourrages) dans le cas où il doit se réapprovisionner près du service des subsistances [mod. n° 56, p. 189].

Bons de vivres remboursables pour la perception de denrées remboursables, le cas échéant (sucre, café, etc.) [mod. n° 57, page 191].

Mémoires, Quittances, pour le paiement des achats directs (chauffage, dégâts aux cantonnements, réparations aux voitures, etc.) [mod. n° 51 et n° 52, p. 177 et 179].

Registre des distributions, pour l'enregistrement et la prise en charge des denrées perçues ou achetées pendant la route.

Registre de déplacement, pour la mise en route d'isolés [mod. n° 29 *bis*, p. 146].

Registre de correspondance, pour la copie de toute la correspondance du chef de détachement avec les diverses autorités territoriales et avec ses chefs hiérarchiques.

Feuilles d'émargement pour officiers et sous-officiers, pour leur paiement s'il y a lieu.

Relevés récapitulatifs d'achats, pour obtenir le remboursement des sommes payées, dans le cas où le détachement doit rester isolé pendant un temps assez long.

Bons de convois militaires, pour le transport des bagages ou éclopés s'il y a lieu [mod. n° 65, p. 199].

Etats numériques pour les hommes et chevaux ayant logé où cantonné dans des localités pendant plus de trois nuits [mod. n° 47, p. 166 et 167].

Etats des payements effectués [mod. n° 48, p. 169].

Rapport de la commission régimentaire pour l'abatage d'un cheval [mod. 66[1], p. 201].

Procès-verbal d'abatage d'un cheval [mod. n° 67, p. 202].

Procès-verbal de mort d'un cheval [mod. n° 66, p. 201].

Rapport d'autopsie [mod. n° 68, p. 203].

Carnet d'ordres de réquisition et *Carnet de reçus de prestations requises*, dans le cas où le droit de réquisition serait ouvert [mod. n° 49, et n° 50 p. 172 et 174].

Certificat de demi-journée de nourriture [mod. n° 38, p. 157].

Commission de vaguemestre [mod. n° 32, p. 151].

Ordres de transport, pour l'évacuation d'un cheval indisponible [mod. n° 60, p. 194].

Enveloppes, papier, plumes, encre, etc.

NOTA. — Nous ne mentionnerons pas ici les imprimés, registres et documents que le chef de détachement, lorsqu'il est commandant d'unité, doit également emporter pour son administration ordinaire : situations administratives et rapports, feuilles de journées, etc., etc.

Paiements de la solde échue et avances de solde aux officiers et sous-officiers à solde mensuelle.

Outre la solde échue à laquelle ils ont droit, les officiers et sous-officiers à solde mensuelle, au moment d'un départ en détachement, peuvent percevoir, à titre d'avances, une quinzaine de leur solde. Ces avances sont payées chez le trésorier du corps la veille du départ ou par le chef de détachement, si c'est ce détachement lui-même qui se met en route. Dans le premier cas, le chef de détachement doit avoir soin de prendre note des paiements ainsi faits, afin d'en tenir compte dans les paiements ultérieurs qu'il peut être appelé à faire, en cours de route, à ces officiers et sous-officiers.

Moyens de transport du matériel et des bagages des officiers et de la troupe.

Si le corps ou le détachement dispose des voitures régimentaires nécessaires (fourgons à vivres, fourgons-forge, petites voitures de blessés), la composition et le nombre sont fixés par l'autorité qui a prescrit le déplacement, et il n'y a qu'à s'y conformer. Les moyens de transport ainsi donnés sont en rapport avec l'effectif des hommes et des chevaux, la durée du déplacement et les quantités de vivres (hommes et chevaux) qui doivent être emportées pour le ravitaillement.

Bons de convoi.

Si, au contraire, le corps ou détachement ne dispose pas de voitures des équipages régimentaires, il est pourvu au transport de son matériel et de ses bagages au moyen de voitures civiles que le chef de détachement se procure avec des *Bons de convoi* [mod. n° 65, p. 199], et d'après le nombre indiqué sur l'ordre de mouvement de l'autorité qui a prescrit le déplacement (2).

Voitures ou colliers. — Mulets de bât (2).

Les voitures requises comprennent, selon les circonstances, en principe :

1° Des voitures non suspendues pour le transport des bagages ou du matériel ;

2° Des voitures suspendues pour le transport des malades ;

3° Des animaux de bât pour les transports effectués sur des routes inaccessibles ou impraticables aux voitures.

Les voitures sont à un ou plusieurs colliers (chevaux); 5 mulets remplacent une voiture à un collier.

Le chargement maximum d'une voiture est de 600 kilos environ ; celui d'un mulet de bât est de 120 kilos, non compris le poids du bât.

---

(1) Vol. 100-1, art. 12 et 13.

(2) Vol. 100-1, art. 4.

Allocations de transport (1).

Les allocations sont basées sur l'effectif du détachement, savoir :

De 6 à 24 hommes : avec un sous-officier, aucune allocation ; avec un officier, un collier.

Au-dessus de 24 hommes et jusqu'à 160, avec ou sans sous-officier, un collier.

Au-dessus de 160 et par multiple de 160, ou par fraction de ce nombre, un collier.

Si le détachement comprend au moins 12 officiers, il est de plus alloué un collier pour le transport de 30 kilos de bagages par officier.

Lorsque le détachement comporte un régiment ou une fraction de corps ayant une administration distincte, nécessitant le transport de fonds, il est alloué également un collier pour le transport des archives et de la caisse.

Délivrance des bons de convoi (1).

Ils sont délivrés au départ par le service de l'intendance, sur la production de l'invitation de feuille de déplacement, où mention est portée des colliers ou mulets de bât nécessaires, avec la copie de l'ordre de mouvement qui donne l'effectif en officiers, troupe, voitures, etc.

Si les moyens de transport ne doivent aller que d'un gîte à l'autre, les indications portées sur la feuille de déplacement délivrée servent de base aux allocations ultérieures, qui sont alors requises à chaque étape, dans les mêmes conditions de nombre et de force qu'au départ, et ainsi de suite jusqu'à l'arrivée à destination.

S'il n'y a pas de sous-intendance locale ou de suppléant, c'est au maire, qui en fait fonction, qu'incombe le devoir de faire assurer les transports.

Allocations supplémentaires (1).

Le nombre d'hommes malades ou d'éclopés peut être cause de la nécessité d'augmenter les moyens de transport accordés au départ.

Ces allocations supplémentaires sont demandées par le chef de corps ou de détachement au service de l'intendance ou à sa suppléance ; les demandes, dans ce cas, sont accompagnées d'un certificat du médecin militaire, ou, à défaut, d'un médecin civil, constatant la nécessité de l'allocation. Mention de cette allocation est alors portée sur la feuille de déplacement.

S'il n'y a pas de sous-intendance, c'est au maire à faire fournir les transports supplémentaires.

Exécution des transports.

En principe, la fourniture des moyens de transport fait l'objet d'une entente verbale entre le chef de détachement et les voituriers ou propriétaires de voitures ; le paiement est effectué à l'arrivée, d'après les prix convenus, après la certification, sur le bon de convoi lui-même, de l'exécution du service [voir mod. n° 65, page 199].

Transport d'effets ou d'objets par les voies ferrées (2).

Dans le cas de changement de garnison, par exemple, le transport d'effets, d'objets ou de matériel à emmener dans la nouvelle garnison

(1) Vol. 100-1, art. 7, 8, 12, 13.
(2) Vol. 100-3.

se fait sur la production d'une demande adressée à la sous-intendance, accompagnée toujours d'une copie de l'ordre de mouvement; la sous-intendance délivre l'avis d'expédition, l'ordre de transport et la lettre de voiture à remplir par l'expéditeur. Celui-ci (capitaine d'habillement ou officier de détails) y inscrit les colis par numéro d'ordre, de 1 à....., et la renvoie au sous-intendant, qui date les pièces du jour de la remise au préposé chargé d'assurer l'expédition.

La compagnie des chemins de fer, dès la signature de la prise en charge, restitue à l'expéditeur l'avis d'expédition et devient responsable des colis qui lui sont confiés.

Cet avis d'expédition est alors transmis par la sous-intendance locale à la sous-intendance de destination.

A l'arrivée, l'état extérieur des colis étant constaté, le destinataire signe le premier récépissé provisoire de la lettre de voiture ; renvoyée au sous-intendant militaire, elle n'est revêtue de la deuxième signature du destinataire qu'après vérification du contenu et constatation des pertes et avaries, s'il y a lieu.

Transports particuliers (1).

Dans le cas de changement de garnison, de déplacement, de changement définitif de garnison, mise en non-activité, réforme, retraite, congé de un mois, trente jours, les officiers, sous-officiers, brigadiers et cavaliers rengagés ont droit au transport à tarif réduit de leur mobilier ou effets personnels. Sur la production de la lettre de service, du titre de congé ou d'un certificat du chef de corps ou de détachement, ils obtiennent du sous-intendant militaire, après signature de la demande, les lettres de voiture et avis d'expédition nécessaires et reçoivent application du barème qui régit chaque cas particulier. Les formalités de remise et de reprise des effets sont les mêmes que pour les transports de matériel ou d'effets militaires, données ci-dessus. La quantité de mobilier auquel a droit chacun est donnée au tableau n° 27, page 137.

Composition du chargement des fourgons-forges de l'état-major et des escadrons dans la cavalerie (2) et du fourgon à bagages de bataillon des régiments d'infanterie.

La composition du chargement du fourgon-forge de l'état-major est donnée au tableau n° 14, page 101).

Celle du fourgon-forge des escadrons est donnée au tableau n° 15, page 102.

Celle du fourgon à bagages de bataillon d'infanterie, tableau 15 *bis*, page 103.

Composition du chargement des caisses d'outils des ouvriers (toutes armes) (3).

La composition du chargement des diverses caisses des ouvriers de toute catégorie est donnée aux tableaux indiqués ci-dessous, et pour chaque arme, savoir :

Toutes armes. — Caisse d'outils des ouvriers tailleurs [tabl. n° 16,

(1) Vol. 100-3 et 100-5.
(2) Vol. 86, pages 93-94 et 84-85.
(3) Vol. 8, pages 126 et suivantes.

p. 104]. — Caisse d'outils des cordonniers et bottiers [tabl. n° 17, p. 108].

Infanterie. — Caisse de l'ouvrier bourrelier [tabl. n° 18, p. 110].

Cavalerie. — Caisse de l'ouvrier sellier [tabl. n° 19, p. 111].

Artillerie et train. — Caisse de l'ouvrier bourrelier [tabl. n° 20, p. 112].

Génie. — Trousse et caisse de l'ouvrier bourrelier [tableau n° 21, p. 114].

CHAPITRE II

Alimentation en route. — Aux manœuvres (1).

L'alimentation des hommes et des chevaux en route comporte deux modes d'opérer, selon que le détachement doit se ravitailler par achats directs ou par les magasins administratifs. En principe, en route, les détachements pourvoient par achats directs à leur alimentation, et s'adressent seulement aux services administratifs lorsqu'ils traversent ou séjournent dans une ville de garnison.

En manœuvres, au contraire, très souvent, le ravitaillement se fait presque exclusivement sur les magasins administratifs, fixes ou mobiles, selon les instructions spéciales données.

Nous répondrons donc aux deux modes d'opérer dans les chapitres distincts qui seront à consulter selon le cas.

1° Achats directs par l'officier d'approvisionnement ou le chef de détachement (2).

Lorsque l'importance du détachement le comporte, un officier d'approvisionnement est chargé de l'achat des denrées nécessaires à l'alimentation des hommes et des chevaux.

Si le détachement est de plus faible effectif (d'une compagnie, escadron ou batterie), il ne comprend pas d'officier d'approvisionnement; dans ce cas, c'est le chef de détachement lui-même qui est officier d'approvisionnement. Il peut cependant, sous sa responsabilité entière, se faire aider par un de ses officiers ou par un sous-officier, auquel il ne doit pas néanmoins donner la délégation de la signature des diverses pièces de dépenses.

Les maires, qu'ils aient été prévenus ou non par un avis préalable ou par le passage, la veille de l'arrivée, d'un officier devançant la colonne, doivent donner à l'officier d'approvisionnement tous les renseignements utiles sur les ressources de leur commune, les principaux fournisseurs, le prix mercurial local des denrées, leur qualité, etc...

L'officier d'approvisionnement, après avoir fait appel à la concurrence en provoquant à la mairie ou dans tout autre lieu la réunion des fournisseurs des diverses denrées dont il a besoin, vérifie la qualité des denrées offertes et arrête la fourniture, lorsque le prix demandé ne dépasse pas les prix-limites. Il fixe l'heure et l'emplacement où les denrées devront être concentrées, en indiquant le lotissement qu'il désire. A l'heure de la distribution, il remet à l'officier de distribution du détachement les denrées ainsi préparées pour leur répartition entre les parties prenantes, après avoir fait procéder à la vérification des quantités ou poids.

---

(1) Vol. 100-1, page 45, et vol. 55-3.

(2) Vol. 95.

Importance des achats.

Les officiers d'approvisionnement traitent directement avec les vendeurs; leurs achats ont lieu sur simple facture [mod. n° 53, p. 181] détachée d'un carnet à souches, et doivent être suivis du paiement immédiat; ils ne peuvent dépasser 1.500 francs par fourniture.

Si l'achat ne dépasse pas 10 francs, l'on se sert d'une quittance [mod. n° 54, p. 183].

Formalités du timbre.

Les factures au-dessus de 10 francs sont assujetties aux frais de timbre (timbre de dimension de 0 fr. 60 et timbre de quittance de 0 fr. 10) qui sont précomptés au livrancier, lors du paiement. Les officiers d'approvisionnement ont à faire apposer les timbres de dimension, au retour dans la garnison, sur toutes les factures utilisées de leur carnet, au bureau de l'enregistrement (1).

Acquit des factures ou quittances.

Les factures et les quittances doivent porter l'acquit du fournisseur; le timbre de quittance est également oblitéré par le fournisseur [mod. n° 53, p. 181]. L'officier d'approvisionnement signe la prise en charge.

Paiement des fournitures obtenues par achat direct.

Le paiement est fait, après la livraison, par l'officier d'approvisionnement, au moyen des avances qui lui sont faites journellement par la caisse du corps si le régiment est entier, ou par le chef de détachement au moyen de l'avance qui lui a été faite au départ.

Remboursement du montant des dépenses d'achat.

Ce remboursement s'effectue, en principe, au retour dans la garnison, au moyen de relevés récapitulatifs en deux expéditions établies par l'officier payeur ou le chef de détachement. Ces relevés sont présentés ou adressés aux officiers gestionnaires des subsistances, le plus tôt possible après la rentrée dans la garnison du détachement; ces officiers prennent en charge, en bloc, les denrées qui y sont portées, comme s'ils avaient acheté et distribué eux-mêmes les denrées au détachement.

Ces officiers les retournent alors au corps ou détachement, revêtus de la prise en charge, et reçoivent en échange un bon de remboursement décompté [mod. n° 55, p. 187].

Les relevés sont appuyés des factures et quittances: les souches sont conservées à l'appui de la comptabilité de l'officier d'approvisionnement.

Fournitures des denrées.

Les diverses fournitures doivent, en principe, être achetées dans la zone des cantonnements au moyen des ressources locales. En aucun cas, l'officier d'approvisionnement ne doit se faire suivre de fournisseurs éventuels, ou des fournisseurs de la garnison d'où le détachement vient.

Le service de l'intendance, chaque fois que cela est nécessaire, répartit, d'après les ordres qu'il a reçus du commandant, les zones attribuées à chaque unité ou détachement pour leur approvisionnement.

(1) Le règlement indique au contraire que les factures sont revêtues avant le départ de la garnison de timbres de dimension, en pratique l'on procède comme nous l'indiquons.

Viande fraîche.

S'il ne peut, chez un boucher de la localité, se procurer la viande nécessaire à son détachement, l'officier d'approvisionnement aura recours à l'achat de bêtes sur pied, qu'il fera abattre au moyen de la série réglementaire d'outils de boucher (1). A défaut de bœufs ou vaches, il n'hésitera pas à exploiter toutes les ressources locales qui peuvent exister en taureaux, veaux, moutons, porcs et au besoin volailles, lapins, etc. La viande, chaque fois qu'il est possible, est visitée par un médecin ou un vétérinaire.

S'il y a excédent, le surplus est emporté dans la voiture à viande, légèrement salé, ou dans des paniers, pour la distribution du lendemain.

Les issues vénales sont vendues sur place ; le montant du prix de vente est encaissé par l'officier d'approvisionnement, puis versé au Trésor par l'officier payeur ou le chef de détachement. Si cette vente ne peut être faite, les issues sont remises à la municipalité qui en délivre récépissé. Les issues non vénales sont toujours enfouies à la diligence des détachements qui ont fait l'abat. Si à l'abat, la bête est reconnue impropre à la consommation, un procès-verbal de perte est établi, la viande est dénaturée et l'animal enfoui.

Pain de distribution.

Il est commandé dès l'arrivée au cantonnement chez le ou les boulangers locaux selon les besoins. Des hommes du détachement, de la profession de boulanger, peuvent être mis à la disposition des fournisseurs pour augmenter le nombre de fournées.

Le pain transporté par les voitures régimentaires sert à la consommation journalière, celui confectionné dans la journée étant distribué le lendemain.

Fourrages.

Les quantités nécessaires sont concentrées à l'endroit fixé par l'officier d'approvisionnement et loties d'après les instructions qu'il a données : en principe, en sacs de 70 kilos pour l'avoine, et en bottes d'un poids multiple de la ration individuelle pour le foin et la paille, pour la facilité du transport à dos d'hommes, et la distribution des denrées aux unités ou fractions d'unités constituées.

Combustibles.

L'officier d'approvisionnement fait préparer également le combustible nécessaire à la préparation des aliments, lorsqu'exceptionnellement il n'est pas fourni par chaque logeur ou par la municipalité, si les hommes sont cantonnés et vivent à l'ordinaire d'après les fixations du tarif réglementaire [tarif n° 10 *bis*, p. 96]. Le combustible est alors payé par l'officier d'approvisionnement sur facture ordinaire [mod. n° 51, p. 177] au compte de la masse de chauffage ou par l'officier commandant le détachement le cas échéant.

Denrées d'ordinaire.

S'il en a été chargé, l'officier d'approvisionnement a également acheté et fait réunir toutes autres denrées qui lui auraient été demandées par les unités, pour l'alimentation de son détachement : pommes de

(1) Tableau n° 21 *bis*, page 116. Une équipe de bouchers est mise à sa disposition pour l'abat si cela est nécessaire.

terre, légumes frais ou secs, etc. Ces dernières sont alors réglées par les unités intéressées, au moyen de la prime fixe d'alimentation, et l'acquit du paiement est porté sur le cahier d'ordinaire, sur une facture ou quittance.

Tabac.

La provision de tabac est emportée de la garnison pour la durée du déplacement.

Si la provision devient insuffisante, il y est pourvu dans les mêmes conditions qu'en garnison. Le service de l'intendance s'entend avec le service des contributions indirectes pour la désignation du bureau où le tabac nécessaire sera perçu [voir tabl. n° 70, p. 207].

Paille de couchage.

Si les hommes ne doivent pas être pourvus de paille de couchage par les soins de la municipalité, ou s'ils bivouaquent, la paille nécessaire est également préparée par les soins de l'officier d'approvisionnement et portée aux emplacements qu'il désigne. Il règle cette dépense également sur facture [mod. n° 51, p. 177] au compte de la masse de couchage du corps. Les allocations sont faites d'après le tarif [voir tabl. n° 9, p. 92].

Nourriture par l'habitant.

En raison des difficultés que présente une entente avec les habitants, la fourniture des repas par convention amiable n'est généralement demandée que pour des détachements d'effectif restreint.

Le chef de détachement arrête, de concert avec les habitants, la composition et le prix des repas, en le maintenant dans la limite fixée par les tarifs du commandement. Le prix convenu est payé immédiatement et directement à chaque habitant. Le payement est constaté par des certificats partiels (même modèle que celui des factures et quittances) établis par le chef de détachement et acquittés par les fournisseurs ; les certificats sont remis à l'officier payeur chargé de faire le remboursement des dépenses aux unités.

Lorsque les repas doivent être fournis par réquisition, l'officier d'approvisionnement, le chef de détachement ou l'officier de campement remet l'ordre de réquisition à la municipalité, qui est chargée de fixer le nombre d'hommes et, exceptionnellement, de chevaux, à faire nourrir par chaque habitant, ou de prendre les mesures nécessaires, si elle fournit elle-même des repas. L'officier d'approvisionnement délivre ensuite à la municipalité un reçu en bloc des prestations requises.

Sauf dans le cas où ils établissent eux-mêmes les ordres de réquisition, les commandants d'unité remettent à l'officier d'approvisionnement des bons de distribution en échange des demi-journées de nourriture fournies à leur unité.

Les petits détachements et les isolés reçoivent de l'officier qui les envoie en mission des bons de demi-journées de nourriture remplis à l'avance ; ces bons, extraits de carnets à souche, tiennent lieu à la fois d'ordres de réquisition et de reçus de prestations (modèle 38, page 157). Ils doivent porter toutes les indications nécessaires pour permettre de les imputer à l'unité au titre de laquelle ils sont établis. Ils sont délivrés directement aux fournisseurs qui les remettent à la municipalité chargée d'en poursuivre le remboursement, comme s'il s'agissait de prestations requises.

Distributions faites par l'officier d'approvisionnement (1).

Si le détachement transporte des approvisionnements avec le train régimentaire ou des voitures de réquisition, l'officier d'approvisionnement a comme premier soin d'en assurer le renouvellement total ou partiel, selon les denrées, au moyen des achats sur place.

Qu'il ait à prélever sur les approvisionnements du train régimentaire ou à distribuer les denrées achetées dans la zone du cantonnement, il est procédé de la manière suivante :

Les emplacements étant fixés par le commandement, l'officier d'approvisionnement fait réunir les denrées à l'endroit désigné et remet à chaque partie prenante les quantités qui lui reviennent, l'officier de jour présidant en principe les distributions.

Ils sont pourvus d'un outillage à distribution dans les conditions spécifiées au tableau n° 75, p. 212. S'ils ne disposent pas d'outillage, ils emploient les moyens les plus pratiques, mesures ou gamelles étalonnées pour les légumes secs, sacs pour l'avoine, etc.; ce n'est qu'en cas d'absolu nécessité que les denrées peuvent être distribuées au jugé.

Distributions aux parties prenantes étrangères.

Les quartiers généraux et certains services non pourvus d'officiers d'approvisionnement, ainsi que les parties prenantes isolées momentanément éloignées de leur officier d'approvisionnement normal, peuvent s'adresser au corps de troupe ou détachement le plus voisin pour se ravitailler, d'après les instructions du commandement.

L'officier d'approvisionnement de ce corps ou détachement se fait alors délivrer, en échange des denrées qu'il distribue, un bon régulier [modèle n° 57, page 191], qui est ensuite adressé par les soins de l'officier payeur, au sous-intendant de la formation, accompagné d'un état récapitulatif établi en deux expéditions, permettant de poursuivre le remboursement par voie de versement au Trésor de la valeur des denrées perçues par les parties prenantes étrangères.

Distributions remboursables.

Les denrées perçues à titre remboursable sont délivrées par l'officier d'approvisionnement contre bon n° 57 (voir page 191) pour permettre ultérieurement la régularisation avec le gestionnaire des subsistances désigné.

S'il s'agit cependant de denrées complémentaires au titre des ordinaires, elles sont réglées par l'officier d'approvisionnement si elles n'ont pu l'être par les unités ou parties prenantes isolées. Il s'en fait rembourser ensuite par les unités.

2° Ravitaillement par le service des subsistances. Cas des manœuvres.

Lorsque le service de l'intendance est chargé d'assurer le ravitaillement des troupes (comme parfois en manœuvres), l'ordre d'alimentation fixe les denrées qui seront fournies par ce service et donne les indications générales pour le ravitaillement pendant toute la durée des opérations.

(1) Voir page 215, le tableau donnant la constitution et le sectionnement du train régimentaire ainsi que la composition et la destination du chargement du train régimentaire.

Même dans ce cas, certaines denrées peuvent ne pas être fournies par l'administration, mais procurées d'après les ressources locales, par achats directs effectués par l'officier d'approvisionnement.

Quelquefois aussi, le ravitaillement peut faire défaut, si les approvisionnements du train régimentaire sont consommés ou insuffisants, et l'officier d'approvisionnement a encore recours aux achats directs ou à la réquisition pour l'alimentation de la troupe.

Enfin le ravitaillement peut être fait partie par le service de l'intendance, partie par achats directs effectués par l'officier d'approvisionnement, dans les conditions indiquées plus haut, pour les denrées non fournies par l'administration.

Envisageons le cas où l'intervention du service de l'intendance est régulière et fournit les denrées essentielles, pain, viande et fourrages, sucre et café, eau-de-vie.

Vivres de réserve. – Vivres régimentaires.

La composition ou chargement du train régimentaire est fixée de manière à pouvoir assurer simultanément la reconstitution d'une ration de vivres de réserve et la distribution des vivres du jour.

Les troupes du détachement ayant leurs approvisionnements constitués en vivres de réserve et en vivres régimentaires, conformément au tarif fixé [tabl. nº 22, p. 117], le service de l'alimentation est alors assuré par le ravitaillement journalier sur les centres désignés par le service de l'intendance, d'après les ordres du commandement.

Fonctionnement du service de ravitaillement.

Les fonctionnaires de l'intendance utilisent à cet effet, dans la plus large mesure possible, les ressources locales d'abord, puis les approvisionnements venant de l'arrière et transportés soit par voies ferrées, soit par voies d'eau, ou les approvisionnements des magasins lorsqu'il en a été constitué ; enfin le ravitaillement se fait, à défaut de ces trois moyens, par les voitures des échelons successifs : convois administratifs de corps d'armée pour les trains régimentaires, convois administratifs d'armée ou convois du service des étapes pour les convois administratifs de corps d'armée, convois du service des étapes pour les convois administratifs d'armée.

Les officiers d'approvisionnement des corps peuvent aider au service du ravitaillement par les ressources locales et, dans ce cas, reçoivent des instructions précises des fonctionnaires de l'intendance. Ils constituent leur train régimentaire conformément aux prescriptions du règlement sur l'officier d'approvisionnement (*B. O.*, vol. 95), ou d'après les instructions reçues. (Voir tableau nº 77, page 215).

Distributions aux troupes.

L'officier d'approvisionnement, pour les distributions journalières qui ont lieu en principe le soir, utilise les denrées du train régimentaire lorsqu'il en est constitué, pour le pain, la viande, les liquides, l'avoine pour la journée et la matinée du lendemain. Il ravitaille ensuite le train régimentaire ou va percevoir les denrées de la journée et du lendemain qui lui sont nécessaires au centre de ravitaillement qui lui a été assigné, et perçoit contre remise de bons de réapprovisionnements en bloc [mod. nº 56, p. 189] les quantités dont il a besoin.

L'heure de ces distributions est ordinairement fixée, afin d'éviter les encombrements aux centres de distribution, et les corps ou détachements sont tenus de se présenter aux heures indiquées.

Les denrées doivent être perçues en quantités arrondies : la viande, le combustible, les fourrages, au kilogramme ; le vin, la bière ou le cidre, au litre; l'eau-de-vie au quart de litre; le sel, le sucre et le café, le riz, les légumes secs, le lard ou le saindoux, au demi-kilogramme. Les bons sont établis en conséquence [mod. nº 56, p. 189] et remis à l'officier d'administration gestionnaire contre remise des denrées.

Distributions, à titre remboursable, aux officiers et sous-officiers à solde mensuelle.

Pendant les manœuvres, les officiers et les sous-officiers à solde mensuelle peuvent recevoir, à titre remboursable, des rations de vivres jusqu'à concurrence de deux rations par personne et par jour, quel que soit le grade. Ces vivres sont cédés au prix du tarif des trop-perçus donné annuellement au *Bulletin officiel*. S'il a été passé des marchés spéciaux pour la fourniture de la viande, elle est cédée au prix de revient. Ces fournitures sont perçues au moyen de bons (nº 57, page 191). Elles ne sont pas payées directement au distributeur; leur valeur est remboursée, par remboursement au Trésor, à la diligence du sous-intendant militaire chargé du service de la formation et auquel sont adressés les bons de distribution.

Obligations des commandants d'unités pour leurs perceptions.

Les commandants d'unités doivent faire remettre par leurs comptables les bons partiels de toutes les perceptions qu'ils ont à recevoir, en route ou aux manœuvres de l'officier d'approvisionnement, la veille pour le lendemain.

Ils doivent en tenir l'enregistrement fidèle au registre de comptabilité (1re partie) ou sur tout autre carnet, afin qu'à la rentrée à la garnison ils puissent remettre au trésorier le relevé exact de toutes leurs perceptions, pour faciliter le contrôle et l'acceptation des bons totaux qui sont adressés au corps par les divers officiers des subsistances qui ont à prendre en charge les denrées livrées ou achetées par l'officier d'approvisionnement.

Toutes les perceptions sont faites en échange de bons établis (modèle nº 57, p. 191) par chaque unité.

Le bon portant la mention du corps au titre duquel il est fourni est signé du chef de la partie prenante.

Il est également indispensable que, si des modifications ont été apportées au cours des distributions sur les quantités à percevoir portées sur les bons partiels, les rectifications utiles soient faites sur les bons qui seront réclamés à cet effet à l'officier d'approvisionnement.

L'on évitera ainsi des trop-perçus qui engageraient la responsabilité pécuniaire des commandants d'unité.

Obligations de l'officier d'approvisionnement pour les perceptions.

L'officier d'approvisionnement devra se faire remettre les bons partiels des unités pour lesquelles il doit percevoir des denrées, la veille au soir pour le lendemain. Il établira aussitôt les bons de réapprovisionnement nécessaires, si les denrées sont fournies par le service des subsistances : ils comprendront l'ensemble des bons partiels.

Ces bons doivent être distincts pour les vivres-pain, les vivres-viande et pour les fourrages. Un bon spécial doit être établi pour les vivres remboursables. [modèle nº 57, page 191].

Il devra avoir soin de tenir compte, lors de leur établissement, des quantités qui pourraient lui rester de la veille, soit à la suite de ses achats, soit parce qu'il lui aurait été imposé des reliquats aux centres de distribution.

Pour cela, il se reportera à son « Journal des entrées et sorties des approvisionnements » qu'il a l'obligation de tenir au jour le jour et avec soin. Il y trouvera de suite au paragraphe « Situation journalière » ce qui lui reste, à l'alinéa « Reste, ressources disponibles ».

Il ne faut pas que l'officier d'approvisionnement, s'il dispose des voitures du train régimentaire, distribue les excédents qu'il peut avoir reçu du service des subsistances aux parties prenantes, qui ne doivent recevoir que les quantités portées sur leurs bons partiels; agir autrement, c'est aller au-devant de risques d'erreurs, soit que les unités ne soient pas avisées de la perception de quantités en plus, soit que l'officier d'approvisionnement néglige de faire faire les rectifications utiles aux bons qu'il a reçus ou qu'il les fasse d'office sans prévenir les intéressés.

Ce n'est que dans le cas d'absolue nécessité ou au retour à la garnison, que les excédents, s'il en existe, sont répartis entre les unités.

L'officier d'approvisionnement doit conserver précieusement les bons partiels qui lui ont été remis par les unités, pour les produire au trésorier en même temps qu'il lui remet son « Journal des entrées et sorties des approvisionnements » avec ses carnets à souche de mémoires et quittances et les relevés récapitulatifs. Il aura pu établir d'autant plus facilement ces derniers que ces documents auront été bien tenus (1).

En ce qui concerne les mémoires, il lui est recommandé tout spécialement de bien se reporter aux indications du modèle n° 53, p. 181, et de tenir compte de la retenue du timbre de 0 fr. 60 dans la totalisation des dépenses, et, au contraire, de le comprendre dans l'arrêté en toutes lettres.

Il veillera à ce que les signatures des fournisseurs soient données à leur place, sur le timbre pour l'oblitération, et au certifié pour quittance.

Il est rappelé qu'aucune surcharge ou aucun grattage n'est admis dans l'arrêté. S'il y a erreur, il faut biffer nettement, écrire en dessus du biffage à l'encre rouge et, s'il s'agit de l'arrêté, le répéter entièrement en le précédant de la mention « Je dis... » et faire signer à nouveau le fournisseur.

Ces précautions éviteront la correspondance qu'il faut souvent échanger au retour à la garnison avec les municipalités, pour faire effectuer des rectifications de ce genre, opérations souvent difficiles lorsqu'il s'agit de retrouver des fournisseurs éventuels.

Refus de denrées.

Dans le cas où l'une des personnes ayant passé un marché avec le chef d'un détachement ou l'officier d'approvisionnement fait défaut, ou ne remplit pas les conditions du marché, notamment en ce qui concerne la qualité des denrées, le litige est déféré à une commission composée ainsi qu'il suit :

Le chef de la colonne ;

---

(1) Toutes les perceptions sont faites en échange de bons (modèle n° 57, p. 191), établis par chaque partie prenante et signés par elle.

Les deux officiers, sous-officiers, caporaux ou soldats qui marchent hiérarchiquement après lui ;

Le maire ou, s'il est absent ou empêché, l'adjoint ou le conseiller municipal qui le supplée :

Deux notables idoines désignés et convoqués par le maire ou son suppléant.

La voix du chef de la colonne est prépondérante.

Si les denrées ont été livrées par un établissement en gestion directe, le litige, en ce qui concerne la qualité des denrées, est porté devant une commission composée de :

Un officier supérieur ;

Deux capitaines ;

Un médecin ou un vétérinaire, suivant la nature des denrées ;

Le sous-intendant militaire ou son suppléant ;

Deux notables idoines choisis l'un par le commandant d'armes, l'autre par le comptable, sur une liste dressée par l'autorité municipale.

La commission est convoquée et présidée par le commandant d'armes ou le major de la garnison.

Tarifs des rations de fourrage.

[Voir tabl. n° 24, p. 122 ; tarif n° 25, p. 130 ; tarif n° 26, p. 125.]

CHAPITRE III.

Réquisitions (1).

Le droit de réquisition ne peut être exercé sur une partie quelconque du territoire qu'en vertu d'un ordre émanant du Ministre de la guerre.

La délivrance des ordres de réquisition appartient à tout chef de détachement qui a reçu délégation du commandant du corps d'armée ou du commandant d'armée, ou à l'officier d'approvisionnement de ce détachement.

La réquisition ne doit, en principe et surtout aux manœuvres, être utilisée qu'en cas de mauvaise volonté manifeste des municipalités ou des habitants, ou dans le cas de prix dépassant les prix-limites donnés avant le départ par le service de l'intendance pour chaque région traversée. A défaut de ces prix, il faut n'utiliser la réquisition qu'avec une entière prudence et lorsqu'il est reconnu que les prix demandés dépassent ceux de la mercuriale locale.

Chaque officier d'approvisionnement est muni d'un carnet d'ordres de réquisition [mod. n° 49, p. 172] portant délégation du droit de requérir, et d'un carnet de reçus de prestations requises [mod. n° 50, p. 174] qui comporte un tableau du taux des rations par homme et par cheval, lequel n'est pas absolu et peut subir des modifications par suite de substitutions.

Denrées, effets, matériel ou services pouvant être requis.

1° Le logement chez l'habitant et cantonnement pour les hommes et les chevaux ou mulets et bestiaux, bâtiments nécessaires pour assurer les divers services de l'armée.

2° Nourriture des officiers et des hommes chez l'habitant.

3° Vivres, fourrages, paille de couchage.

---

(1) Vol. 70. Réquisitions militaires.

4° Moyens d'attelage et de transport, y compris le personnel.

5° Moyens de transport sur les cours d'eau.

6° Moulins et fours.

7° Matériaux, outils, machines, etc., nécessaires, soit pour la réparation des voies de communication, soit pour l'exécution de tous travaux militaires.

8° Guides, conducteurs, messagers, ouvriers de toute catégorie.

9° Traitement des malades ou blessés chez l'habitant.

10° Objets d'habillement, d'équipement, de campement, de harnachement, d'armement, de couchage, médicaments et objets de pansements.

11° Tous autres objets et services qui pourraient être nécessaires pour l'intérêt militaire.

Cependant, hors le cas de mobilisation, la réquisition ne peut porter que sur les prestations énumérées de 1° à 5° et celles prévues aux §§ 4° et 5° pour une durée maximum de vingt-quatre heures.

En toutes circonstances, il ne peut être exigé de l'habitant une nourriture supérieure à l'ordinaire de l'individu requis, et les troupes ont droit, qu'elles soient logées ou cantonnées, au feu à la chandelle.

Exécution des réquisitions.

Si l'officier d'approvisionnement (1) est amenépar les circonstances à recourir, pour l'alimentation de son détachement, à la réquisition, il procède de la manière suivante :

La notification de l'ordre de réquisition, sur lequel les prestations qu'il veut requérir [mod. n° 49, p. 172] sont inscrites, est faite au maire ou, à son défaut, à un adjoint ou même, si aucun membre de la municipalité ne siège, à un des habitants de la commune.

Le maire, assisté de quatre membres du conseil (sauf cas de force majeure ou extrême rigueur) de la localité, répartit entre les habitants les prestations à livrer, à l'heure et à l'emplacement désignés. L'officier d'approvisionnement, à la réception des denrées, remet en échange un « reçu des fournitures requises » [mod. n° 50, p. 174] et reste complètement étranger à leur paiement, qui n'est opéré qu'ultérieurement par les soins d'un sous intendant militaire après avis de la commission départementale sur le prix.

Si les fournitures ont été requises dans plusieurs communes et concentrées dans un même lieu, il est établi un reçu distinct pour chacune d'elles.

Réquisitions transformées en achat.

Il peut arriver qu'après avoir reçu et exécuté un ordre de réquisition, une localité demande la transformation de cette réquisition en achat à l'amiable, afin de bénéficier du paiement immédiat. Cette autorisation peut être consentie, et, dans ce cas, l'ordre de réquisition doit être retiré ainsi que les reçus des prestations s'ils avaient déjà été remis, et le paiement est alors effectué aux créanciers dans les formes ordinaires des achats directs.

L'ordre de réquisition est annexé au carnet à souche, et, sur la souche, mention est faite de la conversion [voir mod. n° 49, p. 172].

Cette perspective de n'être payé que très longtemps après la livrai-

(1) Ou le chef de détachement.

son (six ou huit mois environ) est de nature à vaincre les mauvaises volontés ou les résistances des localités, et l'officier d'approvisionnement, en la signalant aux autorités municipales, évitera souvent les ennuis de la réquisition.

Cas de refus. — Abus d'autorité.

Dans le cas de refus par une municipalité d'obtempérer à un ordre de réquisition et en cas de mauvais vouloir des habitants, le recouvrement des prestations est assuré au besoin par la force. Le maire peut être de plus condamné à une amende de 25 à 500 francs, et les habitants réfractaires à des amendes pouvant s'élever au double de la valeur de la prestation requise. Quiconque abandonne un service pour lequel il est requis est passible d'une amende de 16 à 50 francs.

Par contre, tout militaire qui abuse, en matière de réquisition, des pouvoirs qui lui ont été conférés ou refuse de donner reçu des denrées livrées, encourt la peine de l'emprisonnement de six jours à cinq ans. Celui qui exerce les réquisitions sans avoir qualité pour le faire, sans violence, encourt la peine de la réclusion ou, en cas de circonstances atténuantes, d'un emprisonnement de un à cinq ans par assimilation au vol. Dans le cas de réquisition avec violence, les peines encourues sont celles édictées pour le pillage en bande avec violence, sans préjudice des restitutions.

CHAPITRE IV.

Du logement et du cantonnement (1).

1° Logement.

Le logement des troupes en station ou en marche, chez l'habitant, est l'installation, faute de casernement spécial, des hommes, des animaux et du matériel dans les parties des maisons, écuries, remises ou abris des particuliers, reconnus, à la suite d'un recensement, comme pouvant être affectés à cet usage, et fixés en proportion de l'importance des habitations et des ressources de chaque habitant.

Ce recensement, fait par les municipalités et revisé par l'autorité militaire aux époques fixées par le Ministre de la guerre (en principe tous les trois ans), est consigné sur des états spéciaux, qui sont communiqués à l'officier chargé de préparer le logement d'un détachement.

Le droit au logement comporte :

1° La place au feu et à la lumière;

2° Par officier ou pour deux officiers, une chambre à un ou deux lits, reconnue propre à cet usage;

3° Pour chaque cantinière et autant que possible pour chaque sous-officier et pour deux caporaux, brigadiers ou soldats, un lit garni d'une paillasse, d'un matelas (ou un lit de plume), d'une couverture, d'un traversin et d'une paire de draps propres;

4° Les ustensiles nécessaires à la cuisson des aliments, le cas échéant.

---

(1) Vol. 95, art. 37, et vol. 100-1, art. 26, 27, 28, 29.

Des locaux communs peuvent être demandés à la municipalité, en cas de préparation des repas par unité ou fraction d'unité (peloton, escouade, pièce).

De même, les communes doivent donner les locaux nécessaires à l'installation des bureaux, postes de police, dépôt de bagages, abris pour les voitures, etc.

Les habitations où règneraient des maladies contagieuses (personnes ou animaux) doivent être indiquées et sont exclues du logement. Si les maladies règnent à l'état endémique, la localité entière est exclue et remplacée par un autre cantonnement.

Réciproquement, si des maladies règnent soit sur les hommes, soit sur des animaux du détachement, ils doivent être signalés au maire par le chef du détachement et logés à part.

Le logement est ordinairement requis dans le cas de route à l'intérieur, changement de garnison, par exemple: mais il n'est pas absolument obligatoire, et, dans certains cas, soit que les ressources du logement soient insuffisantes, soit que l'intérêt militaire exige le groupement des unités, le chef de détachement peut prescrire, pour tout ou partie de sa troupe, le cantonnement au lieu du logement proprement dit.

2° Cantonnement.

Le cantonnement des troupes, en station ou en route, est l'installation des hommes, des animaux et du matériel dans les maisons, établissements, écuries, bâtiments ou abris de toute nature appartenant soit aux particuliers, soit aux communes ou département, soit à l'Etat. Sans être astreint aux règles du logement, on utilise dans ce cas, dans la mesure du nécessaire, la contenance des locaux, sous la réserve que les propriétaires ou détenteurs conservent le logement qui leur est indispensable. C'est le moyen le plus fréquemment utilisé aux manœuvres.

Le cantonnement donne droit au combustible de chauffage et de cuisson et à la lumière. Les hommes sont couchés, dans des hangars ou des granges, sur la paille.

S'il est possible, des lits sont fournis aux officiers et aux sous-officiers les plus élevés en grade.

La fourniture de la paille de couchage et du combustible nécessaires est assurée par les détachements, au moyen des ressources des masses correspondantes. Toutefois, les fournitures de couchage et de chauffage sont assurées par les municipalités pour les locaux où doivent s'installer les services généraux (postes de police, bureaux, etc.).

Tous les habitants sont astreints au logement des troupes et au cantonnement, à l'exclusion des détenteurs de caisses publiques déposées dans leur domicile, des veuves et filles vivant seules et des communautés religieuses de femmes, sous la réserve d'y suppléer en fournissant le logement en nature chez d'autres habitants ou dans des hôtels ou auberges ; à défaut de quoi la municipalité y pourvoie à leurs frais.

Les officiers ou fonctionnaires militaires en activité de service dans leur garnison ou résidence, logés dans des bâtiments militaires, ou dont les logements ne comprennent que le nombre de pièces prévues pour leur grade [tabl. 23, p. 118] sont exempts de loger des troupes de passage.

Si les officiers sont en garnison dans le lieu de leur habitation ordinaire, ils sont tenus de fournir le logement, comme les autres habitants, dans leur domicile propre. La plus grande équité doit régner dans la répartition du logement et du cantonnement.

Les habitants ne peuvent être délogés de la chambre et du lit où ils ont l'habitude de coucher; mais ils ne peuvent, sous ce prétexte, se soustraire à la charge du logement, selon leurs moyens.

Hors de la mobilisation, le maire ne pourra envahir le domicile des absents ; mais il doit loger ailleurs à leurs frais.

Si des établissements publics ou particuliers ont été requis préalablement par l'autorité militaire, et sont effectivement utilisés par elle, ils ne sont pas compris dans la répartition du logement et du cantonnement.

Droits que confèrent la feuille de route [mod. n° 44, p. 163] ou l'ordre de route [mod. n° 58, p. 192].

La feuille de route, d'un détachement faisant mouvement confère le droit au logement ou au cantonnement. L'ordre de route qui peut suppléer la feuille de route donne les mêmes droits. Lorsqu'il s'agit de détachements, les localités sont en principe prévenues quatre jours à l'avance, sauf le cas de manœuvres (ou en campagne) et l'officier qui devance la colonne, ou le chef de détachement à son arrivée, s'entendent avec le maire de la localité pour la répartition des logements et l'installation de la troupe.

Les isolés, munis de feuille de déplacement, ont droit au logement chez l'habitant, les hommes de troupe pour deux nuits et les officiers pour trois nuits au maximum, dans les localités fixées par leur titre de route et dans tous les autres où des incidents de route les obligeraient à s'arrêter (1). Ils reçoivent un titre mod. n° 29 *bis* page 146.

En ce qui concerne les officiers voyageant isolément, ils ne doivent recourir au logement chez l'habitant que lorsqu'ils y sont obligés par des circonstances exceptionnelles. Ils sont tenus, à leur retour, d'en faire la déclaration, à l'endroit réservé à cet effet, sur la feuille de déplacement, en vue de la retenue à leur faire sur l'indemnité normale.

Dégâts aux cantonnements.

Les troupes sont responsables des dégâts et dommages occasionnés par elles dans leurs logements ou cantonnements. Ils sont constatés en présence d'un représentant de la municipalité, et leur importance fixée à dire d'expert, s'il y a lieu.

Les réclamations des habitants doivent être adressés et les dégâts constatés soit par le commandant de la troupe avant son départ, soit trois heures après son départ au plus à l'officier laissé à cet effet.

Elles donnent lieu à paiement immédiat sur simple facture [mod. n° 51, p. 177] ou quittance au compte de la masse d'habillement (fonds particuliers de l'unité où le dégât a été constaté).

Si les réclamations ne sont pas reconnues fondées, un procès-verbal de refus de paiement est laissé au maire de la commune, avec les motifs, afin de ménager des réclamations ultérieures.

---

(1) Lorsqu'il est possible, dans les villes de garnison, le logement des isolés et des chevaux qui les accompagnent, s'il y a lieu, est assuré par les commandants d'armes dans des bâtiments militaires.

Dégâts aux propriétés privées.

Les dégâts ou dommages occasionnés au cours des manœuvres aux propriétés privées (champs, récoltes, etc.) ne sont pas, en principe, réglés par les corps ou détachements, mais par une commission d'évaluation, désignée par le général commandant le corps d'armée, et qui opère aussitôt après l'exécution de ces manœuvres. Les dégâts sont constatés et évalués par la commission et réglés séance tenante en cas d'accord. Dans le cas de contestation, le juge de paix auquel elles sont déférées statue sans appel.

Toutefois, lorsque la force du corps ou détachement est inférieure à une brigade, il ne peut être constitué de commission. Les dégâts sont alors appréciés et réglés sur place au moyen des fonds de la caisse du corps, sur état émargé, par un officier délégué de la troupe qui en poursuit ensuite le remboursement, au moyen des pièces justificatives.

L'officier expert prend l'avis du maire ou d'un idoine pour les évaluations.

En cas de désaccord, la réclamation de la partie lésée doit être transmise au général commandant le corps d'armée, accompagnée de l'appréciation de l'officier, qui modifie ou approuve l'estimation. Si le propriétaire refuse encore le paiement offert, la réclamation, établie sur papier timbré, est transmise au Ministre.

Indemnités dues pour le logement ou le cantonnement chez l'habitant.

Lorsque le logement ou le cantonnement fourni par l'habitant doit avoir une durée supérieure à trois nuits dans le même mois, soit par le séjour d'un seul ou de plusieurs détachements, les communes, si elles les réclament, ont droit à des indemnités décomptées [voir mod. n° 48, p. 169].

Lorsque la durée du séjour ne dépasse pas trois journées, le fumier des animaux est abandonné aux habitants qui ont logé ; il en est de même si la municipalité ne réclamait rien pour les journées en sus de trois journées. Dans le cas, au contraire, où l'indemnité est payée, le fumier est vendu au profit de la masse du corps (harnachement et ferrage ou harnachement).

Le chef de détachement établit les états nécessaires [mod. n°s 1 et 1 *bis*, p. 166 et 169].

Les maires établissent les états utiles pour obtenir l'ordonnancement et le paiement des indemnités dues.

Cantonnements alpins.

Pendant la durée des manœuvres alpines, le logement des officiers et sous-officiers, le cantonnement de la troupe et des animaux sont fournis en vertu de conventions spéciales passées avec les communes par le service de l'intendance.

Les indemnités dues aux habitants sont réglées d'après le tarif spécial de la convention directement par le corps ou détachement, avant de quitter la commune et au moyen des états n°s 1 et 1 *bis* (p. 166 et 169).

Le remboursement des avances ainsi faites par les corps est poursuivi au moyen de relevés établis à cet effet, et auxquels sont joints les états émargés des sommes payées.

S'il n'a pas été établi de conventions spéciales, les règlements communs sont appliqués.

Troupes employées aux grèves.

Le logement et le cantonnement des troupes en cas de grèves sont toujours dus pour la durée intégrale du séjour, sans déduction des trois premières nuits.

Cantonnements en Algérie.

Les lois sur le logement des militaires chez l'habitant sont applicables à l'Algérie, chaque fois qu'il est possible.

CHAPITRE V

Incidents et accidents de route (1).

Hommes manquant aux appels.

Tout homme manquant aux appels dans un cantonnement est immédiatement recherché et signalé à la gendarmerie par le signalement [mod. n° 39, p. 158] envoyé également au général commandant la subdivision ou au commandant d'armes si la localité est ville de garnison.

Le chef de détachement avise également son chef de corps ou le général commandant la brigade, selon la constitution du détachement.

Les autorités civiles (commissaire de police, agents de police, gardes champêtres, etc.) peuvent également intervenir utilement dans les recherches.

Cas de délit.

Si un militaire d'un détachement se rend coupable d'un crime ou délit, il est écroué immédiatement si l'on se trouve dans une ville de garnison, ou remis au plus tôt à la gendarmerie de la localité, ou à la plus voisine, prévenue aussitôt et à qui il est remis une réquisition [mod. n° 41, p. 160] avec l'état des effets et armes emportés [mod. n° 40, p. 159] dont il est gardé un double, et un rapport détaillé sur l'événement. Le double de ce rapport est adressé au chef de corps ou au général de brigade, selon le cas.

Accidents survenus aux hommes et aux chevaux de l'armée.

Lorsqu'un accident est causé, en route ou au cantonnement, par des militaires de tous grades, au préjudice des particuliers, ou, inversement, que des accidents sont occasionnés par des particuliers à des militaires ou à des animaux de l'armée, une enquête doit être immédiatement ouverte pour établir les responsabilités.

L'autorité militaire établit un rapport détaillé relatant les causes et les conséquences de l'accident, et fait intervenir la gendarmerie qui, de son côté, consigne dans un procès-verbal les résultats de son enquête propre.

Les résultats de ces enquêtes sont ensuite adressés au général commandant le corps d'armée, qui les transmet au Ministre, qui statue.

Dans aucun cas, qu'il s'agisse d'accidents de personnes ou de dégâts matériels causés ou subis par le personnel ou le matériel de l'armée,

(1) Voir vol, 100-1.

les autorités chargées de l'enquête ne doivent engager de pourparlers au sujet de l'indemnité à payer ou à réclamer, afin de laisser toute liberté au Ministre.

Il est entendu que, chaque fois que la chose est possible, en cas d'accidents causés à des personnes ou à des animaux étrangers à l'armée, un médecin ou un vétérinaire militaires doivent être envoyés pour assurer les premiers soins ou les continuer si la situation sédentaire de la troupe le permet. Ce n'est qu'à leur défaut que l'on doit recourir à des médecins ou vétérinaires civils, et, dans ce cas, leurs mémoires sont joints au dossier de l'enquête à adresser au Ministre, pour le règlement de leurs honoraires.

Dans le cas où les soins militaires seraient refusés, mention doit en être faite dans l'enquête, afin que le Ministre puisse apprécier.

Hommes malades.

Lorsque des militaires partis avec leurs corps tombent malades ou sont blessés en route, ils doivent, si leur état le permet et si la chose est possible, être évacués sur leur garnison ou sur l'hôpital militaire ou mixte le plus voisin, ou être soignés dans la colonne, ou être laissés dans la commune pour y être traités.

Si la maladie ou la blessure est de peu d'importance, les soins sont donnés par le médecin ou par un infirmier si le détachement en possède. L'homme suit la colonne sur une voiture.

Evacuations.

Si les soins nécessitent son indisponibilité complète, et que la garnison ne soit pas trop éloignée, le malade est évacué sur sa garnison ou, dans le cas contraire, sur l'hôpital le plus voisin, militaire ou mixte.

Le médecin-major du détachement établit le billet d'hôpital [mod. du livret individuel] et l'officier payeur ou le chef de détachement délivre la feuille de déplacement nécessaire. L'homme est conduit à la gare au moyen d'une voiture d'ambulance ou d'un fourgon, selon les ressources dont dispose le détachement, ou, à défaut, au moyen d'une voiture requise près du maire de la commune et dont le paiement est effectué comme pour les convois.

Le chef de détachement avertit par dépêche le dépôt du corps ou l'hôpital, selon le cas, de l'heure d'arrivée de l'homme malade, en indiquant s'il est nécessaire d'envoyer une voiture pour le prendre et le conduire dès son arrivée à l'hôpital de la garnison ou de la localité [mod. n° 36, p. 155].

S'il est nécessaire de faire accompagner le malade par un ou deux infirmiers, les feuilles de déplacement nécessaires pour ces derniers leur sont délivrées avec les indications utiles pour leur retour le cas échéant.

Traitement des malades dans les localités.

Lorsque le malade ne peut être transporté, il est alors soigné sur place à la diligence du maire de la commune à qui il est alors confié, soit à l'hôpital si la localité en possède un, soit chez un particulier s'il possède un local convenable. Dans ce cas, il est remis au maire, par le détachement et contre reçu, une avance à raison de 2 fr. 50 par jour, dont l'importance est fixée d'après le temps probable nécessaire à la guérison ou à l'évacuation ultérieure du malade. Cette somme est destinée exclusivement à l'alimentation de l'homme, les frais de médecin et de médicaments, que doit également faire assurer le maire, étant payés à part, sur la production de mémoires en double expédition, légalisés, quant à la signature, par le maire, adressés au corps qui effectue le paiement et en poursuit le remboursement.

Si la provision d'argent laissée par le chef de détachement devient insuffisante, elle est renouvelée par le corps d'origine, auquel le maire adresse alors une demande de fonds.

Un compte rendu est obligatoire par le chef de détachement au général commandant la subdivision territoriale, et la brigade de gendarmerie la plus proche est également prévenue.

Décès en route.

En cas de décès en route, dans une localité, l'inhumation est faite sur place dans les délais légaux, si la famille, qui a dû être avisée télégraphiquement par les soins du chef de détachement, n'a pas exprimé le désir de recevoir le corps dans le pays des parents [mod. nº 37, p. 156].

Le chef de détachement doit de plus aviser télégraphiquement le général commandant la subdivision territoriale, le général commandant le corps d'armée et le Ministre de la guerre et aussi le chef de corps ou de service si le régiment n'est pas réuni.

Si le décès survient en l'absence de tout détachement (décès d'un homme confié à la municipalité), le maire de la localité remplit les obligations du chef de détachement à l'égard de la famille et de l'autorité militaire.

Inhumation. — Transport de cadavres.

Les frais d'inhumation sont remboursés à la commune sur la production de mémoires établis en deux expéditions, par le Ministre, sur le budget de la guerre.

Quand la famille d'un homme décédé demande le transport de ses restes, les frais sont en principe supportés par elle ; mais ils peuvent être, sur requête, remboursés dans certains cas particuliers : mort par suite d'accident, par exemple, ou en cas d'indigence de la famille.

Cérémonies funèbres

Lorsque le détachement a à assurer l'inhumation d'un homme, alors qu'il n'y a aucun hôpital dans la localité, le chef de la colonne doit pourvoir à tous les détails d'inhumation et de services civils et religieux, si la famille en fait la demande expresse, ou selon le culte auquel il appartient s'il n'a été formulé aucune intention.

Ils comprennent :

1° La confection de la bière (prix moyen : 7 francs) ;

2° Un suaire (prix moyen : 2 francs) ;

3° La fourniture des cierges : 6 pour un caporal, brigadier ou soldat, 10 pour les sous-officiers, 16 pour les officiers, 20 pour un officier supérieur (prix local) ;

4° Le transport du corps au cimetière (prix local);

5° Croix pour la fosse (prix : 6 francs pour les officiers, 4 francs pour la troupe) ;

6° Serges et crêpes pour le détachement qui doit assister à la cérémonie lorsqu'il s'agit d'un officier;

7° Frais de cérémonie religieuse (7 francs pour un caporal ou soldat, 10 francs pour un sous-officier, 14 francs pour un officier, 18 francs pour un officier supérieur, 20 francs pour un officier général);

8° Ouverture de la fosse (prix moyen : 2 ou 3 francs).

Ces dépenses sont réglées par les corps, qui en poursuivent ensuite le remboursement sur la production des mémoires ou quittances fournis par les créanciers.

Lorsque les familles ou les détachements veulent donner de l'extension à la cérémonie, les dépenses supplémentaires sont à leur charge et les frais en excédent réglés par eux.

Chevaux malades.

Lorsqu'un animal est dans l'impossibilité de continuer la route, le chef de détachement décide s'il y a lieu de l'évacuer sur sa garnison ou de le laisser sur place.

Evacuation par les voies ferrées.

S'il y a un sous-intendant militaire à la colonne ou dans la localité, il lui est demandé un bon de chemin de fer.

S'il n'y en a pas, le chef de détachement établit un ordre de mouvement [mod. n° 60, p. 194] en double expédition; l'une est remise au chef de gare et l'autre est conservée par l'homme qui accompagne l'animal.

Dans le cas où le chef de détachement n'est pas officier, et n'a par conséquent pas qualité pour signer un ordre de mouvement, il s'adresse à la brigade de gendarmerie la plus proche, qui conserve le cheval et l'homme jusqu'à l'arrivée du bon de chemin de fer que demande le commandant de la brigade au sous-intendant militaire dont il dépend.

Un homme par cheval est obligatoire pour la conduite.

Animal ne pouvant être transporté.

Dans ce cas, le chef de détachement laisse l'animal et un homme pour le soigner à la garde de la municipalité, s'il n'existe ni garnison ni brigade de gendarmerie.

Le maire de la commune désigne l'habitant qui en aura la charge et auquel il est remis 2 fr. 50 pour l'homme et 2 francs pour le cheval pour assurer leur alimentation. Une provision d'argent est laissée à cet effet au maire par le chef de détachement, provision qui peut être renouvelée, s'il est nécessaire, par les soins du corps auquel le maire aurait alors à s'adresser.

Si les soins d'un vétérinaire sont nécessaires, le maire requiert celui de la localité ou de la plus voisine. Les frais de visite sont réglés, ainsi que les frais de médicaments, sur la production de mémoires ou quittances légalisés par le maire, donnant le détail des visites faites et des médicaments fournis. Ils sont payés par les soins du corps au moyen de mandats sur les fonds de la masse de harnachement et ferrage ou de la masse de harnachement des corps.

La mise en route après guérison, ou dès que l'animal est transportable, est faite à la diligence du sous-intendant militaire le plus voisin par l'intermédiaire de la brigade de gendarmerie la plus proche, à qui le maire s'adresse.

Il est bien entendu que, si un détachement de troupe tient garnison dans la localité, ou si une brigade de gendarmerie y tient résidence, l'homme et l'animal y sont mis en subsistance. Le commandant d'armes donne alors les ordres nécessaires.

Dans l'un et l'autre cas, le chef de détachement rend compte, au général commandant la subdivision territoriale, des hommes et des animaux laissés en arrière.

Abatage d'un cheval.

Lorsque le vétérinaire juge qu'un cheval ne peut être guéri et qu'il y a lieu de l'abattre, il en fait la proposition au chef de détachement, qui convoque immédiatement la commission d'abatage; cette commission, selon l'importance du détachement, comprend en principe un commandant, un capitaine et un vétérinaire et, dans tous les cas, trois membres.

La commission, après avoir pris sa décision, la consigne sur son rapport [mod. n° 66[1], p. 200 *bis*] et l'abatage est effectué s'il est décidé.

Par exception, en cas de fracture ou d'hypertrophie, le vétérinaire peut faire procéder à l'abatage d'un cheval avant la réunion de la commission, qui, dans ce cas, est appelée à contrôler l'opportunité de la mesure prise.

Le procès-verbal d'abatage [mod. n° 67, p. 202] est ensuite établi et signé par les autorités qualifiées.

Mort d'un cheval.

En cas de mort par suite de maladie ou d'accident, il est établi, par les soins du vétérinaire, un procès-verbal de mort [mod. n° 66, p. 201], en présence du chef de détachement et du sous-intendant militaire prévenu, et qui s'assure de l'identité du cheval.

Dans le cas d'abatage ou de mort, et en l'absence du sous-intendant militaire, ce qui est un cas fréquent, les procès-verbaux peuvent être signés par le maire de la localité faisant fonctions de suppléant du sous-intendant militaire, et le pied de l'animal est alors conservé pour être présenté au retour à la garnison au sous-intendant chargé de la vérification des comptes du corps, qui homologue ensuite lesdits procès-verbaux.

Rapports d'autopsie.

Un rapport d'autopsie [mod. n° 68, p. 203] est toujours établi par le vétérinaire, dans le cas d'abatage ou de mort; il est visé par un commandant ou par le chef de détachement selon l'importance de la colonne. Il accompagne le procès-verbal d'abatage ou de mort.

Si un rapport d'autopsie n'a pu être établi, faute de vétérinaire ou pour tout autre motif, mention en est faite au procès-verbal avec indication des motifs.

Viande des chevaux abattus et dépouillés.

Lorque des animaux sont morts ou ont été abattus à la suite d'accidents, et si le vétérinaire reconnaît la viande saine, elle peut être livrée aux ordinaires pour l'alimentation contre remboursement, au profit de la masse de harnachement et ferrage ou de la masse de harnachement dans les troupes à cheval, de sa valeur estimée au prix moyen de la mercuriale locale ou régionale.

La cession de l'animal peut également être faite aux boucheries chevalines en observant les règlements municipaux pour le dépeçage dans les abattoirs publics. Un certificat du vétérinaire, constatant que la viande est saine et que l'animal a été abattu et saigné dans les quatre heures qui ont suivi l'accident, doit alors accompagner l'animal.

Les dépouilles (peau et graisse) sont dans tous les cas vendues, à moins d'impossibilité absolue, aux équarrisseurs, au profit de la masse, et la viande non comestible enfouie par les soins du détachement.

Enfin, lorsqu'il ne peut être tiré aucun profit de l'animal, il est enfoui dans un emplacement désigné par la municipalité, par les soins du détachement, qui doit prendre les mesures de désinfection utiles s'il y a lieu.

Ferrage des chevaux.

Lorsqu'un détachement ne possède pas de maréchal et que des animaux ont besoin d'être ferrés au cours d'un déplacement, l'on a recours aux maréchaux civils, qui sont payés par les soins du chef de détachement au prix local.

La régularisation de ces dépenses se fait au retour dans la garnison, soit par le remboursement des paiements effectués par le maréchal abonnataire si le corps ou la fraction de corps en comporte un, soit par l'inscription de la dépense au compte de la masse de harnachement, dans le cas contraire.

Certificat d'origine de blessure.

Chaque fois qu'un accident survient à un militaire dans le service, en route, aux manœuvres, il y a lieu de faire établir aussitôt un certificat d'origine de blessure. Pour cela, trois témoins de l'accident sont nécessaires. La première partie du certificat ne relate que les faits ; la deuxième, les conséquences médicales de ces faits.

Ne pas négliger, lorsqu'un homme est atteint d'une maladie organique qui peut être causée par les obligations et les rigueurs du service, d'établir un certificat d'origine de maladie pour ménager l'avenir.

Dans le cas où ces certificats n'auraient pu être établis au moment même où les faits se sont produits, il y a lieu d'accompagner le certificat établi d'un rapport du conseil d'administration ou du chef de détachement, en donnant les raisons.

Vaguemestre. — Correspondances.

Avant le départ de tout détachement, une commission de vaguemestre est établie pour le sous-officier ou le gradé qui devra retenir en route la correspondance de la colonne. Cette commission [mod. n° 32, p. 151] lui sert, sur sa présentation au receveur de chaque bureau où il s'adresse, pour retirer la correspondance du détachement. Il tient le registre pour le retrait des lettres chargées ou recommandées, et le payement des mandats.

Si le vaguemestre a plus de dix mandats à se faire payer, il doit présenter un bordereau, sur lequel ils sont inscrits nominativement. Ces bordereaux sont fournis par les bureaux de poste.

Tous les détails concernant l'exécution du service du vaguemestre en garnison sont applicables en détachement dans les conditions données par le règlement sur le service intérieur, y compris l'affranchissement gratuit de deux lettres par mois et par homme.

En cours de route, s'il y a nécessité de remplacer le titulaire de la commission, une nouvelle commission est établie et la signature du sous-intendant militaire, lorsqu'il n'y en a pas dans la colonne, est remplacée par celle du maire de la localité où elle est établie.

Franchise postale.

Les commandants de détachement ont franchise postale pour la correspondance de service ainsi que les objets assimilés à cette correspondance : rapports, livrets, pièces à conviction, registres, imprimés, etc.

En principe expédiée sous deux bandes croisées dont la largeur ne doit pas excéder les deux tiers de la surface du pli, la correspondance peut également être mise sous enveloppe avec la mention : « Nécessité de fermer » [mod. n° 33, p. 152].

Les chefs de détachement peuvent correspondre avec les chefs de corps, avec le président du conseil d'administration, avec le général commandant la subdivision de la région dans laquelle se trouve le détachement, avec les brigades de gendarmerie de tout le territoire, les fonctionnaires de l'intendance militaire de la région, les médecins-chefs des hôpitaux militaires de la région et aussi les chefs des détachements détachés du leur.

Franchise télégraphique.

Les chefs de détachement ne peuvent user de ce moyen de correspondance que pour les communications urgentes de service ou lorsque le service de la poste, en raison des heures de levée des courriers journaliers, ne permettrait pas à un pli d'arriver en temps utile à destination.

Ils peuvent correspondre avec leurs chefs de corps, le général commandant la brigade ou la division, le général commandant le corps d'armée, l'intendant et le sous-intendant, le Ministre de la guerre, etc., selon la nature et l'importance des faits dont ils ont à rendre compte.

Ils peuvent également, en matière de participation de l'armée au maintien de l'ordre public, correspondre télégraphiquement avec les maires, commissaires de police, juges de paix, juges d'instruction, sous-préfets, préfets, procureurs de la République, présidents de tribunaux.

Les télégrammes doivent être libellés le plus succinctement possible et d'après le modèle n° 36, p. 155.

Ne pas oublier que tout envoi de télégramme nécessite l'envoi au destinataire, par la poste et par le plus prochain courrier, d'une confirmation de télégramme qui n'est autre que la reproduction du télégramme [mod. n° 36, p. 155].

CHAPITRE VI

Rapports du chef de détachement avec les autorités militaires et civiles.

Rapports avec son corps ou son chef direct.

Le chef de détachement relève du chef de corps, si la troupe qu'il a sous ses ordres est une fraction du régiment, ou du général de brigade, si le détachement comprend un régiment entier, en ce qui concerne l'instruction, la discipline intérieure, le personnel et l'administration.

Le chef de détachement doit tenir au courant celle de ces deux autorités dont il relève de tous les faits importants qui peuvent se produire, par un compte rendu journalier qui accompagne les pièces administratives qu'il doit fournir comme en garnison. Ce compte rendu porte principalement sur les fluctuations des effectifs, hommes et animaux, les punitions, l'état sanitaire, l'exécution des routes, les installations dans les cantonnements, la qualité des denrées.

Rapports avec les généraux commandant les subdivisions de région.

Les détachements en route ou en station sont placés, au point de vue discipline générale, sous l'autorité des généraux commandant les subdivisions de région sur le territoire desquelles ils se trouvent.

Le chef de détachement doit donc un compte rendu à ces généraux, dans le cas d'hommes ou de chevaux malades laissés en route, d'hommes et de chevaux morts et abattus, d'hommes entrant aux hôpitaux, manquant aux appels, d'accidents graves, de plaintes diverses, de crimes ou délits commis par des militaires ou au préjudice de militaires du détachement ou d habitants de la localité.

Rapports avec les commandants d'armes.

Tout détachement de passage dans une garnison est soumis, en ce qui a trait à la police générale de la garnison ou pour les questions de service dans la place, à l'autorité du commandant d'armes. Le chef de détachement, dès son arrivée dans une place, se présente seul, en tenue de route, au commandant d'armes, à qui il remet une situation d'effectif de sa troupe, prend ses ordres et les consignes particulières de la garnison.

Une troupe de passage ne participe pas au service de la place à moins qu'elle ne séjourne au delà de deux jours.

C'est au commandant d'armes que les comptes rendus prescrits au paragraphe précédent sont remis pour être adressés au général commandant la subdivision, et que les hommes manquant aux appels pendant le séjour, au moment du départ, lui sont signalés afin qu'ils puissent être recherchés.

Rapports avec la gendarmerie.

Si une brigade de gendarmerie existe dans la localité de cantonnement, le chef de brigade se présente au chef de détachement, qui lui donne ses instructions pour la police dans le cantonnement.

La gendarmerie dresse procès-verbal de tous les faits graves, accidents, décès, morts d'animaux, vols d'effets ou de denrées, crimes ou délits, etc., qui lui sont signalés. Lorsque la brigade n'est pas dans le cantonnement même, elle doit se déplacer à toute invitation du chef de détachement.

Rapports avec les sous-intendances.

Le service de vérification des comptes du détachement continue en route ou en détachement à être assuré par le sous-intendant militaire, à qui cette attribution incombe pour le corps entier.

Les sous-intendances locales que l'on peut rencontrer sur son parcours n'interviennent que pour le visa des feuilles de route à l'arrivée, la délivrance des bons de convoi, les bons de chemin de fer ou les ordres de transport de matériel, la constatation des pertes, détériorations par cas de force majeure, et pour le service des vivres et fourrages s'il y a lieu.

Ce service est dévolu aux suppléants des sous-intendants dans les garnisons où il n'y a pas de sous-intendant et, à défaut, aux maires qui en remplissent les fonctions.

Rapports avec les maires.

Les maires doivent donner toutes les facilités possibles au chef de détachement pour assurer le cantonnement ou le logement de sa troupe, et met, à cet effet, ou un adjoint, ou un agent de police, ou un garde champêtre à la disposition de l'officier chargé de la préparation du cantonnement et de l'achat des denrées.

Ils doivent obtempérer à toute réquisition faite dans les formes légales, requérir les médecins ou vétérinaires lorsque cela est nécessaire et assurer les moyens de transport qui leur sont demandés.

Ils délivrent, s'il y a lieu, les certificats de bien-vivre [mod. divers selon les localités].

Ils peuvent en cas de nécessité et en leur qualité d'officiers de police judiciaire, être appelés à constater les contraventions, délits et les cas de mort violente.

En qualité de suppléants du sous-intendant militaire, ils peuvent être appelés à pourvoir à l'hospitalisation des militaires malades, et délivrer des sauf conduits tenant lieu de feuille de route, valables seulement jusqu'à la plus voisine sous-intendance ou suppléance de sous-intendance militaire. Ils signent les procès-verbaux pour détériorations ou pertes par cas de force majeure : mais ceux-ci doivent recevoir, au retour à la garnison, l'homologation du sous-intendant militaire. Ils visent les feuilles de route. En cas d'absence, le 1er adjoint ou un adjoint et, à défaut, un conseiller municipal, supplée le maire.

Le chef de détachement ne doit jamais se départir, avec les autorités civiles, de la plus grande courtoisie.

Formes de la correspondance.

Les règles générales de la correspondance doivent être strictement observées soit avec l'autorité militaire, soit avec l'autorité civile, et dans les formes prescrites [mod. n° 34, p. 153, et mod. n° 35, p. 154].

CHAPITRE VII.

Comptabilité.

Nous n'envisageons pas, bien entendu, le cas d'un détachement de la force d'un régiment, qui a un officier payeur avec lui, mais le cas d'un détachement de la force d'une unité administrative (compagnie, escadron ou batterie).

Situation-rapport et situation administrative.

En route ou en détachement, les pièces de comptabilité doivent être tenues comme en station en ce qui concerne la situation-rapport et la situation administrative. Ces deux pièces sont adressées journellement au chef de corps et remplacent un compte rendu spécial lorsqu'il n'y a pas de fait extraordinaire à signaler particulièrement.

Livret d'ordinaire.

Le livret d'ordinaire doit être tenu au jour le jour et recevoir les acquits des divers fournisseurs des localités traversées.

Feuilles de journées (hommes et chevaux).

Elles doivent être tenues comme en station. Il faut avoir soin, en ce qui concerne les mutations et les effectifs, d'y mentionner particulièrement, aux tableaux spéciaux, les allocations extraordinaires avec leurs causes et les ordres les autorisant.

Registre-journal.

Le chef de détachement tient son registre-journal au jour le jour. Il inscrit les recettes et les dépenses qu'il effectue directement (combustible, paille de couchage, dégâts, etc.) dans l'ordre chronologique des inscriptions, la recette n° 1 [mod. n° 46, p. 165] étant l'inscription de la somme qu'il a reçue à titre d'avances du conseil d'administration à son départ. Il fait recette des fumiers, de la dépouille des chevaux morts ou abattus: elles s'inscrivent également dans la colonne *ad hoc* [mod. n° 45, p. 164].

Registre de comptabilité.

La 1re partie est à tenir comme en station et particulièrement le chapitre V, en ce qui concerne la solde et les rations diverses perçues. La 2e partie, qui ne comprend guère que les mouvements du matériel appartenant à l'Etat et au compte des masses, est simplement à tenir à jour.

Quant à la 3e partie, *Cahier d'enregistrement*, le § 8, « Renseignements divers », devra donner au jour le jour tous les renseignements de nature à sauvegarder la responsabilité du chef de détachement, (correspondance échangée, envois de pièces, événements de toutes natures, etc.).

Le cahier d'enregistrement doit permettre de succéder sans difficultés à un chef de détachement disparaissant subitement pour une cause quelconque.

Livret de solde.

Il sert, le cas échéant, à la perception des mandats envoyés par le corps d'origine, ou des états de solde, si la durée du stationnement et les instructions données en ont nécessité l'établissement. Et dans ce cas, comme conséquence, le chef de détachement établit les états de solde utiles.

Carnet à souche de factures et quittances.

[Mod. n° 53, p. 181.]

Sert pour les achats directs et doit naturellement être tenu au jour le jour au fur et à mesure des opérations. Les factures ne pouvant appuyer le registre-journal, puisqu'elles servent à poursuivre le remboursement des avances, le chef de détachement porte chaque jour les dépenses d'achat de vivres ou de fourrages sous la rubrique : « Payé pour achats directs..... X fr. 00. »

Journal des mouvements d'entrées et de sorties des approvisionnements et situations journalières.

Les indications données à la tête du carnet suffisent pour permettre sa tenue journalière, nécessaire surtout lorsque les denrées sont perçues près des subsistances militaires et où des reliquats de denrées sont souvent imposés ; car, dans ce cas, la balance des distributions avec les réceptions ne donne plus 0, mais au contraire un restant pour les jours suivants.

L'officier d'approvisionnement d'un régiment doit attacher à la tenue de ce carnet une importance capitale, car il lui permet de justifier de toutes ses opérations et facilite la répartition des imputations des perceptions entre les unités du corps ou du détachement au retour à la garnison.

Carnet de bons de réapprovisionnement.

[Modèle n° 56, p, 189.]

Ce carnet à souche permet de retrouver trace des bons fournis, en cours de route, aux divers centres de ravitaillement administratifs, lorsque ce mode a été employé. et aussi au retour, pour les opérations de prise en charge, par l'officier d'administration gestionnaire des subsistances, désigné à cet effet.

Il est donc de toute nécessité de tenir cet enregistrement à jour.

Registres et imprimés divers.

Il est fait usage des autres registres ou documents emportés (registre de feuilles de déplacement, états de solde pour officiers et troupe, etc.) au fur et à mesure des besoins.

Indemnités diverses.

Les indemnités diverses auxquelles ont droit les officiers, sous-officiers et hommes de troupe sont très variables et subordonnées aux positions occupées par les détachements, souvent à l'époque où ils sont formés et aussi à la région dans laquelle ils stationnent.

Les tableaux [n° 4, 9 *bis*, 10, p. 84, 95] donnent leurs taux et leur composition.

Allocations diverses. — Taux des rations.

Outre les indemnités en argent, les troupes en marche ou en manœuvres peuvent avoir droit à diverses allocations en nature que nous trouverons indiquées au tableau n° 9 *bis*, p. 94.

Tarif des substitutions.

Les substitutions que nous donne le tarif n° 71, p. 208, ne sont que des indications générales.

Il est rappelé que le principe des substitutions ne repose pas sur les quantités qui sont données, mais bien sur leur valeur en argent. Exemple : 100 kilos d'avoine valant 20 francs peuvent être remplacés par de la paille ou du foin par des quantités de ces denrées correspondant à la somme de 20 francs.

Solde. — Hautes payes.

Nous donnons également à titre d'indication les tarifs de solde et de hautes payes [tabl. n°s 1, 6, 7 et 8, p. 78, 88, 90].

CHAPITRE VIII

Petits détachements.

Sous-détachements.

Nous appellerons ainsi les détachements qui sont tirés d'autres détachements déjà formés et qui continuent à dépendre, au point de vue administration et parfois commandement, de ces détachements.

Petits détachements commandés par un officier.

Si le détachement est commandé par un officier, les règles ordinaires données ci-dessus lui sont presque toutes applicables et la comptabilité à tenir est en diminutif la même que pour l'unité entière, sauf qu'il n'est pas tenu de situations administratives journalières, mais, au lieu et place, des situations administratives de dizaine; qu'il n'a pas à établir d'états de solde et ne tient pas de registre de comptabilité.

Le chef de détachement doit cependant avoir un cahier d'enregistrement qu'il tient comme il est dit plus haut pour la 3e partie du registre de comptabilité (p. 31).

Il met son chef au courant de tous les événements concernant sa mission et correspond en franchise avec lui.

Il a aussi les mêmes droits et les mêmes devoirs, relativement aux obligations vis-à-vis du commandement territorial, aux rapports avec les autorités administratives militaires et civiles.

Il agit comme il est dit plus haut dans les divers accidents ou incidents qui peuvent survenir pendant qu'il est isolé.

Petits détachements de cavalerie en reconnaissance à longue portée.

Des officiers de cavalerie, accompagnés d'un gradé, de quelques cavaliers ou de vélocipédistes, peuvent être envoyés de leur garnison en reconnaissance pour deux ou même trois jours, dans le but de les préparer à leur rôle de découverte, en leur donnant l'occasion d'aller observer des troupes en manœuvre ou en marche.

Les officiers et les hommes prenant part à ces exercices ont droit aux indemnités prévues par le règlement sur les frais de déplacement et à l'indemnité représentative de fourrage pour chaque cheval [voir tabl. 27, p. 138] lorsque l'ordre en est donné.

Si, étant aux manœuvres, des reconnaissances de cette nature sont détachées de leur détachement pour quelques jours, elles reçoivent les mêmes indemnités que celles ci-dessus, exclusives de toutes autres des manœuvres, du jour de leur départ au jour de leur rentrée à leur détachement.

Officier emmenant ses chevaux ou son cheval en congé ou en permission.

Les officiers partant en congé ou en permission, de quelque durée que ce soit, peuvent être autorisés par les généraux commandant les corps d'armée ou les généraux de brigade, lorsqu'ils ont la délégation, à emmener la ou les montures qu'ils possèdent d'après les tableaux d'effectifs de guerre.

La nourriture des chevaux emmenés dans ces conditions est assurée au moyen d'achats effectués sur place, dont ils sont remboursés par l'officier d'administration gestionnaire désigné par le directeur de l'intendance du corps d'armée dans laquelle les perceptions sont effectuées, sur la production des factures [mod. nº 54 *bis*. p. 185] qu'ils adressent au directeur de l'intendance de la région à la fin de leur déplacement ou mensuellement.

Officiers généraux du cadre de réserve ou en retraite et colonels en retraite pourvus de commandements actifs.

Les dispositions qui précèdent sont applicables à la perception, au remboursement et à la régularisation des perceptions des rations de fourrages allouées aux officiers généraux du cadre de réserve ou en retraite et aux colonels en retraite, pourvus de commandements actifs ou titulaires d'un emploi sédentaire à la mobilisation, lorsqu'il leur est attribué un cheval.

En ce qui concerne l'homme qui accompagne le cheval ou les chevaux de l'officier, il n'est pas porté en mutation et touche à son retour toutes les indemnités (prime fixe d'alimentation, prime de viande et indemnité représentative de pain) pour la durée du déplacement.

Petits détachements commandés par un gradé non officier ou même par un simple soldat.

Ces petits détachements, dont la force et la mission peuvent être très variables, ne peuvent comporter ni une comptabilité régulière, ni l'emploi de tous les documents énumérés plus haut. Ils peuvent cependant se reporter, dans la plupart des cas, à toutes les indications qui sont données dans les divers chapitres.

Ils doivent, lors de leur mise en route, recevoir les indications les plus complètes et les plus précises sur les moyens qu'ils auront à employer pour assurer l'alimentation de leur détachement, et recevoir des avances d'argent en rapport avec le mode d'administration qui leur sera imposé.

Il est recommandé d'initier le plus grand nombre possible de gradés et même de cavaliers à l'administration d'un détachement de petit effectif et notamment pour la nourriture des animaux par achats directs.

Pour ces achats il est procédé ainsi :

Selon le nombre d'animaux à nourrir et la durée du déplacement, il est remis au chef de détachement, à son départ, une avance d'argent basée sur les prix probables à payer pour les fourrages, et des factures à talon [mod. nº 54 *bis*, p. 185] qui lui servent à payer immédiatement les fournisseurs, dont il tire quittance en faisant signer au fournisseur à l'endroit qui lui est réservé.

Afin de n'avoir pas à s'occuper des formalités du timbre, le chef de détachement fera, s'il est nécessaire, plusieurs quittances ne dépassant pas 10 francs.

Au retour à son détachement ou à son corps, il justifie des dépenses faites par la production des mémoires et remet la différence, s'il en existe, à celui qui lui avait délivré l'avance.

Le remboursement de ces achats au corps de troupe se fait au moyen de relevés dans les mêmes conditions que pour les achats effectués en route ou aux manœuvres par les officiers d'approvisionnement.

S'il a été remis une liste des prix-limites, le chef de détachement fait en sorte de ne pas les dépasser ; mais, si les fournisseurs exigent des prix supérieurs, il demandera au maire de certifier sur la quittance que le prix payé est bien celui de la mercuriale locale [voir mod. nº 54 *bis*, p. 185].

CHAPITRE IX

Détachements aux manœuvres avec cadres (1).

Les détachements de cette catégorie ne comprennent en principe que des officiers et les hommes de troupe nécessaires pour assurer le service d'escortes, de convois, de secrétaires et de vélocipédistes. Les officiers perçoivent les indemnités spéciales prévues au tarif [tabl. nº 27, p. 136]. Les hommes de troupe perçoivent l'indemnité journalière normale de 2 fr. 50 pour l'alimentation et celle de 2 francs est allouée pour tous les chevaux du détachement pour leur nourriture (2).

Les avances nécessaires sont faites par les corps désignés par l'ordre du directeur des manœuvres, en règle générale, par chaque corps fournissant des éléments qui en poursuit le remboursement d'après les règles ordinaires.

Les municipalités sont avisées du passage du personnel de la manœuvre par des bulletins de notification [mod. nº 31, p. 150] adressés par les soins du directeur de la manœuvre.

Les incidents et accidents de route ou de cantonnement sont réglés comme pour les autres détachements, d'après les règles indiquées.

CHAPITRE X

Détachements aux manœuvres de garnison (3).

Les manœuvres, exécutées à toute époque de l'année, même au cours des mois d'hiver, peuvent comporter des déplacements de troupe, de vingt-quatre heures, deux ou trois jours ; exceptionnellement, ils peuvent avoir une durée de plus de trois jours. Les dépenses sont supportées sur les crédits mis à la disposition des généraux commandant les corps d'armée, qui peuvent en disposer en les répartissant comme ils le jugent convenable dans l'intérêt de l'instruction.

Les manœuvres de garnison peuvent comprendre des manœuvres de garnison avec cadres, dans les conditions d'exécution et d'administration des manœuvres de cadres proprement dites, et des manœuvres de garnison avec le concours des troupes de toutes armes. Dans ce cas, les manœuvres de garnison sont en principe régies comme les manœuvres d'automne, donnant droit aux mêmes indemnités lorsque le déplacement dépasse vingt-quatre heures, et d'après cette règle : que l'indemnité des troupes en marche, pour les offi-

(1) Vol. 55 3, E. M.

(2) En outre, dans les limites des crédits alloués, l'indemnité partielle correspondant à un repas pourra être accordée par le général commandant le corps d'armée au personnel participant aux manœuvres avec cadres de garnison, lorsque la durée de la manœuvre comportera un déplacement d'une journée environ, mais inférieure à vingt-quatre heures.

(3) Vol. 55-3, E. M.

ciers, et la prime éventuelle pour la troupe, sont dues pour chaque journée passée en dehors de la garnison, quelle que soit l'heure du départ, le premier jour, et l'heure de la rentrée, le dernier jour.

Le droit de réquisition n'est ordinairement pas acquis, mais les principes de l'alimentation des hommes et des chevaux sont les mêmes que pour les manœuvres d'automne. La seule différence est que toutes les dépenses occasionnées par ces manœuvres, aussi bien celles causées pour les indemnités ou allocations que celles provenant des dégâts, sont réglées au moyen des crédits spécialement mis à la disposition des généraux commandant les corps d'armée, et qu'il appartient à ces derniers de régler leurs opérations de manière à ne pas les dépasser.

Les règles générales des détachements peuvent donc être toutes observées en cas d'incidents ou accidents de route ou de cantonnement.

Lorsque la manœuvre de garnison ne doit pas excéder vingt-quatre heures, les troupes qui y prennent part, n'ayant alors droit à aucune indemnité ou allocation spéciales, pourvoient à l'alimentation des hommes et des chevaux par leurs propres ressources en faisant transporter, par les moyens dont elles disposent, les vivres et les fourrages nécessaires ; les bonis des ordinaires suppléent. s'il y a lieu, aux dépenses supplémentaires d'alimentation des hommes (1).

En ce qui concerne le cantonnement et le logement, il y a lieu de s'entendre, lorsqu'il est possible, avec les communes intéressées, qui ne sauraient cependant le refuser, même lorsqu'elles n'ont pu être prévenues à l'avance, la feuille de route ou l'ordre qui peut y suppléer ouvrant le droit au logement ou au cantonnement sans qu'il soit besoin que le droit de réquisition soit ouvert spécialement. Mais, en ce qui concerne les approvisionnements, il ne pourra plus être procédé que par achats basés sur les prix de la mercuriale locale, et les prix payés devront toujours être certifiés par les maires de chaque localité.

CHAPITRE XI

Détachements aux manœuvres d'automne (2).

Peuvent être comprises sous la dénomination de manœuvres d'automme :

1° Des manœuvres d'armée, de corps d'armée, de division d'infanterie, de brigade d'infanterie; elles ont lieu en principe dans la 1re quinzaine de septembre, en tenant compte de l'état des récoltes et de la nécessité de retarder le moins possible le renvoi des hommes libérables dans leurs foyers pour le 1er octobre ;

2° Des manœuvres de cavalerie, manœuvres d'ensemble entre plusieurs divisions réunies, manœuvres de division et évolutions de brigades. Elles ont lieu à peu près aux mêmes époques que les précédentes; toutefois, les évolutions de brigade de corps ont lieu assez tôt

---

(1) Toutefois, si l'absence, bien qu'inférieure à vingt-quatre heures, comporte une nuit en totalité ou en partie et deux repas dehors, que la nuit précède. suive ou sépare les deux repas sur le terrain, il est alloué un jour d'indemnité aux officiers et hommes de troupe ayant exécuté la manœuvre.

(2) Vol. 55-3, E. M.

pour que les brigades puissent participer ensuite aux manœuvres de leur corps d'armée;

3° Certaines manœuvres particulières, comme : les manœuvres alpines, les manœuvres dans les Vosges, en Corse, en Algérie et Tunisie, et les manœuvres de forteresse.

Fixation. — Durée.

Le Ministre fixe, chaque année, la nature des diverses manœuvres d'automne. les troupes qui y prennent part et, s'il y a lieu, l'effectif des principales unités.

La durée est subordonnée aux crédits alloués et est généralement :

Pour les manœuvres d'armée ou de corps d'armée......... 20 jours
— de division d'infanterie................. 15 —
— de brigade d'infanterie................. 14 —
y compris les marches de concentration et de dislocation.
Pour les manœuvres d'ensemble de division de cavalerie... 12 jours
Pour les évolutions de brigade de cavalerie................ 8 —
non compris les marches de concentration et de dislocation.

Prescriptions générales pour le cantonnement.

Pendant les manœuvres proprement dites, les cantonnements ne sont pas arrêtés à l'avance, mais, en principe, déterminés à la fin de la manœuvre, les municipalités étant prévenues, par l'affiche de l'ouverture du droit de réquisition, qu'elles peuvent avoir des troupes à cantonner.

Un repas froid est toujours emporté par les officiers et les hommes pour le matin.

Les campements sont dirigés sur les cantonnements dès que la désignation en a été faite.

La plus grande célérité doit être apportée pour la préparation du cantonnement, qui consiste uniquement en la désignation des quartiers, rues ou groupes de maisons pour chaque unité, sans tenir compte des lits ou logements disponibles.

L'entrée au cantonnement des troupes a lieu l'arme sur l'épaule ou le sabre à la main.

Les cafés ou auberges sont formellement interdits pendant une heure au moins après l'arrivée au cantonnement.

Les plus grandes précautions doivent être prises pour éviter tout risque d'incendie.

Si des hommes sont installés dans des greniers, il faut avoir soin de vérifier au préalable la solidité des planchers, des trappes, des escaliers y accédant, et faire boucher les ouvertures au ras des planches pour éviter les chutes.

Il est interdit, en principe, aux fourgons et aux cavaliers de trotter dans les cantonnements.

Si l'eau est abondante dans un cantonnement, la répartition des puits, fontaines et abreuvoirs est faite entre les divers corps ou unités qui s'y trouvent installés, et un service d'ordre est constitué au besoin.

La chasse est rigoureusement interdite aux militaires de tout grade prenant part aux manœuvres.

Concentration et dislocation.

Les troupes sont considérées comme étant aux manœuvres du jour de leur départ jusqu'à leur rentrée dans les garnisons. Exception est faite pour les petits détachements allant compléter des formations, qui ne sont considérés comme en manœuvres que pendant la période des opérations proprement dites.

Les mouvements de concentration et de dislocation sont généralement exécutés par voie de terre, par groupes d'unités constituées, la cavalerie devant être en principe rendue dans les cantonnements initiaux l'avant-veille du jour fixé pour le commencement des opérations, et la mise en route pour le retour ne devant s'effectuer que le surlendemain de la fin des exercices.

Si des troupes doivent effectuer les mouvements par voie de fer, ils sont ordonnés par le général commandant le corps d'armée et exécutés d'après les règles fixées pour ce moyen de transport.

Constitution des éléments de manœuvres.

Les officiers des divers états-majors doivent tous prendre part aux manœuvres, à l'exception de ceux dont la présence est reconnue indispensable pour assurer le service territorial.

Les états-majors aux manœuvres comprennent, outre le nombre d'officiers prévus aux tableaux d'effectifs de guerre, les officiers de l'Ecole supérieure de guerre détachés dans les états-majors pendant les manœuvres.

Les commandants des corps d'armée désignent les fonctionnaires de l'intendance, les officiers du corps de santé et les officiers d'administration des différents services du territoire qui doivent participer aux manœuvres.

Les ordres des commandants des corps d'armée ou des généraux directeurs de manœuvres indiquent les effectifs à emmener dans chaque arme (infanterie, cavalerie, artillerie et génie), qui sont, en principe, ceux du temps de guerre.

Age des chevaux emmenés aux manœuvres.

Les chevaux au-dessous de 7 ans ne peuvent être emmenés aux manœuvres, à l'exception de quelques chevaux de 6 ans, particulièrement robustes, dans l'artillerie et la cavalerie, qui peuvent être utilisés au trait à raison de 2 chevaux par fourgon, le sous-verge de devant et un des deux chevaux de derrière.

Les chevaux de pur sang peuvent aussi être emmenés aux manœuvres dès qu'ils ont 6 ans révolus.

Escortes aux manœuvres.

Le service des escortes est réglé d'après les ordres du commandement en s'efforçant, tout en assurant le service des divers états-majors, de distraire le moins possible de cavaliers des régiments de cavalerie appelés à prendre part aux manœuvres. Les hommes de troupe constituant les escortes reçoivent, en principe, l'indemnité journalière de 2 fr. 50 exclusive de toute autre, pour leur alimentation. L'ordre du directeur des manœuvres doit mentionner spécialement les hommes qui y auront droit.

Prévôtés aux manœuvres.

Les prévôtés sont constituées conformément aux indications numériques du tableau nº 13, p. 100.

Si les détachements affectés aux manœuvres ne suffisent pas pour assurer le service d'ordre sur le terrain des opérations, les brigades de gendarmerie du territoire peuvent être appelées à concourir à ce service.

La gendarmerie exerce dans les cantonnements une surveillance particulière sur les débits et veille à l'application de la loi sur l'ivresse. Tout établissement où un cas d'ivresse est constaté est signalé immédiatement et consigné à la troupe par le commandant du détachement ou cantonnement.

Dans les routes, elle participe à la garde des convois.

Chevaux de selle de complément aux manœuvres.

Les officiers payeurs et les officiers d'approvisionnement non montés, ainsi que les officiers d'administration des subsistances, qui peuvent être employés à un service de première ligne, reçoivent une monture avec harnachement d'ordonnance dont ils deviennent responsables quant à l'entretien et l'état.

Equipages et moyens de transport aux manœuvres.

Les commandants des corps d'armée déterminent, selon les ressources dont ils disposent, la nature et la quantité des moyens de transport à attribuer à chaque état-major, corps ou service, en se basant, sous cette réserve, sur les allocations données au tableau nº 12, p. 98.

Les cantiniers ont à se pourvoir, à leurs frais, des chevaux qui leur sont nécessaires pour l'exercice de leur profession; des chevaux de troupe ne peuvent être mis à leur disposition pour les manœuvres.

Les chevaux mis par d'autres corps à la disposition des corps d'infanterie pendant les manœuvres sont pris régulièrement en charge, afin d'éviter toute contestation lors de la remise des animaux; leur état doit être constaté en présence d'un vétérinaire lors de la mise en route pour rentrer au corps livrancier après les manœuvres.

Animaux réformés ou fournis par voie de réquisition.

Un certain nombre de chevaux réformés de l'artillerie, du train des équipages et de la cavalerie peuvent, avec l'autorisation du Ministre, être utilisés au trait pendant les manœuvres. Ces animaux sont maintenus en sus de l'effectif et sont prélevés parmi les chevaux réformés des mois de juin, juillet et août dans l'artillerie et le train, et de juin et juillet dans la cavalerie. Leur vente par les Domaines, et par les soins des corps auxquels ils ont été cédés pour les manœuvres, doit être effectuée le lendemain du jour du retour dans la garnison.

De même, s'il est nécessaire, des chevaux de location peuvent être soit amenés par les réservistes, soit fournis par conventions ou marchés. Amenés par des réservistes, ils procurent au propriétaire une indemnité de 5 francs par jour, s'ils sont reconnus susceptibles d'être attelés à des fourgons. S'ils sont procurés par conventions ou marchés, la plus grande publicité est donnée à ces demandes.

Les animaux pris en location ou amenés par des réservistes doivent être reçus, en présence des conducteurs autant que possible, par une commission nommée par le général commandant le corps d'armée, composée de :

Un officier du grade de capitaine, président;

Un officier adjoint;

Un vétérinaire militaire ou, à défaut, un vétérinaire civil; ce dernier reçoit les frais de vacation prévus pour les vétérinaires faisant partie des commissions de classement des chevaux et voitures, qui ne quittent pas leur résidence.

Cette commission accepte ou refuse et donne les appréciations sur les animaux relativement à leur état à leur arrivée.

Les animaux pris en location sont rendus à leurs propriétaires en observant les mêmes formalités.

Pour les manœuvres alpines, les bagages et cantines de toute nature étant transportés à dos de mulet, les animaux nécessaires sont loués sur place, dans les limites de durée et de crédit fixées par le commandant de corps d'armée.

Munitions aux manœuvres.

Sont déterminées chaque année par le Ministre et réparties par le commandant de corps d'armée.

Les corps d'infanterie ne peuvent disposer des économies réalisées pendant les manœuvres; elle entrent en diminution des allocations de l'année suivante.

Les munitions économisées de l'artillerie sont versées, dès le retour des manœuvres, dans les établissements d'artillerie.

Cartes aux manœuvres.

Sont adressées au directeur des manœuvres, sur demande formulée [mod. nº 42, p. 161] au service géographique de l'armée et d'après les bases données au tableau nº 11, page 97.

Service de la solde aux manœuvres.

S'il est organisé, il fonctionne comme en guerre, les corps ne devant en ce cas emporter de leur garnison de départ que la somme indispensable pour les amener jusqu'au jour où le service doit fonctionner, c'est-à-dire pour le premier jour des opérations proprement dites.

Un payeur général désigné par le Ministre assure ensuite tous les besoins des corps, qui ont à faire leurs états de solde comme en station et à les faire ordonnancer par le sous-intendant désigné à cet effet, pour les faire percevoir ensuite au moyen du livret de solde.

Service de la poste aux manœuvres.

Si le service de la poste est installé, il assure la transmission de toute la correspondance, qui doit, pour la facilité de tous les agents, porter l'indication de suscription prescrite avant le départ aux manœuvres.

Si ce service n'est pas organisé, une entente préalable est cependant établie pour assurer toute la célérité possible de la correspondance des divers éléments des manœuvres. Une suscription spéciale est également de nature à faciliter le service. En principe « Manœuvres du Xe corps d'armée », ou « Manœuvres de la Ye division d'infanterie », etc. La correspondance est retirée par les vaguemestres de chaque corps, détachement ou service.

Service de l'alimentation aux manœuvres.

Toutes les indications nécessaires ont été énoncées précédemment. Le service est assuré conformément à l'ordre d'alimentation du directeur des manœuvres (voir p. 9).

Réquisitions aux manœuvres.

Tout ce que nous avons dit sur ce sujet est applicable, lorsque la réquisition est autorisée par le Ministre. Les affiches ouvrant ce droit sont apposées à la diligence du corps d'armée au moins trois semaines avant le commencement des manœuvres (voir p. 16).

Documents à établir pendant les manœuvres.

Tenir au jour le jour le journal des marches et opérations dans chaque corps et dans les états-majors.

Eviter, dans la correspondance, tout ce qui peut être reporté à la rentrée et réduire les rapports et écritures au strict nécessaire. Se conformer, pour les situations à fournir, aux ordres donnés par le directeur des manœuvres.

CHAPITRE XII

Détachements dans les camps d'instruction.

La circulaire donnant l'organisation des manœuvres fixe chaque année la répartition des camps d'instruction entre les corps d'armée.

L'occupation de chaque camp est réglée, dans ses détails, par le commandant du corps d'armée sur le territoire duquel il est situé, après entente avec les gouverneurs militaires et commandants de corps d'armée intéressés.

Les troupes à pied et l'artillerie sont baraquées ou cantonnées ; elles peuvent être éventuellement cantonnées. La cavalerie cantonne habituellement dans les localités voisines.

Pour le cantonnement, les dispositions prévues pour les manœuvres d'automne sont adoptées.

Des allocations spéciales sont données, pendant leur séjour au camp, aux officiers et à la troupe. Pendant les journées de marche et celles passées exceptionnellement au cantonnement, les troupes sont traitées comme aux manœuvres d'automne.

Un officier de chaque détachement est d'ailleurs envoyé, quarante-huit heures avant l'arrivée au camp d'instruction, pour recevoir du major du camp les instructions spéciales et prendre possession du casernement ou du baraquement, ou du campement qui doit être mis à la disposition de chaque fraction.

CHAPITRE XIII

Détachements aux grèves (1).

Les troupes détachées aux grèves s'administrent dans les mêmes conditions que les troupes aux manœuvres et usent du droit de ré-

(1) Instruction provisoire du 11 mars 1909 (*B. O.*, r. s., pages 213 et suivantes).

quisition totale ou partielle, dans le cas où ce droit est ouvert par décision ministérielle.

Les avances de solde aux officiers et les avances de fonds aux officiers d'approvisionnement sont effectuées dans les mêmes conditions qu'aux manœuvres.

Alimentation aux grèves.

Les troupes transportées en chemin de fer emportent avec elles la nourriture nécessaire pour le trajet et pour la période qui pourra s'écouler jusqu au moment où les ordinaires seront en état de fonctionner. Il en est de même pour le retour.

Des mesures sont prises pour assurer, en cours de route, les vivres dont elles doivent être pourvues, dans le cas où, par suite d'un départ précipité, ils ne pourraient être emportés avant leur départ (à l'aller ou au retour).

Les troupes voyageant à pied se conforment aux prescriptions réglant l'alimentation pendant les routes à l'intérieur (voir p. 9).

Pendant toute la durée de leur déplacement, les troupes perçoivent les indemnités représentatives de pain et de fourrages fixées par le tarif de remboursement.

Les fourrages sont perçus aux taux du tarif de l'arme (ration de guerre). Les troupes faisant application du tarif du 4 août 1894 (1er, 9e et 16e corps d'armée) perçoivent la ration minima d'avoine.

Les troupes se procurent les denrées par achat à l'amiable, sans prix-limites, en faisant certifier les prix payés comme étant ceux de la mercuriale locale par le maire de la localité.

Toutefois, lorsque les troupes passent ou se trouvent à proximité d'une place en gestion directe, ou d'une place où le service est assuré par l'entreprise à la ration, elles s'y approvisionnent.

En certains cas, et lorsqu'il y a intérêt pour le Trésor, les denrées (vivres ou fourrages) peuvent être expédiées directement des garnisons voisines, à la diligence du service de l'intendance, en ayant recours aux approvisionnements, même de réserve, s'il y avait nécessité.

La viande fraiche est achetée sur les fonds de l'ordinaire, avec l'indemnité des troupes en marche du corps d'armée où la troupe opère.

Le combustible et la paille de couchage, lorsqu'il est nécessaire d'en distribuer (une ration de 5 kilos pour une troupe cantonnée plus de trois jours, ou une demi-ration pour une troupe bivouaquée pour une période moindre, sous un hangar) sont achetés par les officiers d'approvisionnement ou le chef de détachement, au compte des masses intéressées. Au départ, si elle n'est pas abandonnée aux communes, elle est vendue au profit du Trésor.

Allocations extraordinaires spéciales aux grèves.

Depuis le jour de départ de leur garnison jusqu'à celui de la rentrée. les troupes détachées en cas de grève ou de troubles reçoivent les allocations journalières spéciales suivantes :

Officiers généraux......	16 00	à l'exclusion de l'indemnité aux troupes en marche.
Officiers supérieurs....	7 00	
Officiers subalternes ..	5 00	
Adjudants sous-officiers	1 50	

Sous-officiers (autres que les adjudants, 0 fr. 50 (indemnité en marche).

Caporaux, brigadiers et soldats, 0 fr. 15 (prime éventuelle d'alimentation n° 3).

Certains isolés (secrétaires d'état-major, commis d'administration, ordonnances, télégraphistes, vélocipédistes) reçoivent, lorsqu'ils ne peuvent être mis en subsistance dans un détachement, ou lorsque leur service les empêche de prendre leur nourriture avec l'unité dont ils dépendent, l'indemnité journalière normale de 2 fr. 50.

Les troupes sont logées ou cantonnées, mais l'indemnité spéciale est due aux habitants pour toute la durée du séjour, sans déduction des trois premières nuits (voir page 21 et modèle n° 48, page 169).

Le tabac est alloué comme en garnison et perçu à l'entrepôt de tabac désigné.

Accidents ou incidents divers aux grèves.

Tous les divers accidents ou incidents qui peuvent se produire lors d'un détachement aux grèves, peuvent être résolus dans les mêmes conditions que pour les détachements en route ou aux manœuvres, indiquées précédemment (voir p. 22).

En ce qui concerne les règles relatives à la coopération de l'armée au maintien de l'ordre et à l'exécution des lois, chaque chef de détachement, tous les officiers et même les sous-officiers devront être munis de l'instruction du 20 août 1907, relative à la participation de l'armée au maintien de l'ordre public, qui forme un opuscule très petit et facilement transportable sur l'homme.

Certificats d'origine de blessures ou de maladie.

En cas de blessures reçues en service aux grèves, ne pas oublier d'établir aussitôt un certificat d'origine.

Détachements au service de la garde des voies de communications ou de services publics.

Ces détachements peuvent être requis, pour assurer certains services, en cas d'effervescence des employés des compagnies de chemin de fer, ou des postes, ou de services publics, pour protéger l'exécution de ces services.

Il n'est pas possible de donner des règles pour ces cas spéciaux : des instructions particulières indiquent, dans ces cas, le but à atteindre, la mission à remplir et le mode d'alimentation à employer.

Les règles générales des détachements sont, en principe, applicables sous les réserves faites dans les ordres donnés.

CHAPITRE XIV

Détachements en conduite de chevaux de remonte (1).

Les détachements envoyés en conduite de chevaux de remonte ont droit, lorsque l'effectif du détachement ne dépasse pas 5 hommes, à l'indemnité journalière normale, exclusive de toute autre prestation et payée sur les fonds des frais de déplacement. Les sous-officiers rengagés ou commissionnés cumulent la solde avec cette indemnité et les militaires admis à la haute paye la conservent également.

(1) Vol. 69, E. M.

Le nombre d'hommes nécessaires pour la conduite des chevaux de remonte par voie ferrée est fixé à :

Un homme pour trois chevaux de réserve ou fraction de trois chevaux;

Un homme pour quatre chevaux ou fraction de quatre chevaux des autres catégories.

Les chevaux versés d'un corps à un autre sont considérés comme chevaux de remonte.

Si le trajet doit s'accomplir par voie de terre, la composition du détachement sera majorée dans une certaine proportion, mais sans jamais dépasser un homme pour deux chevaux.

Les chefs de corps intéressés envoient, dès que la demande leur en a été faite par les commandants des dépôts de remonte, les détachements de conduite nécessaires.

Si le détachement comporte un nombre de chevaux nécessitant un cadre de conduite de six hommes et plus, il forme alors détachement dans l'acception complète du mot, et a droit aux prestations en deniers et nature des troupes en marche. Il est bon, en raison des difficultés que peuvent éprouver ces détachements à pourvoir en route à leur alimentation, surtout sur les voies ferrées, de remettre au chef de détachement une certaine somme d'argent par jour et par homme, prélevée sur les bonis des ordinaires, pour les aider à se nourrir. Cette somme est à évaluer d'après la durée du déplacement et les arrêts fixés en cours de route.

La nourriture des animaux est assurée par le dépôt de remonte au compte du régiment destinataire.

Les bons de chemin de fer sont délivrés à la diligence des commandants des dépôts, qui fixent les itinéraires de manière que les arrêts les plus longs, inévitables aux gares de bifurcation, aient lieu pendant la nuit et que le débarquement à l'arrivée se fasse, autant que possible, le jour.

La traversée de Paris doit toujours être évitée, et les convois doivent suivre la ligne de Grande-Ceinture.

CHAPITRE XV

Détachements des commissions de classement (animaux et voitures) (1).

Des commissions de classement sont désignées annuellement pour le recensement et le classement des animaux et voitures nécessaires à la mobilisation.

Ces commissions, qui opèrent chacune dans un secteur déterminé, comprennent en principe :

Un officier, président;

Un membre civil;

Un vétérinaire.

L'officier président peut être de l'active, de la réserve ou de la territoriale; du grade de commandant, capitaine, lieutenant ou sous-lieutenant; appartenant à la cavalerie, à l'artillerie, au train des équipages militaires ou au service éventuel des remontes et réquisitions.

(1) Vol. 70, E. M.

Des officiers de gendarmerie, de l'active, de la réserve ou de la territoriale peuvent également être désignés pour occuper les fonctions de président.

Des vétérinaires en premier des corps de cavalerie ou de l'artillerie peuvent aussi être désignés pour présider des commissions, à raison de cinq commissions par corps d'armée.

Des vétérinaires retraités (vétérinaires-majors ou vétérinaires en premier) peuvent également être appelés, sur leur demande, à présider des commisions de classement.

Le membre civil est pris, dans chaque commune recensée, à la désignation du préfet du département.

Le vétérinaire peut être du cadre actif, ou de la réserve, ou de la territoriale.

A chaque commission est attaché un brigadier des corps de troupe à cheval, pour remplir les fonctions de secrétaire.

Les présidents peuvent être autorisés à emmener un ou deux chevaux de trait pour les atteler à une voiture de louage, avec un cavalier pour les soigner.

Il est alloué à chaque commission une indemnité de 2 fr. 50 pour faire face aux dépenses occasionnées par la location de voitures et harnais.

L'usage d'une automobile peut être autorisé aux risques et périls des officiers et sans qu'il puisse être réclamé une indemnité en cas d'accident, d'usure ou de déterioration de la voiture. Dans ce cas, il est alloué une indemnité journalière de 9 francs, exclusive de celle pour location des harnais et des voitures.

Les diverses indemnités de déplacement dues au personnel des commissions de classement sont données au tableau nº 5, page 104.

Lorsque, à défaut de vétérinaires de l'armée, l'on a recours à des vétérinaires civils, l'indemnité allouée à ces derniers est de 10 francs pour les journées d'opérations au lieu de résidence, et de 18 francs hors du lieu de résidence.

Les officiers et vétérinaires militaires, les secrétaires des commissions et les cavaliers et chevaux accompagnant les commissions ont droit au logement.

Les indemnités sont payées sur mandats délivrés à la fin des opérations par les sous-intendants militaires, sur le vu des feuilles itinéraires, transmises par le président ; mais des avances peuvent être faites soit par les corps, soit par les sous-intendants pour la moitié du service et peuvent être renouvelées au cours des opérations.

Il est pourvu à la nourriture des chevaux emmenés, au moyen de l'indemnité représentative des fourrages de 2 francs par jour et par cheval pour toute la durée du déplacement.

TITRE III

MOUVEMENTS PAR VOIE DE FER (1)

CHAPITRE Ier

Préliminaires.

Par qui sont ordonnés les déplacements de troupes par voie de fer ?

Par le Ministre ou par les généraux commandant les corps d'armée, par délégation.

Transports ordinaires.

Les transports par voie de fer comprennent tous les transports nécessités soit pour amener un détachement sur le point de concentration de manœuvres, soit lors de la dislocation des manœuvres, pour le retour des troupes dans leur garnison, soit pour un changement de garnison d'un régiment ou d'une fraction de régiment, soit pour l'envoi de troupes sur un point déterminé, en cas de grèves ou de troubles publics.

Ces transports sont exécutés sans gêner l'exploitation commerciale des chemins de fer, alors que les transports stratégiques, dont nous n'avons pas à nous occuper dans ce traité, sont utilisés à la mobilisation, et peuvent amener une perturbation très grande dans le service général des compagnies.

Demandes de trains.

Les demandes de trains sont faites par le Ministre ou le général commandant le corps d'armée, selon le cas ; les compagnies avisées, après entente avec l'une ou l'autre de ces autorités, fixent la composition du train ou des trains demandés, la vitesse de marche, les heures de départ et d'arrivée et les arrêts, s'il y a lieu, suivant les circonstances.

CHAPITRE II

Mise en route d'un détachement par voie de fer.

Le chef du détachement qui doit voyager par voie ferrée reçoit un ordre de mouvement et un itinéraire [mod. n° 60, p. 194].

Avis à donner.

Il doit aussitôt donner avis des heures de passage et d'arrivée aux autorités militaires intéressées suivantes :

1° Au commandant de la région de destination (si elle est autre que celle du point de départ) ;

2° Au commandant de chaque région traversée autre que celle du point de départ où le détachement peut être appelé à loger ou cantonner, et aux préfets intéressés. Si le détachement doit cantonner dans la région du point de départ, c'est le général commandant la subdivision territoriale qui est avisé ;

3° Au commandant de chaque région où le détachement peut

(1) Vol 1003.

éventuellement changer de train avec arrêt prolongé. Si ce changement avec arrêt a lieu dans la région du point de départ, c'est le commandant territorial ou le commandant d'armes qu'il y a lieu d'aviser. Ces avis sont donnés télégraphiquement, s'il est nécessaire.

Intervention du service de l'intendance.

Au moyen de l'ordre de mouvement, le chef de détachement se fait délivrer, par le fonctionnaire de la sous-intendance chargé du service de marche du point de départ, les bons de chemin de fer et la feuille de route nécessaires.

Obligations vis-à-vis des compagnies de chemin de fer.

Le chef de gare du point de départ remet, en échange du bon de chemin de fer que lui donne le chef de détachement, le billet collectif qui sert à assurer le transport jusqu'à destination. Il reçoit au verso, s'il y a lieu, en cours de route, les observations du chef de détachement, auquel il est représenté sur sa demande, ainsi que les mutations survenues soit au moment du départ, soit au cours de la route. Le chef du détachement signe ainsi que le chef de gare contradictoirement [mod. n° 63, p. 197].

Ordre de transport. — Cas de manœuvres.

S'il est prescrit que le transport aura lieu au moyen d'ordres de transport, ces ordres sont établis par les soins de l'état-major de l'armée. La feuille de transport remplace, dans ce cas, la feuille de route et le bon de chemin de fer, et est complétée, en ce qui concerne les effectifs, par le chef de détachement. S'il y a des voitures ou du matériel à faire transporter, il y a lieu de demander la lettre de voiture nécessaire au service de la sous-intendance.

Cas d'urgence.

S'il n'y a pas de sous-intendance au point de départ où l'embarquement est ordonné d'urgence, l'ordre de mouvement, ou même l'ordre télégraphique, supplée alors le bon de chemin de fer. L'effectif est porté sur l'un ou l'autre de ces deux documents, avec l'itinéraire à suivre, et le chef de détachement donne également reçu du billet collectif, que délivre, sur la production d'une de ces pièces, le chef de gare du point de départ. Ces pièces sont valables pour tout le trajet et servent à la régularisation ultérieure de la mise en route dans ces conditions [mod. n° 62, p. 196].

CHAPITRE III

Mesures préparatoires.

Envoi à l'avance d'un officier à la gare.

Si l'ordre de mouvement n'est pas trop précipité, un officier est envoyé, dès la veille, pour donner au chef de gare l'effectif exact et le détail du matériel et des voitures à embarquer ; il reçoit alors communication :

Du point d'embarquement désigné (quai ou chantiers) ;
De l'heure où la reconnaissance du train pourra être faite ;

De l'heure à laquelle l'embarquement commencera:
De l'heure à laquelle l'embarquement devra être terminé;
Des consignes locales.

Cet officier reconnaît les abords et les points d'embarquement. Il est bien entendu que, dans tous les cas, un officier est envoyé à la gare, que l'embarquement soit prévu dès la veille ou quelques heures avant seulement.

Préparatifs à faire pour l'embarquement.

Le chef de détachement prévoit, la veille si possible, ou dès qu'il a reçu l'ordre de départ, dans le cas de mise en route rapide, la subsistance de sa troupe pour la durée du trajet, fixe la tenue, commande la garde de police et donne l'heure de départ de la reconnaissance du train.

Accessoires d'embarquement.

Il fait transporter les accessoires d'embarquement nécessaires (cordes-poitrails, bottillons, cales, leviers de manœuvre, jarretières, paille de litière, fourrages, etc.).

Alimentation des hommes.

L'alimentation est assurée par des repas froids fournis par l'ordinaire et autant que possible pour la durée complète du trajet. Toutefois, si le trajet doit dépasser vingt-quatre heures, des repas peuvent être distribués en cours de route, soit aux stations-haltes-repas, soit dans des localités désignées: dans ce cas, le chef de détachement en est avisé et n'a pas à se préoccuper de cette partie qui incombe au service des subsistances, à la diligence du service de l'intendance, qui reçoit alors du commandement des ordres en conséquence. Les repas sont placés dans les gamelles individuelles, lesquelles sont introduites dans les étuis-musettes avec le pain pris avant le départ dans la garnison. Les bidons sont remplis de café, vin, bière ou cidre, etc.

Alimentation des chevaux.

L'alimentation des chevaux est assurée, pendant la route, au moyen des rations perçues au départ pour toute la durée du trajet, à raison de 5 kilos de foin et 2 kilos d'avoine.

Paille de litière. — Bottillons.

La paille de litière est également préparée à raison de 2 kgr. 500 par cheval, ainsi que les bottillons de selles et de trucs, en nombre correspondant aux animaux et aux voitures emmenées, au taux de un bottillon de 7 kgr. 500 pour quatre selles, et deux bottillons de 12 kilos par truc.

Achats de vivres et de fourrages.

Pour les achats des vivres et des fourrages, l'officier d'approvisionnement ou le chef de détachement opère comme pour un détachement en route par voie de terre, et leur règlement s'effectue au moyen des avances remises, au départ, au chef de détachement. Les approvisionnements constitués sont transportés, au moyen de voitures de corvée ou de voitures requises, au lieu d'embarquement, en temps voulu.

Reconnaissance du train.

A l'heure fixée, le chef du détachement envoie reconnaître le train par la reconnaissance composée d'un officier et d'un sous-officier d'approvisionnement par unité, au moins deux heures avant l'heure de départ du détachement. Elle vérifie si tout est prêt et rend compte immédiatement, en cas de modifications dans les indications reçues la veille ou à la première reconnaissance faite, par l'officier envoyé à l'avance par le chef de détachement.

Répartition du train.

L'officier, aidé des sous-officiers, numérote alors les wagons de 1 à... en commençant par la tête du train, et établit l'état indiquant l'ordre des numéros, avec l'affectation de chaque wagon et de chaque truc, qu'il doit faire remettre dès que possible au commandant de la troupe. Les inscriptions sont faites : pour les wagons à voyageurs, sur le grand marchepied entre les portières ; pour les wagons à marchandises aménagés, sur le grand côté, à la place réservée à cet effet ; sur les trucs, sur le grand côté.

Aménagement des wagons.

L'officier s'assure en outre : que l'aménagement des wagons à marchandises, lorsqu'ils sont utilisés, est préparé, avec les supports des bancs placés à $0^{m},50$ des petits côtés des wagons, pour permettre le placement dans ces coins des sacs ou des effets des hommes ; que les wagons sont munis de lanternes accrochées aux côtés opposés à ceux par lesquels doit se faire l'embarquement. Il vérifie enfin si tous les accessoires que doit fournir la compagnie sont prêts, ou les réclame au chef de gare.

CHAPITRE IV

Embarquement. — Débarquement. — Haltes et stations.

Nous n'avons pas à donner les détails d'exécution d'embarquement et de débarquement, qui ne sont plus du domaine administratif et que toute la troupe connaît d'ailleurs, à la suite de nombreux exercices faits au cours de l'instruction en garnison.

Distribution en cours de route.

Nous dirons seulement que si, en cours de route, il est distribué des liquides ou des repas dans les haltes-repas, c'est à l'officier d'approvisionnement ou au chef de détachement qu'incombe le soin de recevoir de l'officier d'administration les denrées qui doivent lui être remises ; il doit, à cet effet, remettre avant le départ, à cet officier, les récipients dans lesquels les denrées lui seront délivrées. Le commandant de la troupe signe le reçu des perceptions faites également avant le départ. Les distributions faites à la troupe ont lieu à titre gratuit, en remplacement des allocations correspondantes. Elles sont régularisées dans les feuilles de journées.

Distributions remboursables.

Si des officiers ou des sous-officiers ont perçu des denrées, ils paient directement à l'officier d'administration des subsistances. Après le débarquement et avant le départ de la troupe, les agents du train visitent les wagons, un à un, avec un ou plusieurs sous-officiers désignés à cet effet, pour recueillir les effets qui auraient pu être oubliés. Les agrès et accessoires utilisés pour le transport et pour le débarquement sont remis au chef de gare.

Remise des billets collectifs.

Enfin le commandant de tout détachement transporté en chemin de fer doit, dès son arrivée, remettre à la sous-intendance les billets collectifs qu'il a reçus, en échange des bons de chemin de fer, avec la feuille de route du détachement ; il fournit, s'il y a lieu, au commandant du corps d'armée, un rapport spécial des observations auxquelles aurait donné lieu le transport.

Réduction de tarifs sur les voies ferrées.

Des réductions de tarifs pour les militaires et leurs familles peuvent être accordées, à l'occasion de déplacements pour le service, par les diverses compagnies [voir mod. n° 28, p. 140].

TITRE IV

MOUVEMENTS PAR VOIE D'EAU (1)

CHAPITRE Ier

Convois par eau.

Objet du service.

Le service des convois par eau s'applique non seulement au transport des corps ou détachements (officiers, hommes de troupe ou chevaux), du matériel qui les accompagne et des militaires isolés, mais encore à celui de toutes autres catégories de personnes au service de l'Etat qui seraient admises par l'administration de la guerre à faire usage, soit à titre gratuit, soit à charge de remboursement, des moyens dont elle dispose.

Organisation du service.

Le service comprend :

1° Les transports par mer, entre les divers points du continent, entre le continent et les îles voisines et les forts en mer, dans lesquels il est entretenu des garnisons;

2° Les transports qui, dans des circonstances exceptionnelles, pourraient avoir lieu sur les voies de navigation intérieure (fleuves, rivières, canaux) en vertu des ordres du Ministre ou des commandants de corps d'armée.

L'organisation des convois par mer est assurée au moyen de marchés d'entreprise passés par les fonctionnaires de l'intendance, sauf approbation du Ministre.

Exécution du service.

Les bons de convoi sont délivrés par le sous-intendant militaire ou

(1) Vol. 101, 102, 103, E. M.

son suppléant, sur la production d'un ordre de mouvement, de la feuille de déplacement ou du titre qui en tient lieu.

Ils sont remis par les parties prenantes au capitaine ou patron du bateau qui effectue le transport, dans les conditions fixées par le marché.

Les mouvements de France en Algérie, en Tunisie et en Corse sont réglés, en principe, par les généraux commandant les 15e et 16e corps d'armée, par délégation du Ministre.

Les commandants des autres corps d'armée ne doivent diriger aucun détachement sur un port d'embarquement de France avant entente avec le général commandant le 15e ou le 16e corps d'armée.

Pour les transports pour les autres colonies ou pays de protectorat, les ordres de mouvement sont toujours prescrits par le Ministre.

CHAPITRE II

Exécution des transports de la guerre par navires de commerce.

Navires affrétés.

Les navires affrétés servent au transport :

1° Des corps de troupe, des détachements de militaires isolés, ainsi que de leurs chevaux ou mulets :

2° De denrées, de matériel, d'animaux de boucherie, etc.

Mise en route des détachements sur le port d'embarquement.

Les troupes composant le détachement qui doit être embarqué doivent être rendues au port d'embarquement vingt-quatre heures environ avant le départ.

Pièces à établir pour l'embarquement.

1° L'état de filiation, qui doit être établi par les soins du chef de détachement à embarquer en deux expéditions, l'une pour le sous-intendant militaire du port d'embarquement et l'autre pour celui du débarquement.

Un état de filiation est établi également par le chef de détachement et est destiné au capitaine du navire.

2° L'état signalétique des chevaux et mulets, établi par le chef de détachement, sert à fixer l'identité des animaux.

Si l'animal n'appartient pas à l'Etat, mention est faite du nom et du grade du propriétaire.

3° Le sous-intendant militaire chargé des transports établit en deux expéditions l'état d'embarquement, qui récapitule les états de filiation et les états signalétiques des chevaux et mulets, et fait ressortir par classe le nombre des passagers ainsi que le nombre d'animaux à transporter; l'une des expéditions est remise au capitaine du bord.

Répartition et nourriture des passagers.

Les passagers sont répartis en quatre classes.

La nourriture des passagers est assurée par les soins du capitaine, aux clauses et conditions de son marché; des denrées peuvent être fournies par le service des vivres, mais à charge de remboursement par le fréteur.

Nourriture des animaux.

Ils sont également nourris par les soins du fréteur et exceptionnellement par le service des subsistances; dans ce cas, un officier reçoit les fournitures à bord et en assure la distribution: l'excédent, s'il y en a, est réintégré, au débarquement, au service des subsistances.

Animaux de boucherie.

Si des animaux de boucherie sont emmenés par les soins de l'administration militaire, ils sont confiés aux ouvriers d'administration qui sont chargés de leur garde jusqu'à l'embarquement et, si l'importance du troupeau l'exige, accompagnés par eux avec des bouchers, pour les soins à leur donner en route et pour l'abat.

CHAPITRE III
Embarquement.

Officier préposé à l'embarquement envoyé à l'avance.

Dès que le commandant d'une troupe a reçu l'ordre de s'embarquer, il désigne, à titre d'officier préposé à l'embarquement, un officier (de préférence un capitaine adjudant-major) assisté d'un sous-officier, qui se met en rapport avec le commissaire militaire du port d'embarquement pour connaître le nom du bateau, son emplacement et le jour du départ.

Il se met directement en rapport avec le commandant du navire, s'il n'y a pas de commissaire de port, par l'intermédiaire du commandant d'armes.

Si les troupes à embarquer comprennent des éléments de corps différents, un officier d'état-major peut être désigné comme préposé à l'embarquement de toutes les unités, qui désignent alors chacune un officier qui se met en relations avec lui, s'il n'y a pas de commissaire militaire dans le port.

Situation de l'effectif et du matériel à embarquer.

L'officier préposé à l'embarquement est porteur d'une situation d'effectif et de matériel indiquant :

1° Les noms des officiers à embarquer, avec leur grade et leur ancienneté;

2° Le nombre d'hommes de troupe, de chevaux et mulets à embarquer;

3° Le matériel à embarquer, avec indication du nombre de colis, du poids et des dimensions de chacun d'eux et de leur nature.

S'il s'agit d'embarquement de parc d'artillerie et du génie, du matériel du service de l'intendance ou du matériel du service de santé, un ou plusieurs officiers d'administration du service intéressé assistent l'officier préposé à l'embarquement.

Les situations d'effectif et de matériel sont établies par les corps, détachements ou services intéressés.

Reconnaissance à faire par l'officier préposé à l'embarquement.

L'attention de l'officier préposé à l'embarquement doit porter sur les points suivants :

Reconnaissance des itinéraires à suivre jusqu'au quai d'embarquement;

Etendue et disposition du quai d'embarquement;

Mesures à prendre pour débarrasser le quai s'il est encombré;

Reconnaissance des emplacements pour le matériel, la troupe;

Emplacement et répartition des troupes à bord;

Cabines réservées aux officiers, nombre de couchettes par cabine;

Locaux (et leur contenance) affectés aux sous-officiers, à la garde de police, à la troupe;

Consigne et composition de la garde de police;

Emplacement et arrimage des armes, effets de petit et de grand équipement, des selles, harnais, du matériel, etc.;

Reconnaissance de la soute aux munitions et mesures à prendre pour l'emmagasinage des cartouches, des poudres, des projectiles;

Emplacement et installation des animaux à bord; jour et heure d'embarquement du matériel, des animaux et de la troupe.

Enfin, il s'assure que le transport dispose des passerelles ou des sabords, des grues ou panneaux qui seront nécessaires pour procéder à l'embarquement ainsi que du nombre d'auxiliaires militaires qu'il faudra adjoindre à l'équipage du navire pour aider au chargement des animaux et à l'arrimage du matériel.

Ordres à donner par le chef de corps ou de détachement.

Après qu'il a eu connaissance du rapport de l'officier préposé à l'embarquement, le chef de corps ou de détachement donne ses ordres pour que le matériel et le personnel auxiliaire soient conduits pour être embarqués à l'heure prescrite, et commande le service d'ordre nécessaire ; il indique les bagages qui ne sont pas nécessaires à la troupe et seront embarqués avec le matériel ; il fixe la tenue, répartit les cabines et les locaux ; fait étiqueter les armes du nom et matricule de l'homme, et les fait mettre en caisse ainsi que les cartouches; il fait étiqueter les sacs, les selles, harnais et bâts ; prend les dispositions pour assurer la nourriture des hommes et des animaux jusqu'au jour de l'embarquement, et fixe l'heure de la mise en route de la troupe, de manière à éviter tout encombrement soit aux abords des quais, soit sur les appontements.

La répartition, le chargement et l'arrimage à bord du matériel appartenant à des services qui peut être embarqué, indépendamment du matériel des corps de troupe, sont exécutés à la diligence du commissaire militaire.

Exécution de l'embarquement.

Après que la visite de santé individuelle et minutieuse de tous les passagers a été passée par le médecin du corps ou du détachement, et que la visite sanitaire des animaux a été également effectuée, le commandant du corps ou détachement passe une revue de départ. La troupe est ensuite dirigée sur le quai d'embarquement.

Elle se place, suivant l'espace disponible, en ligne déployée ou en colonne serrée. Les cavaliers sont placés sur un rang, les chevaux des trompettes dans le rang, ceux des sous-officiers à la gauche de leurs pelotons respectifs, ceux des officiers à la droite de leurs unités respectives.

Les chevaux sont dessellés et restent bridés; les selles, les sacoches, la sangle et la couverture placées sur le siège de la selle; les étriers, relevés et attachés, sont fixés au moyen du surfaix.

L'embarquement des chevaux a lieu aussitôt après, puis celui de la troupe, des selles et des harnais, qui sont placés dans les locaux désignés.

Le sous-intendant militaire procède alors à l'appel des passagers.

Les hommes, une fois embarqués, ne doivent plus sous aucun prétexte descendre à terre.

CHAPITRE IV

Débarquement.

Dispositions préliminaires.

Dès que le débarquement est arrêté, les sacs sont refaits, l'avoine des chevaux distribuée, les brides préparées et les hommes groupés par compagnies, batteries ou escadrons.

Les officiers et les adjudants ferment leurs cantines à bagages et les font porter sur le pont, à l'emplacement désigné.

Ordre dans lequel le débarquement doit s'effectuer.

L'officier préposé à l'embarquement est également préposé au débarquement, qui ne s'effectue que lorsqu'il a pu s'assurer que les mesures sont prises et le matériel nécessaire prêt.

Le débarquement s'effectue ensuite, les hommes d'abord pour l'infanterie, les chevaux pour l'artillerie et la cavalerie, puis les voitures et enfin le matériel.

Aussitôt après le débarquement, le médecin et le vétérinaire visitent les hommes et les chevaux; la revue de la troupe est passée par le chef de détachement, qui s'assure que tous ses hommes sont présents avec les effets qu'ils avaient au moment de l'embarquement.

CHAPITRE V

Transports maritimes entre la France, l'Algérie, la Tunisie, la Tripolitaine et le Maroc (1).

Passagers de l'Etat.

Places réservées.

Le concessionnaire des transports de l'Etat est tenu de réserver un certain nombre de places pour les passagers de l'Etat (les deux tiers des places de chaque classe).

Passagers aux frais de l'Etat avec ou sans vivres.

Le Ministre de la guerre et, par délégation, les généraux comman-

(1) Vol. 102, E. M.

dant les 15e, 16e et 19e corps d'armée (1) ont la faculté d'accorder des passages aux frais de l'Etat avec ou sans vivres. Les personnes qui obtiennent des passages sans vivres doivent, avant le départ, acquitter le prix de leur nourriture à la compagnie concessionnaire. Les officiers voyagent en 1re classe, les sous-officiers en 3e et les hommes de troupe en 4e. Sont admis aux prix spéciaux du marché, à charge de payer leur nourriture, les militaires et marins de tous grades et les employés militaires, leurs femmes, enfants et ascendants, frères et sœurs, à la condition qu'ils vivent sous leur toit.

Les enfants au-dessous de 5 ans ont droit au passage gratuit; ceux de 5 ans à 15 ans payent demi-tarif (transport, frais de nourriture).

Domestiques des passagers de l'Etat.

Sont admis comme passagers de 3e ou 4e classe, au prix du marché, mais seulement lorsqu'ils accompagnent les personnes auxquelles ils sont attachés.

Réquisitions de passage.

Tout militaire qui désire bénéficier des tarifs du marché pour lui ou sa famille se présente à la sous-intendance locale du lieu d'embarquement qui, sur le vu de documents authentiques, délivre la réquisition nécessaire pour obtenir le passage pour le nombre de personnes qu'il emmène avec lui et qui sont dans les conditions indiquées ci-dessus.

La lettre de service, la carte d'identité, une attestation du chef de service qu'il est marié, qu'il a ses enfants et ses domestiques, sont des pièces suffisantes, mais nécessaires.

Bagages.

Les droits des passagers de l'Etat au transport gratuit de leurs bagages et mobilier sont :

Par passager de 1re classe	....	200 kgr.
- de 2e —	....	150 —
— de 3e —	....	80 —
— de 4e —	....	40 —

Pour les enfants voyageant à demi-tarif, la moitié des chiffres ci-dessus selon la classe prise.

Cette franchise n'est accordée que si les bagages voyagent par le même paquebot que leurs propriétaires.

Nourriture.

Les passagers sont nourris par les soins des concessionnaires à la table correspondant à leur classe.

Les passagers des 1re et 2e classes font deux repas par jour ; ceux des 3e et 4e classes font trois repas.

Le repas est dû aux passagers embarqués avant 11 heures du matin et avant 6 heures du soir.

Le repas est dû à l'arrivée si elle précède d'une demi-heure au plus celle de l'heure fixée.

Exception est faite pour les militaires ou marins de 3e et 4e classe, qui ont toujours droit au repas du soir, si le débarquement à lieu après midi.

---

(1) En Tunisie le général commandant la division d'occupation.

Itinéraires des lignes.

Les itinéraires sont fixés par le traité et ne peuvent être modifiés, sauf le cas de force majeure.

Gratuité de la traversée.

La gratuité de la traversée est acquise de droit à tout militaire allant de France en Algérie ou Tunisie pour le service.

Passages gratuits de faveur.

Les passages gratuits de faveur peuvent être accordés, sur demande, par le Ministre de la guerre pour le personnel stationné à l'intérieur ; ils peuvent l'être exceptionnellement par les généraux commandant les 15e et 16e corps d'armée aux militaires changeant de garnison ou de résidence, par permutation ou pour convenances personnelles (ou allant en congé, et qui n'ont pu, en raison de l'urgence, se mettre en instance pour l'obtenir en temps utile du Ministre) ; aux militaires changeant de garnison, de résidence, par permutation ou pour convenances personnelles, ainsi qu'à ceux qui ont obtenu un congé ou une permission ; à leurs femmes, leurs enfants et aux membres de leur famille personnelle vivant sous leur toit.

Mais cette gratuité ne peut être accordée à une personne qui en a bénéficié à ce titre ou de droit depuis moins de trois ans.

Exception est faite cependant pour les élèves des écoles militaires et des maisons d'éducation de la Légion d'honneur.

Le général commandant le 19e corps d'armée et le général commandant la division d'occupation de Tunisie peuvent accorder le passage gratuit de faveur aux militaires et à leurs familles stationnées sur le territoire de leur commandement respectif.

La gratuité pour les passagers de 1re, 2e et 3e classe, est accordée sans les frais de nourriture, à l'exception des élèves du Prytanée militaire.

Les militaires voyageant en 4e classe ont toujours, au contraire, la nourriture lorsqu'ils ont la gratuité de la traversée.

Itinéraire.

Deux compagnies assurent les transports : la Compagnie Générale Transatlantique et la Société Générale des Transports maritimes ; des services réguliers fonctionnent de Marseille à Oran, de Marseille à Philippeville, Bône, Bougie, de Marseille à Tunis et Bizerte et inversement.

CHAPITRE VI

Transports maritimes entre la France et la Corse (1).

Règles générales.

Les règles qui régissent les transports des militaires et de leurs familles entre l'Algérie et la France sont les mêmes qu'entre la Corse et la France, les passages gratuits de faveur étant accordés dans les mêmes cas et dans les mêmes conditions. Un service régulier fonctionne et assure le transport des passagers aux jours et heures

(1) Vol. 103. E. M.

indiqués, auxquels il ne peut être apporté de modifications qu'en cas de force majeure, une fois la concession passée.

Itinéraires.

Les itinéraires sont de Marseille à Ajaccio, à Calvi, à Bastia; de Nice à Calvi et Ajaccio; de Nice à l'Ile Rousse et Bastia; de Nice à Ajaccio, à Bastia; de Bastia à Livourne; de Calvi à Ajaccio et Bonifacio; de l'Ile Rousse à Ajaccio et Bonifacio; d'Ajaccio à Propriano; d'Ajaccio à Porto-Torrès et inversement.

Un service côtier autour de la Corse fonctionne également en alternant par semaine.

TITRE V

ADMINISTRATION EN CAMPAGNE (1)

Toutes les dispositions, en général, du temps de paix sont applicables au temps de guerre et nous ne voulons ici qu'envisager à grands traits les modifications apportées au fonctionnement du service en cas de mobilisation.

CHAPITRE Ier

Administration et comptabilité des corps de troupe en campagne.

Commandants d'unités en campagne.

Les commandants des unités administratives mobilisées tiennent, à partir du premier jour de la mobilisation, le carnet de comptabilité de campagne, qui est destiné à recevoir l'inscription sommaire des opérations diverses de comptabilité de l'unité et supplée à tous les registres du temps de paix.

Pour l'établissement, la tenue et l'arrêté de ce carnet, les commandants d'unités se conforment à l'instruction qui y est annexée.

Officier payeur en campagne.

Il tient un registre d'effectif et des distributions pour les unités mobilisées, au moyen des situations administratives communiquées journellement par les commandants de ces unités, et vérifie ensuite avec la situation des cinq jours. Ce registre présente l'effectif journalier pour l'ensemble des unités, ainsi que les gains et les pertes modifiant l'effectif de la veille.

Bureau spécial de comptabilité.

Formé dès la mobilisation au dépôt. Le trésorier, qui est le chef du bureau spécial de comptabilité, représente les commandants d'unités pour la régularisation et la liquidation de toutes les opérations que ces commandants n'auraient pu effectuer avant leur départ, et reçoit à cet effet tous les documents du temps de paix.

Il reçoit les carnets de comptabilité de campagne, qui lui sont adressés dans les cinq premiers jours qui suivent le trimestre expiré, certifiés par les commandants d'unités administratives.

(1) Vol. 8. E. M.

CHAPITRE II

Alimentation en campagne.

Tout ce que nous avons dit pour le service du ravitaillement par le service de l'intendance aux manœuvres, sur les achats divers par les officiers d'approvisionnement, sur les réquisitions est d'application courante en campagne (voir p. 9).

Composition et taux des rations en temps de guerre.

Des tarifs donnent la composition et le taux des rations du temps de guerre [tarifs nº 69, p. 206; nº 70, p. 207; nº 72, p. 209; nº 73, p. 210].

Ces tarifs prévoient trois espèces de rations :

1º La ration de vivres de réserve, consommée seulement sur l'ordre du commandement;

2º La ration forte, allouée accidentellement en cas de fatigues exceptionnelles;

3º La ration normale, habituellement donnée.

Composition des vivres de réserve.

[Voir tabl. nº 74, p. 211].

Composition des vivres régimentaires.

[Voir tabl. nº 74, p. 211].

Vivres du convoi administratif de corps d'armée.

[Voir tabl. nº 74, p. 211].

Vivres du convoi administratif d'armée.

[Voir tabl. nº 74, p. 211].

Alimentation en pain.

Est assurée par les ressources locales ou par le pain provenant des boulangeries de campagne, des centres de fabrication ou des boulangeries de guerre des stations-magasins.

Alimentation en viande.

Est assurée au moyen des troupeaux de ravitaillement, qui s'approvisionnent eux-mêmes aux parcs de bétail de corps d'armée, et ces derniers aux parcs de bétail d'armée.

Ravitaillement en fourrages.

Les fourrages sont assurés par les ressources locales ou par les magasins administratifs.

CHAPITRE III

Fonctionnement du service.

Principes généraux.

Les fonctionnaires de l'intendance ne doivent jamais entraver la liberté des opérations. Ils doivent conserver les réserves de vivres toujours au complet, en les renouvelant dès qu'utilisés, et prévoir l'interruption possible de l'arrivée des approvisionnements, par les voies ferrées. Le mode de ravitaillement doit s'effectuer, d'abord par l'utilisation de toutes les ressources du pays, ensuite par les approvisionnements venant de l'arrière, et enfin par les approvisionnements des échelons successifs : convois administratifs pour le ravitaillement des trains régimentaires; convois administratifs d'armée ou convoi du service des étapes pour les convois administratifs de corps d'armée ; convois du service des étapes pour les convois administratifs d'armée.

Nourriture chez l'habitant ou par les municipalités.

Ces deux modes de procéder doivent être le plus généralement employés par les petits détachements et les isolés et aussi pour la nourriture des officiers.

Réquisitions.

La réquisition s'emploie, lorsqu'il y a lieu, dans les conditions données au chapitre III, titre II, p. 17.

Concours de la cavalerie à l'exploitation locale.

La cavalerie de sûreté qui précède le corps d'armée peut être appelée à concourir à l'exploitation du pays, en prêtant son concours pour l'exploitation de la zone et pour assurer sa sécurité au fonctionnaire de l'intendance qui est chargé de prévenir les municipalités des denrées à fournir aux troupes.

CHAPITRE IV

Actes de l'état civil en campagne (1).

L'officier payeur de chaque régiment ou unité formant corps établit en campagne les actes de décès, lorsqu'il survient sur le champ de bataille, ou en dehors d'une ambulance ou d'une formation sanitaire.

Le décès doit être constaté en présence de deux témoins, et suivi de l'inventaire des papiers, objets ou valeurs laissés par le défunt, à la diligence du commandant de l'unité dont le défunt relevait immédiatement, par un officier ou, à défaut, par un sous-officier, assisté de deux témoins.

Les bijoux, valeurs ou objets susceptibles d'être conservés, avec le produit de la vente des autres, sont remis à l'officier d'administration de l'ambulance, qui en assure la remise à qui de droit.

CHAPITRE V

Démobilisation.

Le fonctionnement administratif du temps de paix est repris à partir du jour fixé par le Ministre de la guerre, soit pour l'ensemble de l'armée, soit pour chaque corps d'armée ou pour les divers corps de troupe.

---

(1) Vol. 28, E. M.

ANNEXES

ANNEXE N° I

SERVICE DES FRAIS DE DÉPLACEMENT (1)

Objet du service.

Pourvoir aux dépenses des militaires en détachement ou isolés déplacés pour le service, y compris, s'il y a lieu, les frais de déménagement et de transport des bagages et du mobilier.

Nature des déplacements.

Deux sortes :

1° Changements de résidence ;
2° Déplacements temporaires, qui comportent retour à la résidence.

Si le déplacement temporaire excède six mois, il est alors considéré comme changement de résidence.

Mode de locomotion.

Les officiers voyageant isolément sont transportés par les chemins de fer, les tramways, les voitures publiques, ou, à défaut, par des voitures de louage.

Les hommes de troupe sont transportés par chemin de fer ou, à défaut, ils voyagent à pied; les tramways ou les voitures publiques n'étant empruntés, en principe, qu'en cas d'hommes malades ou d'urgence.

Base des allocations.

Les allocations de déplacement sont subordonnées aux distances à parcourir, au mode de locomotion employé, à la durée des trajets et des séjours, à la nature et à la durée des déplacements, au grade du militaire et à sa situation de famille.

Diverses indemnités de frais de déplacement.

Elles comprennent :

L'*indemnité kilométrique*, destinée à couvrir les frais de transport proprement dit (chemin de fer, tramways, voiture publique ou voiture de louage) ;

L'*indemnité journalière normale*, destinée à pourvoir aux dépenses autres que celles du transport, pendant le trajet et les séjours, s'il y a lieu ;

L'*indemnité journalière réduite*, applicable aux séjours d'une certaine durée ;

L'*indemnité partielle*, correspondant à un repas pris, ou une nuit passée hors de la résidence ;

L'*indemnité fixe pour déplacement temporaire*, qui correspond aux frais de transport des bagages, de la demeure à la gare ou *vice*

(1) Vol. 1003, E. M.

versa, et est due pour tout déplacement comportant l'obligation de passer une nuit au moins hors de la résidence;

L'*indemnité fixe de déménagement*, destinée à faire face aux dépenses de déménagement, de camionnage et d'emménagement et due pour chaque changement définitif de résidence pour le service.

L'*indemnité de transport de mobilier*, applicable aux dépenses de transport du mobilier, soit par chemin de fer, ou par voie de terre ou par mer, due dans les conditions de l'indemnité fixe de déménagement.

Le tableau A fixe ces indemnités [mod. n° 27, p. 136].

Indemnités dues aux familles des militaires.

En cas de changement de résidence pour le service, l'indemnité kilométrique est due aux membres de la famille du militaire à raison du prix du demi-tarif de la classe à laquelle il a droit, s'il est officier supérieur, et de la 2e classe, s'il est officier subalterne.

Les militaires chefs de famille sont ceux qui sont mariés, veufs avec enfants, divorcés avec enfants (ou séparés judiciairement avec enfants) ou qui vivent avec leur mère veuve.

Pour les sous-officiers, caporaux, brigadiers et soldats, le droit à l'indemnité kilométrique pour les membres de la famille n'est acquis qu'à ceux qui servent volontairement au delà de la durée légale, engagés volontaires après deux ans, rengagés ou commissionnés.

Changement de résidence.

Le changement de résidence donne droit aux indemnités suivantes :

Indemnité kilométrique, pour le militaire et les membres de sa famille;

Indemnité journalière normale;

Indemnité fixe de déménagement;

Indemnité de transport de mobilier ;

En cas de séjour obligé en route et d'une durée supérieure à quinze jours, à l'*indemnité réduite* [tabl. n° 27, p. 136].

Déplacements temporaires.

Les indemnités afférentes aux déplacements temporaires sont :

L'*indemnité kilométrique* pour le militaire *seul;*

L'*indemnité journalière normale;*

L'*indemnité journalière réduite*;

L'*indemnité partielle*;

L'*indemnité fixe pour déplacement temporaire* [tabl. n° 27, p. 136].

Indemnités journalières normales et réduites, en cas de déplacement temporaire.

1° Officiers. — L'indemnité normale est allouée pour toute la durée jusqu'à quinze jours, et l'indemnité réduite, du 16e jour et pendant trente jours pour les célibataires, et pendant quatre-vingt-dix jours pour les chefs de famille.

Si la durée du déplacement est connue d'avance (stage dans une école, un corps de troupe, établissement ou service), et qu'elle doive être supérieure à trente jours, l'indemnité normale n'est due que pendant trois jours, et l'indemnité réduite à partir du quatrième jour et dans les limites de quarante-cinq jours pour les célibataires, et cent cinq jours pour les chefs de famille.

Les déplacements comportant séjour donnent les mêmes droits que ci-dessus, dans les mêmes limites [tabl. n° 27, p. 136].

2° SOUS-OFFICIERS A SOLDE MENSUELLE, MILITAIRES DE LA GENDARMERIE, CAVALIERS DE MANÈGE. — S'il y a mise en subsistance, les chefs de famille ont droit à l'indemnité réduite pendant cent cinq jours ; s'ils sont célibataires, ils n'ont droit à aucune indemnité. S'ils se trouvent dans l'obligation de vivre isolément, l'indemnité journalière normale est allouée dans la limite maxima de quinze jours, quelle que soit la durée du séjour. A partir du 16e jour, les chefs de famille seuls ont droit à l'indemnité réduite pendant cent cinq jours au plus. Ce n'est que dans le cas où les célibataires se trouveraient dans l'obligation de se loger à leurs frais que l'indemnité réduite leur serait également allouée pendant cent cinq jours [tabl. n° 27, p. 136].

3° HOMMES DE TROUPE AUTRES QUE CEUX CI-DESSUS. — Ce n'est que s'il n'y a pas possibilité de mettre en subsistance les militaires autres que ceux des catégories ci-dessus, que l'indemnité journalière est allouée pendant toute la durée du séjour.

Pour les militaires chefs de famille, et lorsqu'il y a mise en subsistance, l'indemnité journalière réduite est allouée pour une durée maxima de cent cinq jours [tabl. n° 27, p. 136].

Exceptions.

Toutes les exceptions d'allocation de l'indemnité journalière normale, ou réduite, dans certains cas particuliers, en dehors des durées indiquées plus haut, doivent faire l'objet de décisions spéciales du Ministre.

Pour les déplacements temporaires d'une durée ne dépassant pas quarante-huit heures, l'indemnité journalière est allouée aux officiers célibataires d'après le taux applicable aux officiers chefs de famille.

Certains hommes de troupe peuvent, dans certains cas, bien que n'étant pas réellement isolés, en raison des circonstances particulières dans lesquelles ils peuvent se trouver, recevoir cependant l'indemnité journalière normale.

Formalités relatives aux déplacements. — Feuille de déplacement.

La feuille de déplacement [mod. n° 29 *bis*, p. 146] est nécessaire à tout militaire se déplaçant isolément pour raison de service ou de santé. Elle est valable pour les trajets d'aller et retour.

Droits ouverts par la feuille de déplacement.

La feuille de déplacement ou la pièce qui en tient lieu (ordre d'appel, bon de libération, ordre de convocation devant une commission de réforme, etc.) comporte le droit :

1° Au transport à prix réduit sur les chemins de fer ;

2° Au transport gratuit de 30 kilos de bagages ;

3° Au logement du titulaire chez l'habitant dans les localités fixées par la feuille de déplacement et dans toutes les autres où des circonstances imprévues l'obligent à s'arrêter (1).

---

(1) Les officiers ne doivent user de cette faculté qu'exceptionnellement, lorsqu'ils ne sont pas en manœuvres et quand ils ne peuvent faire autrement. Les hommes de troupe dans les places de garnison sont gîtés dans les bâtiments militaires à la diligence du commandant d'armes.

Payement des frais de déplacement.

Les frais de déplacement sont payés, en principe, au départ jusqu'à destination, à l'exception de l'indemnité de transport de mobilier, qui, étant subordonnée à l'exécution dudit transport et à sa justification au moyen des pièces des compagnies, est payée à l'arrivée. Il en est de même des indemnités qui n'auraient pu l'être au départ, pour une cause quelconque.

Décompte des indemnités.

L'*indemnité kilométrique* en chemin de fer est décomptée de la gare la plus rapprochée du point de départ, jusqu'à la gare la plus rapprochée du point de destination.

Barèmes.

Le décompte de l'indemnité kilométrique s'obtient au moyen des barèmes.

Barème nº 1. — Distinct pour la métropole d'une part, pour l'Algérie-Tunisie de l'autre.

Barème nº 2. — Comprend toutes les communes de la subdivision de région à laquelle appartient la place qu'il concerne.

Barème des prix de transport sur les sept grands réseaux. — Nous donnons (p. 142, 143, 144) les prix de transport sur les sept grands réseaux (Nord, Est, P. - L. - M., Orléans. Etat, Midi, Ouest) et les Ceintures de Paris et pour les distances de 1 à 120 kilomètres, cette distance pouvant permettre en général d'établir les décomptes pour les évaluations à faire en manœuvres ou en route.

Barème des prix de transport au réseau de l'Etat. — Sur le réseau de l'Etat, les militaires voyageant en vertu d'une permission, d'un congé limité ou d'un congé de convalescence, payent le quart du tarif homologué, savoir par kilomètre :

1ᵉ classe............................	0,02548
2ᵉ classe............................	0,01890
3ᵉ classe............................	0,01232

Distances kilométriques.

Elles sont données par le dictionnaire de Meyrat, qu'il est bon d'emporter avec la caisse de comptabilité, ainsi que le grand Livret Chaix, que les corps sont autorisés à acheter sur les fonds communs de leur masse d'habillement.

Cas spéciaux.

Nous ne pouvons, dans ce rapide exposé, donner les cas spéciaux (réservistes, territoriaux, libération de classes, etc.). Ces cas se produisant d'ailleurs en garnison, nous aurons sous la main les règlements nécessaires.

Comptabilité.

Le chef de détachement emporte :

Un registre de feuilles de déplacement, d'où il détache les feuilles à délivrer;

Le registre des frais de déplacement, qui sert à l'enregistrement des sommes allouées et comporte l'émargement de l'intéressé pour les sommes qui lui ont été remises. Il comporte également les feuilles de déplacement sans allocation.

ANNEXE N° 2

CARACTÈRES DISTINCTIFS DES DENRÉES (1)

CHAPITRE Ier

Vivres.

1° Viandes sur pied.

Examen de l'animal.

Les bovidés sont examinés, avant l'abatage, au point de vue de l'état de santé, du degré d'embonpoint et de la conformation générale.

État de santé.

L'animal à l'œil éveillé et brillant; des allures vives et dégagées; le mufle frais et couvert de rosée, le poil lisse et comme lustré; la colonne vertébrale s'infléchit lorsqu'on pince légèrement au niveau des reins entre le pouce et l'index; la rumination et l'appétit sont réguliers.

Animal malade.

Il est triste, se déplace difficilement; le mufle est sec et chaud, le poil est terne, la tête est basse, la respiration accélérée; l'appétit et la rumination sont troublés; la colonne vertébrale résiste sous l'action du pincement ou, au contraire, s'infléchit de manière exagérée.

Etat d'embonpoint.

Un animal en bon état d'embonpoint a ses formes arrondies, peu de saillie de l'échine, la pointe des hanches et des côtes disparaissant presque sous le muscle et la chair. On juge encore mieux de l'état d'embonpoint en palpant l'animal aux saillies de graisse.

Age de l'animal.

Les animaux à abattre ne doivent être ni trop jeunes ni trop vieux.

L'examen des dents permet de dire approximativement l'âge des animaux de boucherie, qui doit être, pour les bovidés, entre 5 et 10 ans.

Veaux.

Le veau sain et de bonne qualité doit avoir la peau fine, les muqueuses apparentes, d'un rose pâle sans injection; doit avoir plus de 3 semaines et être bien engraissé pour être bon.

Moutons.

Le mouton propre au service de la boucherie, en bonne santé, est vif et alerte; sa laine est douce, onctueuse et s'arrache difficilement; le plus apprécié a les reins et le dos larges, la côte arrondie, des gigots courts et en général la tête et les membres rapetissés; son état d'embonpoint se juge à la vue et au toucher. L'âge du mouton doit être compris entre 2 ans et 6 ans au plus.

---

(1) Vol. 95, E. M.

Le mouton malade suit péniblement le troupeau, est triste, porte la tête basse, près de terre et a une physionomie spéciale. Il se défend peu lorqu'on le saisit et le maintient captif.

Porcs.

Le porc en bonne santé a des mouvements vifs et se laisse difficilement conduire. Sa peau est douce, lisse et luisante; sa queue s'enroule en tire-bouchon et se maintient ferme.

Son état d'embonpoint se reconnaît facilement à la vue, et la fermeté du lard à la palpation.

L'âge auquel le porc doit être admis dans la consommation varie entre 10 et 20 mois.

Le porc malade a l'appétit diminué, la peau parfois couverte de taches rougeâtres ou violacées; il fait ordinairement entendre des grognements plaintifs ; la queue est flasque et ne s'enroule plus en spirale.

2° Viandes abattues.

Caractères généraux de bonne qualité.

Si l'animal a été sacrifié en état de bonne santé et s'il a été préparé avec soin, on ne constate extérieurement ni taches, ni infiltration sanguines.

Les régions musculaires sont de teinte uniforme, fermes, d'un beau rouge et exsangues.

Une incision faite dans les muscles de l'animal récemment abattu donne une coloration rouge violacé qui, au contact de l'air, après refroidissement, passe rapidement au rouge vif.

La graisse doit être ferme et onctueuse au toucher, de couleur blanc rose, ou légèrement jaunâtre, suivant les races.

La moelle des os longs est blanche et ferme, et, si elle est complètement figée, le doigt ne doit pas pouvoir arriver à pénétrer dans le canal médullaire.

Les ganglions lymphatiques sont blanc grisâtre, d'un volume normal, sans nodosités et sans infiltrations périphériques.

Les séreuses, plèvre et péritoine, doivent être transparentes et laisser apercevoir les muscles sous-jacents.

Caractères de la mauvaise viande.

L'aspect général d'une viande saine a quelque chose qui plaît à l'œil, alors que celle d'un animal fatigué ou malade a tout d'abord un aspect rougeâtre qui attire l'attention.

L'inspection de la plèvre doit être l'objet d'une visite minutieuse, car elle est souvent le siège de lésions plus ou moins étendues (tuberculose, pneumonie infectieuse, etc.).

La chair crépitant sous le doigt peut traduire l'existence de quelque fermentation.

La moelle des os longs qui reste molle et rouge donne des indications suspectes.

L'examen des ganglions qui accusent des dimensions anormales peut donner également des indications utiles; car ils sont souvent l'indice de tuberculose.

La graisse d'un animal malsain est peu abondante et a la consistance de l'huile figée.

Le tissu musculaire d'uu gris terne, décoloré, indique une viande fiévreuse.

Les viandes charbonneuses dégagent une légère odeur ammoniacale.

Les viandes putréfiées offrent des caractères assez manifestes, et leur odeur est assez désagréable pour qu'il soit inutile d'insister.

Le rouget, qui est la maladie du porc, se reconnaît à la peau, au lard et au tissu cellulaire, qui se montrent teintés au rouge vif ; les ganglions lymphatiques sont noirs.

La ladrerie, ou trichinose, est également une des maladies du porc qui se reconnaît à la présence, sous la muqueuse linguale, de vésicules qui peuvent également se trouver dans les muscles du cou, du sternum et des côtes, dans le cœur et surtout dans les intestins.

Le bœuf peut être atteint de ladrerie; les mêmes caractères que ceux de la viande de porc sont alors remarqués.

3° Viandes de basse-cour.

Lapin domestique.

La chair doit être blanche et rosée, et ne pas dégager d'odeur trop forte de clapier.

Volailles.

La chair doit être agréable à l'œil, sans mauvaise odeur, l'altération de la volaille est très rapide, surtout en été, et se manifeste alors au croupion, sur le dos, sous le ventre, à la face interne des cuisses et des ailes, par une teinte verdâtre plus ou moins variée.

4° Charcuterie.

Les produits présentés sous la dénomination de charcuterie doivent être fermes, avec une bonne odeur des assaisonnements qui entrent dans leur composition.

Par les fortes chaleurs, la charcuterie se corrompt d'autant plus facilement que souvent le charcutier s'est débarrassé, pour sa confection, de viandes commençant à se piquer.

Boudin.

Pour être bon, doit être préparé avec du sang de porc et être d'une odeur agréable. Il s'avarie vite et, dans ce cas, répand une odeur de décomposition saisissante.

Saucisses.

Faite avec la partie de la chair la plus maigre du porc frais, la saucisse ne doit pas contenir de fécule ou de mie de pain, ce qui se reconnaît en projetant la chair dans l'eau, la viande s'enfonçant, alors que la mie de pain surnage.

Saucisson.

Ne doit pas laisser apparaître de traces de moisissures pénétrant dans la viande, et doit avoir une bonne odeur caractéristique.

5° Poissons.

L'aspect et surtout l'odeur permettent de reconnaître facilement un bon d'un mauvais poisson, dont la coloration des ouïes est d'un rouge violacé, presque noir parfois.

Se méfier cependant d'une belle coloration rouge, qui peut être le résultat d'une fraude assez fréquemment employée, au moyen de matières colorantes.

6° Conserves de viande.

La mauvaise qualité des conserves se révèle généralement :

1° Par le bombage du fond des boîtes, qui indique une fermentation et une décomposition du contenu ;

2° Par des trous ou fissures pouvant être dus, soit au bombage dont il vient d'être parlé, soit à des effets de rouille sur le fer-blanc des boîtes ou à des lacunes dans le soudage.

3° Par la mauvaise odeur qui s'écoule des boîtes éclatées, percées ou fissurées.

Ces caractères extérieurs, ajoutés à un ballottement dans la boîte, doivent rendre suspectes les boîtes, qui devront, à leur ouverture, être examinées et vérifiées par un médecin ou, à son défaut, par un officier.

Pour qu'elles puissent être mises en distribution, il faut :

1° Que la conserve ait bonne apparence, ne présente aucune trace de moisissure et ne dégage aucune odeur anormale (odeur aigrelette, de relent, ammoniacale), indices d'une altération certaine ;

2° Que la gelée soit de coloration ambrée, claire, et de saveur agréable ; le défaut de consistance ne doit pas être tenu pour un signe d'altération lorsque la gelée, liquéfiée, garde les caractères précédents ;

3° Que la viande soit assez résistante à la pression des doigts, de coloration analogue à celle du bœuf bouilli, d'odeur agréable et de saveur franche.

Les boîtes mauvaises ou suspectes font l'objet d'un procès-verbal établi en double expédition pour leur remplacement par autorisation du sous-intendant militaire.

Quand le nombre des boîtes suspectes atteindra 5 p. 100 du lot mis en consommation, l'ouverture des boîtes sera arrêtée.

7° Denrées d'ordinaire.

Pain de soupe.

Le pain de soupe devra réunir les qualités suivantes :

Provenir de farine de pur froment sans addition de farine étrangère, blutée au minimum à 70 p. 100, être bien manipulé et bien cuit, suffisamment développé et avoir, au moment de la livraison, vingt-quatre heures de ressuage au moins et quarante-huit heures au plus.

Pâtes alimentaires.

Les pâtes alimentaires (macaroni, vermicelle, pâtes d'Italie) seront fabriquées avec des blés durs de première qualité.

Elles ne devront présenter aucune altération et devront pouvoir supporter l'ébullition jusqu'à cuisson, sans troubler la limpidité du bouillon.

(Le temps de cuisson sera d'un quart d'heure pour le vermicelle et d'une demi-heure pour le macaroni.)

Légumes secs.

Les légumes secs (haricots, pois, lentilles) devront être sains, de première qualité et débarrassés de tous les corps étrangers et d'une cuisson facile.

La cuisson devra être parfaite au bout de deux heures et demie d'ébullition.

Les haricots exotiques des espèces Birmanie et Java seront refusés.

Riz.

Le riz sera de qualité dite : bon courant.

Les grains seront entiers, durs, secs, brillants, blancs ou d'un blanc légèrement jaunâtre, dégagés de leur balle, de dimensions sensiblement égales.

Le riz sera de la dernière récolte et absolument exempt de poussières; enfin il sera sensiblement inodore ou il devra posséder la légère odeur *sui generis* du riz de bonne qualité.

Légumes frais (carottes, navets, poireaux, oignons, etc.).

Les légumes seront de grosseur moyenne, frais et tendres, débarrassés des parties non comestibles, de récolte nouvelle, selon les saisons.

On n'admettra jamais de déchets pour une proportion supérieure à 2 p. 100.

Ces légumes ne devront jamais provenir de terrains d'épandage.

Salade.

La salade sera d'une espèce variable suivant la saison; elle devra être fraîchement cueillie et tendre, livrée sans tige et débarrassée des feuilles non distribuables.

La salade ne devra jamais provenir de terrains d'épandage.

Pommes de terre.

Les pommes de terre seront fermes, de grosseur moyenne, saines, non germées, sans traces d'altération et de première qualité.

Les déchets comprenant les pommes de terre coupées, meurtries, etc., ne seront pas admis dans une proportion supérieure à 1 p. 100.

Œufs.

Les œufs seront des œufs de poule, frais, d'un poids minimum de 55 grammes.

Lait.

Le lait devra provenir de la traite complète de vaches saines et nourries d'une façon rationnelle; il ne devra être ni écrémé, ni mouillé, ni contenir aucune substance étrangère (antiseptiques, etc.).

Il devra pouvoir supporter l'ébullition sans coaguler.

Dans les localités où il fait défaut, le lait de vache sera remplacé par le lait de chèvre, qui devra remplir des conditions similaires.

Fromages.

Les fromages seront de bonne qualité, en bon état de conservation et ne devront contenir aucune substance étrangère.

Sel gris (gros sel, sel marin).

Le sel sera du sel de saline ou du sel de mer. Il devra être suffisamment sec et débarrassé des matières séreuses. (On admettra au minimum 1 p. 100 d'insoluble et 8 p. 100 d'humidité.)

Sel blanc (sel fin).

Le sel fin devra se dissoudre dans l'eau sans résidu et contenir au maximum 8 p. 100 d'eau.

Moutarde.

La moutarde devra provenir du broyage des grains de moutarde blanche avec du vinaigre ou du moût de raisin, avec ou sans addition d'épices variées (piment, girofle, estragon, etc.).

Poivre (en grains).

Le poivre sera du poivre noir en grains sphériques, réguliers, peu ridés, possédant une coloration brun marron. L'amande intérieure sera bien nourrie, d'une cassure farineuse et jaunâtre. Le poivre sera exempt de graines étrangères et de grabeaux (épluchures de poivre).

Graisse alimentaire.

La graisse alimentaire sera fabriquée exclusivement avec les graisses de porc, de bœuf, de veau, de mouton mélangées avec des huiles à manger (voir ci-dessous).

Elle devra être exempte d'eau et de tout mélange avec d'autres matières grasses.

Son acidité, calculée en acide oléique, devra toujours être inférieure à 3 p. 100.

Saindoux.

Le saindoux sera de la graisse de porc; il devra être exempt d'eau et, en général, de toute matière étrangère.

Son acidité, calculée en acide oléique, devra toujours être inférieure à 1 p. 100.

Huile à manger.

L'huile à manger ne pourra provenir que de fruits suivants : olives, noix, œillette, coton, arachide, sans mélange d'autres huiles végétales ou animales, d'huile minérale et d'huile de résine.

Elle devra être limpide, bien épurée, d'odeur et de saveur agréables. Son acidité, calculée en acide oléique, ne devra pas être supérieure à 3 p. 100.

Vinaigre.

Le vinaigre sera du vinaigre de vin ou du vinaigre d'alcool. Il devra avoir une teneur maximum de 6 p. 100 en acide acétique, à l'exclusion de tout autre acide.

Café.

Le café, lorsqu'il n'est pas livré par le service des subsistances militaires, est généralement acheté à l'état torréfié, les corps de troupe ne disposant pas de moyen de torréfaction.

Le café torréfié sera acheté en grains.

Les grains seront entiers, ni mouillés, ni glacés, exempts de toute substance étrangère.

Confitures.

Les confitures seront fabriquées exclusivement avec du sucre et des fruits. Ces derniers seront sains, bien mûrs et non fermentés.

Toute addition de substances étrangères est formellement interdite.

Vin.

Le vin devra être le produit de la fermentation du raisin frais sans l'addition d'aucune substance étrangère, exception faite de celles qui sont prévues par la loi du 1er août 1905 (décret du 3 septembre 1907, art. 3).

Il devra être parfaitement limpide, soutiré au clair, fin, droit en goût, exempt de toute altération, titrer au minimum *n* (1) degrés alcooliques et contenir moins de 2 grammes de sulfate de potasse par litre.

Le fournisseur sera tenu de déclarer par écrit l'origine et la provenance du vin livré, ainsi que la nature et la proportion du coupage.

Bière.

La bière devra être le produit de la fermentation du malt d'orge avec addition de houblon.

Elle devra être limpide, droite en goût, suffisamment riche en acide carbonique, d'une saveur piquante et agréable. Toute addition de substances étrangères est formellement interdite.

Cidre.

Le cidre sera le produit de la fermentation du jus de pomme sans aucune addition de substances étrangères autres que celles qui sont prévues par les décrets rendus pour l'application de la loi du 1er août 1905.

Le cidre devra être d'une belle couleur ambrée, droit en goût, d'une saveur agréable.

Tout produit vendu comme cidre devra contenir au minimum 3 p. 100 d'extrait réduit. Dans le cas contraire, le produit devra porter le nom de petit cidre.

Savons.

1° *Savon blanc, dit de Marseille.* — Le savon blanc devra être neutre; on ne tolérera pas un excès d'alcali supérieur à 1 p. 100; la teneur en acide gras sera au minimum de 58 p. 100.

2° *Savon noir.* — Le savon noir ne devra pas être alcalin d'une façon exagérée, sa teneur en acides gras devra être au minimum de 45 p. 100.

---

(1) Pour les vins du pays, on exigera au minimum 6 degrés et 9 degrés pour les vins de coupage

8° Combustibles (chauffage et éclairage).

Pétrole.

Le pétrole pourra être indifféremment de provenance américaine, russe ou roumaine; il devra être incolore ou bien légèrement jaunâtre avec une légère fluorescence bleuâtre.

Son point d'inflammation, mesuré à l'appareil Garnier, devra être supérieur à 35° et il devra distiller complètement entre 120 et 270°.

Il sera exempt d'huiles animales ou végétales ainsi que des composés sulfurés.

Enfin, il devra brûler d'une manière convenable, dans une lampe, sans carboniser la mèche d'une façon exagérée.

Huiles à brûler.

L'huile à brûler sera de l'huile de colza épurée.

En brûlant dans une veilleuse, elle ne devra pas charbonner la mèche, ni répandre de mauvaise odeur.

Bois de chauffage.

Au point de vue de l'essence, les bois se divisent en bois durs, bois tendres, bois résineux.

Les bois durs sont : le chêne, le charme, le frêne, le hêtre, l'orme, l'acacia.

On considère comme bois tendres ou blancs le peuplier, le saule, le bouleau, l'aune, le tremble.

Enfin, comme bois résineux, on peut citer différentes variétés de pins, de sapins et de mélèzes.

On exige du bois une certaine ancienneté de coupe, variable selon les localités et les circonstances.

Houille ou charbon de terre.

La houille de bonne qualité, quelle que soit la provenance, ne doit pas présenter plus de 2 p. 100 de matières pierreuses, ni plus de un dixième de poussier; après combustion, le poids des cendres ne doit pas être supérieur à 12 p. 100.

Coke.

Le coke de bonne qualité est léger, sonore, poreux; il produit peu de cendres.

Ce produit absorbe facilement l'eau et se détériore à l'humidité.

Charbon de bois.

Le meilleur est celui qui provient de bois d'essence dure, principalement du chêne.

Il conserve la forme du végétal qui l'a produit; il est sec, sonore et luisant. Il ne doit contenir ni fumerons ni poussier.

Briquettes.

Les bonnes briquettes sont confectionnées avec du charbon menu, lavé, mélangé avec des matières goudronneuses. Elles doivent avoir une cohésion suffisante, afin de pouvoir être manipulées sans trop se briser ou s'effriter.

Elles doivent s'allumer facilement, posséder un pouvoir calorique élevé et ne donner après combustion que 10 p. 100 environ de cendres.

CHAPITRE II.

Fourrages.

Foin.

Le bon foin se reconnaît aux caractères suivants :

Tiges moyennement longues, fines, flexibles, garnies de leurs feuilles et de leurs sommités fleuries; couleur verte offrant la teinte de la feuille qui se meurt; odeur agréable, légèrement aromatique; saveur un peu sucrée. Ces caractères du bon foin appartiennent aussi en grande partie aux fourrages des prairies artificielles (luzerne, sainfoin, trèfle, vesce).

Le mauvais foin se présente sous l'aspect de tiges grossières, ligneuses, presque pas de feuilles ni d'épis; couleur pâle ou d'un vert sombre; trop mûr, ce foin est sec, cassant, presque sans odeur et souvent poudreux; il est nuisible quand il est vasé ou moisi, ce qui se connaît à une odeur toute caractéristique.

Paille.

La paille de bonne qualité se présente sous une couche d'un jaune pâle ou doré; ses tiges, plus ou moins fines, sont pourvues de leurs feuilles et de leurs épis; l'odeur est un peu marquée et la saveur douce ou légèrement sucrée. Quelques bonnes plantes fourragères entremêlées à la paille la rendent plus nutritive et plus agréable aux chevaux.

La paille de froment, la seule généralement admise pour les chevaux de l'armée, est la meilleure. Après elle viennent celles d'orge et d'avoine, qui, à défaut de la première, peuvent être utilisées sans de sérieux inconvénients (si la paille d'avoine n'entre dans la ration que pour une partie, elle sera donnée de préférence au repas du soir).

La paille peut être plus ou moins vasée, rouillée, noircie ou moisie; celle qui présentera l'une ou l'autre de ces altérations devra être rejetée.

La paille de distribution est quelquefois très brisée, dans le Midi surtout; sous cette forme, elle est moins profitable pour la litière.

Avoine.

L'avoine doit être lourde, glissant facilement dans la main et exempte de poussière et de graines étrangères. Elle ne doit avoir aucune mauvaise odeur, et son poids, en moyenne, doit être au moins de 46 kilogrammes à l'hectolitre. Cette denrée est de médiocre qualité, quand les grains sont légers, ridés, peu coulants et poudreux; germée ou humide, elle est terne, boursouflée, molle et d'une saveur fade ou âcre; mélangée de sable, de terre, de mauvaises graines en excès ou sentant le moisi, elle est nuisible.

Orge.

En Algérie, l'avoine est remplacée par l'orge. Cette céréale, pour être de bonne qualité, doit avoir le grain renflé, plein, lourd, sec, et son poids à l'hectolitre ne doit pas être au-dessous de 60 kilos. Les altérations de l'orge sont à peu près semblables à celles de l'avoine;

mais, plus souvent que dans cette dernière, la partie farineuse est détruite par des larves d'insectes (le charançon, l'alucite, etc.).

Son.

Le son frais se reconnaît à une odeur douce, farineuse, agréable; de bonne qualité, il blanchit l'eau et les mains ; altéré, sa couleur est foncée et son odeur aigre. Le son doit toujours être donné mouillé (son frisé) ; mangé sec, il est très indigeste et pourrait occasionner des coliques ; mélangé à l'avoine dans une certaine mesure, il est d'une digestion facile.

Farine.

La farine d'orge, que l'on mélange habituellement au son, doit être blanche, fraîchement moulue et sans mauvaise odeur ; trop vieille, humide ou échauffée, elle est à rejeter.

Condiments.

Les denrées alimentaires de médiocre qualité peuvent être améliorées par l'addition de quelques condiments, parmi lesquels le sel ordinaire (sel marin) est plus usité ; on l'emploie en dissolution dans l'eau et on asperge avec ce liquide le fourrage, après l'avoir secoué et retourné. La quantité par litre doit être de 10 grammes environ.

Les barbotages, composés d'un tiers de farine d'orge et de deux tiers de son, ne peuvent être donnés que sur l'avis du vétérinaire.

Le régime du vert peut être prescrit soit à l'écurie, soit en liberté.

ANNEXE N° 3

TRAMWAYS. — CHEMINS DE FER SUR ROUTE. — ACCIDENTS (1)

Prescriptions relatives aux précautions à prendre pour éviter les accidents sur les routes où circulent des tramways et chemins de fer sur route.

Le chef de détachement d'une troupe d'un effectif et d'une composition quelconque, qui peut être appelé à circuler dans une région sillonnée par des chemins de fer sur route ou des tramways, doit donner les instructions suivantes :

1° Dès l'approche d'un train ou d'un tramway, de la tête à la queue de la colonne, ou de la queue à la tête, selon qu'il se présente en avant ou en arrière, les gradés des unités et des fractions d'unité doivent l'annoncer à haute voix de proche en proche.

S'il se présente sur le flanc, la colonne s'arrête aussitôt si le train ne s'arrête pas ; s'il s'arrête, la colonne s'écoule le plus rapidement possible.

2° La colonne doit se dédoubler le plus rapidement possible si elle tient une trop grande largeur de la chaussée, et surtout si la troupe comporte des cavaliers.

De leur côté, les mécaniciens ont les instructions suivantes :

1° Si un train rencontre une troupe perpendiculairement ou en écharpe, il doit ralentir sa vitesse ou au besoin s'arrêter, mais pas plus de cinq minutes, afin de laisser le temps d'écouler l'unité engagée ou le reste de la colonne.

---

1) Circulaire du 7 février 1899 (*B. O.*, r. s., page 805).

2o Si le train et la troupe suivent des directions parallèles, le train devra marquer l'arrêt avant d'atteindre la tête ou la queue de la colonne, suivant le sens de la marche, afin de permettre au commandant de prendre les dispositions nécessaires pour éviter tout accident; dans ce cas également, l'arrêt, s'il y en a un, ne doit pas excéder cinq minutes. Le train, après ce délai, se remettrait en marche et ne devrait plus ralentir que si des circonstances exceptionnelles l'exigeaient.

Mesures à prendre en cas d'accidents occasionnés aux militaires par des personnes étrangères à l'armée, ou d'accidents causés par des militaires de tous grades au préjudice de particuliers (1).

Dès qu'un accident sera survenu en service commandé, ayant pour conséquence des blessures à des personnes ou à des animaux, ou des dégradations à du matériel, du fait de militaires au préjudice de civils, ou de civils au préjudice de militaires, une enquête sur place devra être aussitôt faite, à la diligence du corps ou du détachement intéressé.

La gendarmerie, avisée le plus tôt possible, procède de son côté à une enquête complète, avec des dépositions de témoins sous forme de procès-verbal, dont une copie est adressée au corps intéressé.

Lorqu'il y a eu un accident de personnes civiles, les soins médicaux sont donnés avec la plus grande diligence par un médecin militaire autant que possible et, à son défaut, par un médecin civil. Un rapport est alors établi faisant ressortir la nature exacte des blessures et la durée probable de l'incapacité de travail.

Les mêmes précautions doivent être prises, s'il s'agit de blessures causées à un animal, par un vétérinaire militaire ou civil.

Les rapports médicaux et vétérinaires seront rédigés à intervalles, le dernier étant établi le jour de la guérison définitive de la personne ou de l'animal blessé ou lorsque l'incurabilité a été reconnue.

Si les soins des médecins et vétérinaires militaires n'ont pas été acceptés, mention en sera faite dans le rapport de transmission.

S'il s'agit de dégâts matériels, le détail en sera donné avec les factures de réparations ou remplacements faits aussitôt après l'accident pour ne pas encourir des demandes de dommages-intérêts considérables.

L'enquête devra faire ressortir exactement les causes de l'accident, les témoignages recueillis et les responsabilités engagées.

En aucun cas il ne devra être engagé de pourparlers au sujet de l'indemnité à payer ou à réclamer, afin de laisser au Ministre toute liberté d'action.

Les résultats de l'enquête, avec toutes les pièces à l'appui, seront alors adressés par la voie hiérarchique avec les observations, conclusions et propositions du général commandant le corps d'armée.

Inversement, lorsque des accidents sont survenus à des militaires du fait de personnes civiles, les responsabilités devront être nettement relevées, afin que le Ministre puisse apprécier s'il doit entamer des poursuites contre elles, en garantie des frais d'hospitalisation et, s'il y a lieu, de la gratification de réforme ou de la pension militaire.

Il est rappelé que les charretiers ou les personnes qui, par des claquements de fouet réitérés au passage de chevaux de l'armée, auraient

(1) Vol. 58, E. M.

provoqué des emballements et auraient été ainsi la cause première d'accidents, sont rendus responsables de leurs conséquences.

De même, des chiens s'acharnant à la poursuite d'un cheval engageraient la responsabilité des propriétaires, en cas d'accident de ce fait, etc.

Il faut donc noter ces circonstances avec soin et s'enquérir du nom des propriétaires des chiens.

Lorsque les dégâts occasionnés dans les conditions ci-dessus ne dépasseront pas 100 francs et lorsque l'intéressé acceptera le chiffre de l'estimation, il ne sera pas nécessaire de communiquer le dossier au Ministre.

Dans ce cas, l'enquête faite comme il est indiqué plus haut, le service du génie sera appelé à déterminer l'indemnité à payer, et vérifiera à cet effet le mémoire des travaux qui devra être revêtu du timbre de 0 fr. 60.

Le dossier sera ensuite transmis au général commandant le corps d'armée qui fixera l'indemnité à payer et invitera le Directeur de l'intendance à en prescrire le mandatement.

Si la somme proposée n'est pas acceptée par l'intéressé, le dossier est alors transmis au Ministre qui statue.

De même, si les accidents ou dégâts sont causés par des attelages ou des voitures de l'armée, par collision avec une voiture ou une automobile appartenant à un particulier, le dossier devra toujours être transmis au Ministre, qui se réserve, pour les affaires de cette nature, le droit de décision.

ANNEXE N° 4.

TARIFS

ET MODÈLES

TARIFS DE SOLDE PROVISOIRES (*Officiers, assimilés*) (*B. O.*, vol. 90) (1). — Décret du 12 janvier 1914 (*B. O.*, P. P., p. 15).

DÉSIGNATION DES GRADES ET EMPLOYÉS.		SOLDE BUDGÉTAIRE par an.	RETENUE à DÉDUIRE.	SOLDE NETTE par an.	SOLDE NETTE par mois.	SOLDE NETTE par jour.	SOLDE NETTE d'absence par jour.	OBSERVATIONS.
		fr. c.	fr. c.	fr. c.	fr. c.	fr. c.	fr. c.	
Général de division.......... Intendant général.......... Médecin inspecteur général..........		19.894 74	994 74	18.900 »	1.575 »	52 50	26 25	La solde d'absence est égale à la moitié de la solde de présence. Le résultat du décompte est arrondi au demi-décime supérieur.
Général de brigade.......... Intendant militaire.......... Médecin ou pharmacien inspecteur....		13.263 16	663 16	12.600 »	1.050 »	35 »	17 50	
Colonel.......... Sous-intendant militaire de 1re classe.. Médecin ou pharmacien princip. de 1re cl. Vétérinaire principal de 1re classe.....		10.288 42	514 42	9.774 »	814 50	27 15	»	
Lieutenant-colonel.......... Sous-intendant militaire de 2e classe... Médecin ou pharmacien principal de 2e cl. Vétérinaire principal de 2e classe......		8.355 79	417 79	7.938 »	661 50	22 05	»	
Chef de bataillon, d'escadron ou major Sous-intendant militaire de 3e classe.. Médecin ou pharmacien-major de 1re cl. Vétérinaire-major... Offic. d'admin. princ. des divers services. Officier interprète principal........	Après 4 ans de grade ou 32 ans de service.....	7.427 37	371 37	7.056 »	588 »	19 60	»	
	Avant 4 ans de grade.........	6.707 37	335 37	6.372 »	531 »	17 70	»	
Capitaine.......... Adjoint à l'intendance Médecin ou pharmacien-major de 2e cl. Vétérinaire en 1er.... Officier d'administration de 1re classe des divers services. Officier interprète de 1re classe........ Chef de musique de 1re classe.........	Après 12 ans de grade........ Après 8 ans de grade et 30 ans de service.....	6.328 42	316 42	6.012 »	501 »	16 70	»	Compte pour le droit à la solde progressive ci-contre (ancienneté de grade et ancienneté de service), le temps passé en non-activité pour infirmités temporaires ou en congé de longue durée sans solde.
	Après 8 ans de grade........ Après 4 ans de grade et 25 ans de service.....	5.665 26	283 26	5.382 »	448 50	14 95	»	
	Après 4 ans de grade......... Après 20 ans de service.......	5.115 70	255 70	4.860 »	405 »	13 50	»	Pour le droit à la solde progressive ci-contre (ancienneté de service), il est compté, à titre de bénéfices d'études préliminaires : aux officiers venant de l'Ecole polytechnique, quatre années avant leur nomination au grade de sous-lieutenant ; aux officiers venant de l'Ecole spéciale militaire, trois années avant leur nomination au grade de sous-lieutenant.
	Avant 4 ans de grade.........	4.566 32	228 32	4.338 »	361 50	12 05	»	
Lieutenant......... Médecin ou pharmacien aide-major de 1re classe......... Vétérinaire en second Officier d'administration de 2e classe des divers services.... Officier interprète de 2e classe......... Chef de musique de 2e classe.........	Après 8 ans de grade et 20 ans de service.....	4.471 58	223 58	4.248 »	354 »	11 80	»	
	Après 8 ans de grade........ Après 4 ans de grade et 15 ans de service.....	4.073 68	203 68	3.870 »	322 50	10 75	»	
	Après 4 ans de grade........ Après 10 ans de service........	3.770 53	188 53	3.582 »	298 50	9 95	»	L'année de service effectuée dans un corps de troupe sous le régime de la loi du 15 juillet 1889 ou de la loi du 21 mars 1905 et, d'une façon générale, tout service militaire accompli avant la nomination aux grades sus-indiqués sont comptés en sus des majorations pour études.
	Avant 4 ans de grade.....	3.467 37	173 37	3.294 »	274 50	9 15	»	
Sous-lieutenant.... Sous-lieutenant élève Médecin ou pharmacien aide-major de 2e classe......... Aide-vétérinaire....	Après 6 ans de service.......	3.221 05	161 05	3.060 »	255 »	8 50	»	
Officier d'administration de 3e classe... Officier interprète de 3e classe......... Chef de musique de 3e classe.........	Avant 6 ans de service.......	2.785 26	139 26	2.646 »	220 50	7 35	»	Pour les autres officiers, l'ancienneté de service compte du jour de l'incorporation.

(1) Voir note page suivante.

(A). Décision présidentielle du 12 mars 1901 pour l'exécution des lois des 28 avril et 2 juillet 1900 :

1° Les officiers d'administration de 1re classe actuels provenant des adjoints, gardes et archivistes de 1re classe, des officiers d'administration greffiers et comptables de 2e classe auront droit à la solde progressive de leur nouveau grade respectivement après 5 ans, 8 ans et 12 ans à partir de leur nomination au grade d'adjoint, de garde, d'archiviste de 1re classe, ou au grade d'officier d'administration, greffier et comptable de 2e classe.

2° Les officiers d'administration de 1re classe actuels des services de l'artillerie, du génie et d'état-major provenant des adjoints, gardes et archivistes principaux de 2e classe qui n'ont pas encore 5 ans de grade depuis leur nomination au grade d'adjoint, de garde ou d'archiviste de 1re classe (ancienne organisation) conserveront transitoirement la solde dont ils jouissaient avec leur ancien titre.

Il en sera de même des officiers d'administration de 1re classe actuels des services de l'intendance, de santé et de la justice militaire promus à la 1re classe (ancienne organisation) avant les lois des 28 avril et 2 juillet 1900, et qui n'ont pas encore 5 ans de grade depuis la promotion à la 2e classe.

(B) Décret du 2 juillet 1902 pour l'application de la loi du 7 mars 1902 :

Les officiers d'administration contrôleurs d'armes de 1re classe créés par la loi du 7 mars 1902 auront droit, à compter de cette date, à la solde progressive prévue au tarif dans les conditions suivantes :

Ceux d'entre eux provenant des contrôleurs de 1re classe (ancienne organisation) prendront la solde progressive après 5 ans, 8 ans ou 12 ans comptés à partir de leur nomination au grade de contrôleur d'armes de 1re classe.

Quant à ceux provenant des contrôleurs principaux de 2e classe qui n'ont pas encore 5 ans de grade depuis leur nomination au grade de contrôleur d'armes de 1re classe (ancienne organisation), ils conserveront transitoirement la solde dont ils jouissaient avec leur ancien titre.

(C) Décret du 19 octobre 1903 pour l'application de la loi du 7 avril 1902 portant réorganisation du personnel des chefs de musique :

La solde progressive des 95 chefs de musique de 1re classe prévus par la loi du 7 avril 1902 sera attribuée à compter de la date de cette loi, en tenant compte de l'ancienneté de service dans le grade correspondant à la solde de capitaine telle qu'elle est déterminée ci-après, savoir :

Chef de musique nommé à la 1re classe ancienne (organisation du 7 juillet 1899). — Par décret du 20 août 1899 : pour ceux qui comptaient, au 20 août 1899, 17 ans de fonctions, l'ancienneté de service dans le grade correspondant à celui de capitaine remontera au 20 août 1894; pour ceux qui avaient, au 20 août 1899, plus de 17 ans de fonctions, le temps à compter pour la solde progressive sera augmenté du nombre d'années, mois et jours excédant 17 ans.

Depuis le décret du 20 août 1899 : l'ancienneté remontera à 5 années avant la date de la nomination.

Chefs de musique nommés à la 2e classe ancienne. — Par décret du 20 août 1899 : pour ceux qui, au 20 août 1899, ne comptaient pas plus de 13 ans de fonctions, l'ancienneté de service dans le grade correspondant à celui de capitaine remontera au 20 août 1899; pour ceux qui avaient, au 20 août 1899, plus de 13 ans de fonctions, le temps à compter pour la solde progressive sera augmenté du nombre d'années, mois et jours excédant 13 ans.

Depuis le décret du 30 août 1899 : l'ancienneté remontera à la date de la nomination.

Indemnité d'entrée en campagne (1).

DÉSIGNATION DES GRADES.		FIXATION de L'INDEMNITÉ pour chaque grade.	OBSERVATIONS.
État-major général	Général de division	6.000 »	Pour les officiers des troupes d'Afrique qui viendraient sur le continent à la mobilisation, les indemnités d'entrée en campagne à attribuer sont déterminées par des instructions spéciales.
	Général de brigade	4.000 »	
Troupes à cheval	Colonel	1.800 »	
	Lieutenant-colonel	1.200 »	
	Chef d'escadron ou major	1.000 »	
	Capitaine	700 »	
	Lieutenant et sous-lieutenant	500 »	
Vétérinaires militaires	Vétérinaires principaux et vétérinaire-major	1.000 »	
	Vétérinaire en 1er	700 »	
	Vétérinaire en 2e et aide-vétérinaire	500 »	
Sous-officiers	Adjudant sous-officier. Chef armurier. Maître sellier	100 »	

(1) Vol. 90, *B. O.*, E. M.

Indemnité de première mise d'équipement (1° cavalerie) (1).

DÉSIGNATION DES ARMES ET DES SERVICES.	FIXATION de l'indemnité.	OBSERVATIONS.
	fr. c.	
1° *Sous-officiers promus officiers ou nommés à des emplois dans les divers services.*		Les officiers détachés de leur corps pour suivre les cours de l'Ecole d'application de cavalerie reçoivent, à leur arrivée à l'Ecole, une indemnité de 100 francs pour tenue de manège. Toutefois, les officiers de gendarmerie envoyés à Saumur comme élèves, pendant six mois, et qui du reste ne sont pas obligés de se pourvoir d'une tenue de manège, n'ont pas droit à cette indemnité. Les adjudants directement promus sous-lieutenants reçoivent la différence entre la première mise d'équipement d'adjudant et celle de sous-lieutenant, à moins que leur promotion n'entraîne un changement d'uniforme, cas auquel ils reçoivent en outre une indemnité pour changement de tenue dont le taux est fixé par le tarif. La même règle est applicable aux adjudants de cavalerie nommés aux emplois de sous-lieutenant adjoint au trésorier et de sous-lieutenant porte-étendard, sans avoir suivi les cours de l'Ecole de cavalerie. Il peut être alloué, sur la proposition des conseils d'administration et d'instruction des Ecoles polytechnique et spéciale militaire, à chaque boursier ou demi-boursier nommé officier, la première mise d'équipement attribuée, dans l'arme où il doit entrer, aux sous-officiers promus officiers. L'indemnité de première mise d'équipement n'est pas allouée de nouveau aux adjudants, aux chefs armuriers et maîtres selliers qui passent d'un corps dans un autre.
CORPS DE TROUPE.		
Cuirassiers	1.120 »	
Dragons. Chasseurs, hussards, chasseurs d'Afrique, cadre constitutif de l'Ecole de cavalerie, spahis (sous-officiers français et indigènes). Cavaliers de remonte	970 »	
DIVERS SERVICES.		
Service vétérinaire : Aide-vétérinaire venant des stagiaires	295 »	
Service vétérinaire : Aide-vétérinaire stagiaire	575 »	
2° *Sous-officiers promus adjudants et militaires nommés chefs armuriers ou maîtres selliers.*		
Cuirassiers, chasseurs, écoles, train, artillerie	300 »	
Chasseurs d'Afrique, spahis, dragons, remonte	265 »	
Chef armurier et maître sellier	200 »	

(1) Vol. 90, E. M.

Indemnités de première mise d'équipement et de harnachement (2° autres armes) (1).

DÉSIGNATION DES ARMES ET DES SERVICES.	Fixation de l'indemnité.	OBSERVATIONS.
	fr. c.	
1° Indemnité de première mise d'équipement.		
a) Sous-officiers promus officiers ou nommés à des emplois dans les divers services.		
CORPS DE TROUPE.		
Régiments d'infanterie, régiments étrangers, compagnies de discipline..................	525 »	Les adjudants directement promus sous-lieutenants reçoivent la différence entre la première mise d'équipement d'adjudant et celle de sous-lieutenant, à moins que leur promotion n'entraîne un changement d'uniforme, cas auquel ils reçoivent, en outre, une indemnité pour changement de tenue.
Régiments de tirailleurs, oasis sahariennes, artillerie, train des équipages, sapeurs-conducteurs....................................	600 »	
Génie (troupe à pied).........................	560 »	
DIVERS SERVICES.		
Officiers de tous les services provenant des sous-officiers autres que les adjudants (officiers d'administration de 3° classe)...............	525 »	
b) Sous-officiers promus adjudants.		
Infanterie, sections...... médecins auxiliaires.	405 »	
Sous-officiers des oasis sahariennes...........	455 »	
Génie (sapeurs-conducteurs)...................	340 »	
Ouvriers d'état du service de l'artillerie, génie.	200 »	(1) Les sergents promus au grade d'adjudant dans le service de la justice militaire reçoivent un supplément de première mise de 375 francs. — En cas de mutation dans le service de la justice militaire, les sous-officiers ne reçoivent pas de nouvelle première mise.
Adjudants de la justice militaire.............	375 »	
Sous-officiers de la justice militaire autres que les adjudants (1)..........................	175 »	
2° Indemnité de première mise de harnachement.		
Sous-officiers promus officiers montés; aides-majors, aides-vétérinaires, interprètes stagiaires, élèves de Polytechnique et Saint-Cyr nommés sous-lieutenants montés............	295 »	L'indemnité de harnachement est attribuée à tout officier ou assimilé passant, pour la première fois, d'une position non montée à une position montée, quelle que soit l'origine.

(1) Vol. 90, E. M.

Indemnités aux troupes en marche, en corps ou en détachement.

GRADES.	PAR JOUR.	OBSERVATIONS.
	fr. c.	
OFFICIERS.		L'indemnité des troupes en marche est attribuée, en Algérie et en Tunisie, dans les mêmes conditions qu'à l'intérieur, aux officiers et employés militaires.
Général membre du conseil supérieur de la guerre.	20 »	L'indemnité en marche est attribuée aux officiers généraux toutes les fois qu'ils marchent à la tête des troupes, soit en dehors des manœuvres, soit pendant les manœuvres indiquées ci-après : manœuvres d'armée, de corps d'armée, de divisions ou de brigades d'infanterie, manœuvres d'ensemble de cavalerie, évolutions de brigades de cavalerie, manœuvres alpines, manœuvres dans les Vosges, manœuvres de forteresse, tirs de combat, manœuvres techniques de l'artillerie, manœuvres de garnison.
Général commandant un corps d'armée.	15 »	
Général de division ou assimilé.	12 »	En sus de l'indemnité en marche indiquée ci-contre, les officiers généraux, remplissant à l'occasion des manœuvres les fonctions désignées ci-dessous, ont droit aux indemnités forfaitaires ci-après :
Général de brigade ou assimilé.	10 »	Membre du conseil supérieur de la guerre. { Directeur supérieur des manœuvres d'armée (1)............... 2.000 Directeur supérieur des manœuvres de plusieurs corps d'armée ou commandant d'une armée en manœuvres (1). 1.000
Officier supérieur ou assimilé.	5 »	Assistant en qualité d'inspecteur d'armée aux manœuvres de corps d'armée ressortissant à son inspection.............. 500 }
Officier subalterne et assimilé.	3 »	Général commandant un corps d'armée aux manœuvres d'armée ou de corps d'armée ou assistant à tout ou partie des manœuvres de division ou de brigade effectuées par les troupes de son corps d'armée.............. 300 Général de division directeur d'une manœuvre ou d'un exercice spécial d'ensemble (2). 200
TROUPE.		L'indemnité en marche est également due aux officiers supérieurs ou subalternes et assimilés toutes les fois qu'ils marchent en tête de leurs troupes et dans les conditions ci-après pendant les différentes manœuvres :
Adjudants à solde mensuelle { chefs de famille......	2 »	Manœuvres d'automne : pour toutes les journées de route et de manœuvre; Manœuvres de garnison : pendant toute la durée de la manœuvre (3);
Adjudants à solde mensuelle { célibataires.	1 50	Cantonnements et manœuvres dans les Alpes et en Corse : pendant la durée de l'absence de la garnison; Cantonnements et manœuvres dans les Vosges : pendant les journées de route et de manœuvres; mais pendant les journées de stationnement il n'est attribué que l'indemnité en rassemblement n° 2 selon le grade.
Sous-officiers à solde mensuelle { chefs de famille......	1 50	
Sous-officiers à solde mensuelle { célibataires.	0 50	Ces sous-officiers ont droit à l'indemnité en marche en Algérie et en Tunisie (y compris les régions sahariennes) comme à l'intérieur et dans les mêmes conditions que les officiers. Pour la durée des manœuvres alpines, la double indemnité en marche leur est allouée. Pour les journées de stationnement pendant les cantonnements et manœuvres dans les Vosges, l'indemnité pour cherté de la vie est seule allouée.
Sous-officiers de tous grades du train des équipages militaires employés au service des convois en Algérie et Tunisie...	0 50	

(1) Les dépenses afférentes au fonctionnement des bureaux du quartier général, constitué pour les manœuvres, sont imputables sur ces indemnités forfaitaires. (Décision ministérielle du 6 mai 1902.)

(2) Cette indemnité forfaitaire est due, avec l'indemnité en rassemblement n° 2, aux généraux de division dirigeant les évolutions combinées et les tirs dans les camps d'instruction. (Circulaire du 13 novembre 1903.)

(3) L'allocation est due aux officiers déplacés pendant plus de vingt-quatre heures pour chaque journée passée hors de la garnison, quelle que soit l'heure de départ et l'heure de la rentrée le dernier jour. (Circulaire du 12 juin 1903.)

Tableau des indemnités de déplacement dues au personnel des commissions de classement (1).

GRADES.	ARMÉE ACTIVE.		RÉSERVE et armée territoriale (chefs de famille et célibataires).	OBSERVATIONS.
	CHEFS de famille.	CÉLIBATAIRES.		
Officier subalterne et assimilé..	10 »	7 50	7 50	
Vétérinaire auxiliaire (adjudant).....................	» »	» »	4 »	
Sous-officier autre que l'adjudant, à solde journalière....	5 »	3 50	3 50	
Brigadier de gendarmerie.....	4 »	2 50	» »	
Brigadier et soldat...........	3 50	2 50	2 50	

NOTA. — Pour les journées d'opérations au lieu de la résidence, les intéressés reçoivent la solde, à l'exclusion de l'indemnité journalière de déplacement.

Hors de la résidence, les officiers et assimilés, les sous-officiers à solde mensuelle (armée active) et les militaires de la gendarmerie cumulent la solde avec l'indemnité de déplacement.

Pour les sous-officiers à solde journalière, brigadiers et caporaux et soldats, l'indemnité journalière est exclusive de la solde.

Les vétérinaires auxiliaires, ainsi que les sous-officiers ou brigadiers de la réserve ou de l'armée territoriale appelés à assister les commissions en qualité de secrétaires, reçoivent, pour chaque journée d'opérations, une indemnité spéciale de 5 francs pour les vétérinaires auxiliaires et les sous-officiers; de 4 francs pour les brigadiers, qu'ils cumulent, hors de la résidence, avec les indemnités de déplacement.

Les officiers et vétérinaires de l'armée active, de la réserve, de l'armée territoriale, ainsi que les anciens vétérinaires militaires présidents de commission de classement recevront, en outre, une indemnité représentative de fourrages de 2 francs par jour pour la nourriture des chevaux qu'ils sont autorisés à emmener, ainsi qu'il est dit à l'article 19. Cette indemnité sera imputable au crédit alloué à la région de corps d'armée pour les opérations de classement.

L'indemnité représentative de fourrages est attribuée non seulement pour les journées d'opération, mais aussi pour les journées d'aller et de retour donnant droit pour les officiers à tout ou partie de l'indemnité journalière.

(1) Vol. 70, E. M.

1° Tarifs de solde (officiers, assimilés). (Voir pages 78 et 79).
2° Indemnités pour frais de service (corps de troupe) (1).

GRADES ET EMPLOIS.	SOMME NETTE A PAYER par an.	par mois.	par jour.	OBSERVATIONS.
	fr. c.	fr. c.	fr. c.	
Commandants de corps d'armée autres que les 14ᵉ et 19ᵉ corps....	14.000 »	1.200 »	40 »	
Général de division, commandant de division active............	5.400 »	450 »	15 »	
Général de brigade ou colonel commandant l'Ecole de Saumur.....	4.320 »	360 »	12 »	
Général de brigade. Commandant une brigade................				
Général de brigade. Commandant une subdivision, ou une brigade en Algérie ou en Tunisie..............	3.240 »	270 »	9 »	Le général de brigade qui cumule un commandement actif avec un commandement territorial reçoit une indemnité supplémentaire de 360 fr. par an quand il exerce son commandement sur plus de deux subdivisions.
Général de brigade. Adjoint à l'inspecteur général permanent des remontes...........				
Officier supérieur commandant l'Ecole militaire préparatoire de cavalerie.....................	540 »	45 »	1 50	
Officier supérieur. Chef d'état-major d'une division............	900 »	75 »	2 50	
Officier supérieur. Commandant une circonscription de remonte à l'intérieur...	1.080 »	90 »	3 »	
Officier supérieur. Directeur d'établissements hippiques en Algérie (1)..........	1.440 »	120 »	4 »	(1) Quand le local du bureau ne pourra pas être fourni dans les bâtiments militaires, cette indemnité sera majorée de 198 fr. par an.
Colonel ou lieutenant-colonel commandant un régiment de cavalerie, y compris les spahis.......	1.800 »	150 »	5 »	

(1) Vol. 90, E. M.

SOLDE DE LA TROUPE

Sous-officiers à solde mensuelle.

CORPS de TROUPE de TOUTES ARMES.	SOLDE MENSUELLE DES RENGAGÉS OU COMMISSIONNÉS à partir de la sixième année de service (3) Français ou servant au titre français exclusivement — Tarif applicable à partir du 1er janvier 1910.											
	de la 6e à la 8e année inclus.				de la 9e à la 11e année inclus.				à partir de la 12e année.			
	SOLDE DE PRÉSENCE			SOLDE d'absence par jour (1)	SOLDE DE PRÉSENCE			SOLDE d'absence par jour (1)	SOLDE DE PRÉSENCE			SOLDE d'absence par jour (1)
	par an.	par mois.	par jour.		par an.	par mois.	par jour.		par an.	par mois.	par jour.	
Adjudant chef......	»	»	»	»	2.322	193 50	6 45	»	2.322	193 50	6 45	»
Adjudant, sous-chef de musique, adjudant de manège, maître ou sous-instructeur de manège (1), chef armurier de 1re cl. (1)..	1.980	165 00	5 50	»	2.052	171 00	5 70	»	2.142	178 50	5 95	»
Sergent-major, maréchal des logis chef, maréchal des logis chef maître de manège (2), chef artificier, tambour-major (3), sergent-major clairon ou chef de fanfare (3), maréchal des logis trompette-major, chef armurier de 2e classe..	1.476	123 00	4 10	»	1.548	129 00	4 30	»	1.638	136 50	4 55	»
Maréchal des logis maître sellier, sergent et sergent-fourrier, maréchal des logis et maréchal des logis fourrier, maréchal des logis trompette, sous-chef artificier, maréchal des logis de manège ou sous-maître ou sous-instructeur adjoint de manège (2).	1.368	114 00	3 80	»	1.440	120 00	4 00	»	1.530	127 50	4 25	»

(1) La solde d'absence n'est due qu'aux militaires rengagés ou commissionnés ou restés au service après la durée légale. Les militaires engagés avant le 21 mars 1905 y ont droit à partir de leur quatrième année de service.

La solde d'absence est égale à la moitié de la solde de présence. Le résultat du décompte est arrondi au demi-décime supérieur.

(2) Les sous-instructeurs maîtres et sous-maîtres de manège et les chefs armuriers ont droit, en outre, à une prime de fonctions.

(3) A partir de la promulgation du présent tarif, les militaires qui seront admis à l'emploi de tambour-major ou de chef de fanfare recevront la solde avant cinq ans de service, quel que soit leur grade; mais la solde globale allouée à partir de la sixième année de service ne leur sera due qu'autant qu'ils seront pourvus du grade de sous-officier.

(4) Solde exclusive de toute autre prestation en deniers ou en nature, sauf les indemnités de marche, de manœuvres, de logement, de rassemblement, s'il y a lieu, ainsi que les allocations aux troupes en campagne et les allocations réglementaires relatives à l'habillement.

Les sous-officiers à solde mensuelle qui sont nourris aux vivres d'hôpital, ou par la masse d'infirmerie, par la masse d'alimentation des écoles militaires à trousseau, chez l'habitant et ceux qui, en temps de paix, reçoivent les vivres de campagne, remboursent leur nourriture d'après le taux et dans les conditions fixés par les règlements et instructions.

Nota. — La solde globale mensuelle prévue dans les tarifs est à allouer à tous les sous-officiers servant en vertu d'une commission. Il en est de même pour les sous-officiers et assimilés servant en vertu d'un rengagement contracté après la promulgation de ces tarifs. Les sous-officiers servant en vertu d'un rengagement contracté avant cette promulgation conservent transitoirement la solde journalière et les hautes payes, primes et gratifications annuelles des anciens tarifs, jusqu'à l'expiration dudit rengagement.

Solde de la troupe.

(Solde journalière.)

CORPS DE TROUPES DE TOUTES ARMES. (Militaires indigènes des trois premiers régiments de tirailleurs algériens et des régiments de spahis algériens exceptés.)	SOLDE PAR JOUR des NON ENGAGÉS ET DES ENGAGÉS ou rengagés jusqu'à la 5e année de service inclusivement (1) de présence.	d'absence (2).
Adjudant, sous-chef de musique..........	2 44	1 53
Sergent-major, maréchal des logis chef, chef artificier, tambour major, sergent-major clairon ou chef de fanfare, maréchal des logis trompette major, chef armurier de 2e classe..................	1 02	» 83
Maréchal des logis maître sellier........	» 74	» 68
Sergent et sergent fourrier, maréchal des logis et maréchal des logis fourrier, maréchal des logis trompette, sous-chef artificier.	» 72	» 68
Caporal fourrier, brigadier fourrier.	» 52	»
Caporal, caporal tambour ou clairon, caporal sapeur, brigadier, brigadier trompette, musicien après 10 ans de fonctions.	» 22	»
Tambour, clairon, sapeur des corps d'infanterie, trompette, artificiers de batterie, maître pointeur, maître ouvrier, maître artificier.	» 07	»
Soldat, cavalier, canonnier, sapeur et conducteur des régiments du génie, etc., etc., enfants de troupe (2)........	» 05	»

(1) Cette solde journalière se cumule avec les prestations d'alimentation et de chauffage et, s'il y a lieu, avec les hautes payes et les primes d'engagement ou de rengagement.

(2) La solde d'absence n'est due qu'aux militaires rengagés ou commissionnés ou en service après la durée légale. Les militaires engagés avant le 21 mars 1905 y ont droit à partir de leur quatrième année de service.

HAUTES PAYES D'ANCIENNETÉ

GRADES	ARME OU SERVICE.	HAUTE PAYE JOURNALIÈRE après deux ans de service.	après six ans de service.	après dix ans de service.	OBSERVATIONS.
Sous-officiers et assimilés.	Cavalerie et artillerie des divisions de cavalerie..........	1 10	À partir de la 6e année, les hautes payes sont comprises dans la solde mensuelle.		Les brigadiers et cavaliers français commissionnés des compagnies de cavaliers de remonte ont droit à un supplément de haute paye de 0 fr. 25 par jour (décret du 6 juillet 1907).
	Autres armes ou services.......	1 »			
Brigadiers ou caporaux.	Cavalerie et artillerie des divisions de cavalerie..........	0 70	0 75	0 80	Dans certains corps désignés par le Ministre et sous les conditions qu'il détermine, il peut être alloué un supplément journalier de haute paye qui est fixé comme il suit :
	Autres armes ou services.......	0 60	0 65	0 70	
Soldats.	Cavalerie et artillerie des divisions de cavalerie............	0 40	0 45	0 50	1° *Régiments de cavalerie et batteries d'artillerie de divisions de cavalerie.* Sous-officiers. 0 10 Brigadiers. . 0 25 Soldats 0 55
	Autres armes ou services.......	0 20	0 25	0 30	2° *Autres corps.* Militaires de tous grades 0 10

NOTA. — Sous les réserves indiquées ci-après, le présent tarif est applicable, à compter du jour de sa promulgation, à tous les militaires français servant au delà de la durée légale, sauf aux cavaliers de manège. Les militaires français liés au service en vertu d'un engagement de quatre ou cinq ans, contracté antérieurement au 21 mars 1905, n'ont droit à la haute paye qu'à partir de leur quatrième année de service. Les sous-officiers et assimilés liés au service en vertu d'un rengagement contracté avant le 21 mars 1905 conservent transitoirement, jusqu'à l'expiration dudit rengagement, les hautes payes des anciens tarifs.

TABLEAU C.

Indiquant les quantités de paille de couchage à distribuer aux troupes dans les diverses positions.

PARTIES PRENANTES.	QUANTITÉS DISTRIBUÉES.	PÉRIODE DE DURÉE de la paille.	OBSERVATIONS.
Hommes couchés dans des lits de troupe non pourvus de sommiers......	10 kil. pour la paillasse.	6 mois au plus.	
Hommes faisant usage de lits auxiliaires, dans les chambres de troupe, baraquements, camps	10 kil. pour la paillasse, 2 kil. pour le traversin.	Toute la durée de l'appel pour les réservistes et les territoriaux, mais pour les troupes casernées, baraquées ou campées.	La constitution du lit auxiliaire est la même pour la troupe et pour les officiers à qui il en est délivré exceptionnellement (art. 39) (1). Cette durée peut être portée à 4 mois lorsque le lit auxiliaire comporte pour support un châlit.
Hommes de garde ou subissant une punition dans les locaux disciplinaires.....	14 kil. pour la paillasse, 2 kil. pour le traversin.	4 mois.	
Hommes campés ou baraqués ne faisant pas usage de lits auxiliaires........	1 ration de 5 kil. de paille longue.	15 jours.	La paille est mise en commun sur le sol, sous la tente ou sur le lit de camp, dans la baraque. S'il y a lieu, les officiers touchent également de la paille de couchage (art. 39). La composition de la ration perçue pour eux est la même que celle de la troupe.
Hommes cantonnés chez l'habitant, séjournant sur un même point pendant plus de 3 nuits	1 ration de 5 kil. de paille longue.	»	

PARTIES PRENANTES.	QUANTITÉS DISTRIBUÉES.	PÉRIODE DE DURÉE de la paille.	OBSERVATIONS.
Hommes cantonnés chez l'habitant, séjournant sur un même point pendant 3 nuits au moins............	1 ration ou 1/2 ration à titre tout à fait exceptionnel.	»	Lorsque les circonstances le commandent, les chefs de corps sont autorisés à prescrire l'achat de la paille de couchage nécessaire sans en référer à l'autorité supérieure. La même faculté est accordée aux chefs de détachement ou éloignés de leur corps, à charge d'en rendre compte sans délai à leur chef de corps.
Hommes bivouaqués.	1/2 ration, soit 2k500 de paille longue.	Renouvelable chaque jour.	
Troupes en marche en Algérie ou en Tunisie :			(1) Du 1er octobre au 1er avril.
a) Devant coucher sous la tente dans le même lieu :			
Plus de 8 nuits.. .	1 ration.	Renouvelable en principe tous les 15 jours ou à chaque changement de détachement	
De 3 à 8 nuits.....	1/2 ration.		
1 ou 2 nuits dans la saison froide (1).	1/2 ration.		
b) couchant dans les dépôts d'isolés 8 nuits au moins..	1/2 ration.		

Nota. — Les taux indiqués dans le tableau qui précède sont calculés pour de la paille longue de froment ou de seigle. A défaut de cette paille, on lui substitue des substances similaires qu'on trouve sur le pays, en modifiant au besoin le taux de la ration, ainsi à 1 kilo de paille longue on peut substituer 1 k. 500 de paille courte (paille d'avoine) ou de paille brisée, dépiquée sous les pieds des chevaux, 1 kilo de paille de maïs, des quantités variables d'alfa ou de diss (en Afrique).

Prestations en nature allouées pendant les manœuvres.

DENRÉES.			TAUX des RATIONS.	OBSERVATIONS.
			kg. gr.	(A) Les taux de rations de vivres portés dans le présent tableau sont les mêmes que ceux de la ration ordinaire du temps de paix. Ils ne diffèrent de ceux de la ration normale de campagne que pour le pain ordinaire et biscuité, le pain de guerre, le riz, le sel et la viande fraîche. Pour ces quatre dernières denrées, le taux de la ration normale de campagne est indiqué ci-après, en vue de l'application, le cas échéant, des dispositions du 1er alinéa de l'article 71 de la présente instruction (remboursement de la différence entre les 2 taux de rations). Pain de guerre, 0,600 au lieu de 0,550. Riz, 0,060 au lieu de 0,030. Sel, 0,020 au lieu de 0,016. Viande fraîche, 0,400 au lieu de 0,320.
I. Vivres (A.)	Pain ordinaire.	de repas	0 675	
		de soupe	0 250	
	Pain biscuité.	de repas	0 675	
		de soupe	0 250	
	Pain de guerre.	pour le repas	0 550	
		pour la soupe	0 185	
	Petits vivres...	Riz	0 030	
		Légumes secs	0 060	
		Sel	0 016	
		Sucre	0 021	
		Café torréfié (en grains ou en tablettes)	0 016	
		Café vert	0 019	
	Viande fraîche (B)		0 320	
	ou			
	Conserve de viande		0 200	
	Porc salé		0 240	
	Potage aux haricots dit : conserve de purée de légumes		0 040	
	ou			
	Potage salé		0 050	(B) Pour les troupes alpines, prime de viande égale au prix budgétaire majoré d'un quart.
	Vin		0 fr. 25	
	ou			
	Bière ou cidre		0 50	
	Eau de vie	Ration ordinaire	0 0625	(C) Il est fait application, pour la fourniture du combustible, des dispositions du décret du 8 février 1907 portant règlement sur le service du chauffage et de l'éclairage dans les corps de troupe.
		Ration hygiénique	0 03125	
II. Fourrages (pour toutes les armes et les divers services)			Ration de guerre.	
III. Paille de couchage			5 kilos (paille longue). 7 kilos (paille courte).	(1) En Algérie, Tunisie, le taux de la ration du riz est de 0 k. 060.
IV. Chauffage (C)			»	

Prestations en deniers d'alimentation.

Prestations normales et éventuelles.

NUMÉROS et DÉNOMINATION DES PRIMES	TAUX PAR JOUR Adjudant et assimilé.	Sous-officier et assimilé d'un emploi de sous-officier autre que celui d'adjudant, caporal fourrier et brigadier fourrier.	Caporal, brigadier et soldat.	OBSERVATIONS.
	fr. c.	fr. c.	fr. c.	
a) **Prestations normales.**				
Prime de viande........	(1)	(1)	(1)	(1) Variable, fixée par décret présidentiel.
Prime fixe. Intérieur	» 225	» 225	» 225	Le taux de ces primes est majoré de 0 fr. 01 pour les militaires du génie, de l'artillerie à pied, des batteries à cheval, des batteries de montagne et des cuirassiers, sauf lorsqu'ils sont en subsistance dans d'autres corps.
Prime fixe. Algérie (territoire civil) et Tunisie..............	» 265	» 265	» 265	Pour les soldats des compagnies de fusiliers de discipline et des sections de discipline des corps spéciaux d'Afrique, la prime fixe est diminuée de 0 fr. 03, sauf lorsqu'ils sont en subsistance dans d'autres corps ou dans les dépôts de convalescents.
Prime fixe. Algérie (territoire militaire)......	» 235	» 285	» 285	
b) **Prestations éventuelles.**				
Prime n° 1 (boissons hygiéniques et liquides).	» 05	» 05	» 05	(2) D'un taux uniforme de 35 centimes, est allouée aux militaires du train des équipages employés au service des convois en Algérie et en Tunisie.
Prime n° 2 (boissons hygiéniques et liquides).	» 10	» 10	» 10	
Prime n° 3 (marches et manœuvres)..........	1 50	» 50	» 15	
Prime n° 4 (marches et manœuvres alpines)...	1 50	» 50	» 20	
Prime n° 5 (2)..........	» »	» »	» »	

Rations individuelles de chauffage (1).

(Préparation des aliments et du café.)

N° des allocations.	DÉSIGNATION.	TAUX de L'ALLOCATION par jour. Charbon.	Bois.	OBSERVATIONS.
		kil.	kil.	
	A) Aux caporaux ou brigadiers et soldats, quand les troupes ne font pas usage de fourneaux dotés d'allocations collectives par le présent tarif ou par des procès-verbaux spéciaux.			
59	Troupes en station casernées	0.430	0.690	Une ration par homme et par jour lorsque l'effectif est supérieur à 30 hommes; deux rations par homme et par jour pour tout détachement dont l'effectif des rationnaires est égal ou inférieur à 30 hommes.
60	Troupes en station, logées ou cantonnées chez l'habitant	0.530	0.850	Une ration par homme et par jour.
61	Troupes en route ou aux manœuvres, troupes logées sous la tente ou sous des abris provisoires	0.630	1.010	
	B) Aux sous-officiers à solde journalière et parties prenantes traitées au même titre.			
	Troupes en station casernées....................	0.800	1.280	Cette ration dite « de table » est également allouée aux caporaux rengagés autorisés à vivre au mess ou à la cantine.
	Troupes en station logées ou cantonnées chez l'habitant....................	1.060	1.700	Soit le double de la ration attribuée aux caporaux ou brigadiers ou soldats dans les mêmes positions.
	Troupes en route ou aux manœuvres; troupes logées sous la tente ou sous des abris provisoires.....	1.260	2.020	

NOTA. — Dans les cas exceptionnels où il y aurait lieu d'allouer des rations individuelles pour la préparation du café, leur taux sera le suivant :
Bois...... 0 kil. 050 } Avec double ration pour les sous-officiers et
Charbon.. 0 kil. 030 } parties prenantes traitées comme eux.

(1) *B. O.*, vol. 5, E. M. page 28.

Manœuvres d'automne (1).

Nombre de collections de cartes à attribuer à chaque unité.

NATURE DES MANŒUVRES ET PARTIES PRENANTES.	NOMBRE DE COLLECTIONS attribuées à chaque unité. 1/80.000 (1)	1/80.000 (2)	1/200.000 (1)	OBSERVATIONS
I. — MANŒUVRES D'AUTOMNE ET ÉVOLUTIONS DANS LES CAMPS D'INSTRUCTION.				(1) Les collections distribuées comprennent non seulement les cartes de la zone des manœuvres proprement dites, ou du camp d'instruction, mais encore celles qui se rapportent aux régions traversées pendant les routes par voie de terre (concentration et dislocation). (2) Les collections visées dans cette colonne comprennent uniquement les cartes de la zone des manœuvres proprement dites ou du camp d'instruction.
a) **Quartiers généraux et états-majors.**				
Officiers généraux et chefs d'état-major	2	»	2	
Autres officiers	1	»	»	
Réserve (estafettes, vélocipédistes, etc.) — Quartier général de corps d'armée	12	»	»	
Réserve (estafettes, vélocipédistes, etc.) — Quartier général de division	8	»	»	
Réserve (estafettes, vélocipédistes, etc.) — Etat-major de brigade	4	»	»	
b) **Infanterie, cavalerie, artillerie, génie.**				
Officiers supérieurs et commandants d'unités (compagnie, escadron, batterie)	1	»	»	
Autres officiers	»	1	»	
Sous-officiers de cavalerie	»	1	»	
c) **Télégraphie militaire, Trésor et Poste.**				
Par service	»	2	»	
d) **Formations sanitaires**				
Par formation	»	2	»	
II. — MANŒUVRES ALPINES ET MANŒUVRES DANS LES VOSGES				
Officiers de tous grades	1	»	1	
Médecins auxiliaires, adjudants, sergents-majors, maréchaux des logis chefs	»	1	»	
Réserve par bataillon de chasseurs	10	»	»	
Réserve par batterie	2	»	»	
III. — MANŒUVRES D'ALGÉRIE ET DE TUNISIE.	Allocations spéciales.			

(1) Vol. 55-3, E. M.

Manœuvres d'automne.

Moyens de transport pouvant être alloués :

a) *Aux états-majors et services* (1);
b) *Aux corps de troupe.*

a) Etats-majors et services. (1).

NATURE DES VÉHICULES.	OFFICIERS GÉNÉRAUX.				ÉTATS-MAJORS						SERVICES ADMINISTRATIFS. Direction du service de santé. Prévôtés.		SERVICES ADMINISTRATIFS.	PAR GROUPE D'ARBITRES.	OBSERVATIONS.
	Commandant un corps d'armée.	Directeur de manœuvres d'ensemble de cavalerie.	Commandant une division.	Commandant une brigade.	d'un corps d'armée.	d'un directeur de manœuvres d'ensemble de cavalerie.	d'une division.	de l'artillerie d'un corps d'armée.	du génie d'un corps d'armée.	d'une artillerie divisionnaire ou de corps.	d'un quartier général de corps d'armée.	d'un quartier général de division d'infanterie.			
Fourgons à bagages..	1	1	1	1 (2)	1	1	1	1	1	1	1	1	»	1	(1) Le nombre de voitures à allouer à un quartier général d'armée fait l'objet de décisions spéciales. (2) Pour le général de brigade et son état-major. (3) Lorsque les distributions doivent être assurées par les soins de l'intendance. (4) Le Ministre indique chaque année les manœuvres et exercices pendant lesquels les membres du Conseil supérieur de la guerre ou les commandants de corps d'armée sont autorisés à faire usage d'automobiles. (Instruct. du 9 avril 1902.)
Voitures-bureaux	»	»	»	»	1	»	»	»	»	»	»	»	»	»	
Fourgons pour transport d'ustensiles (3).	»	»	»	»	»	»	»	»	»	»	»	»	1	»	
Automobiles (4)......	»	»	»	»	»	»	»	»	»	»	»	»	»	»	

b) Corps de troupe.

DÉSIGNATION DES UNITÉS.		VOITURES de compagnie.	FOURGONS à bagages.	FOURGONS à vivres.	VOITURES A VIANDE.	VOITURE MÉDICALE régimontaire.	VOITURES pour blessés: Voitures grandes pour blessés.	VOITURES pour blessés: Voitures petites pour blessés.	MULETS DE BAT.	CAISSONS LÉGERS de munitions.
Régiment d'infanterie		(C)	5 (D)	(A) »	(B) »	2	1	»	»	»
Bataillon de chasseurs		(C)	3(D¹)	»	»	»	»	1	»	»
Régiment de cavalerie		»	5 (E)	»	»	1	»	1	»	»
Artillerie	par batterie ou section de munitions	»	1 (F)	»	»	»	»	»	»	»
	par groupe de batteries (G)	»	»	»	»	1	»	»	»	»
Génie	par compagnie	»	1 (F)	»	»	»	»	»	»	»
	équipage de pont	»	1 (F)	»	»	»	»	»	»	»
Manœuvres alpines	bataillon de chasseurs	»	1	1	»	1	»	1	(K)	2
	bataillon d'infanterie	»	1	»	»	1	»	»	3 (I)	»
	batterie de montagne	»	»	»	»	»	»	»	(H)	»
	détachement du génie	»	»	»	»	»	»	»	(H)	»

OBSERVATIONS.

(A) Allocations variant avec l'effectif et avec le nombre de journées de vivres régimentaires.
(B) On se rapprochera, dans la mesure du possible, des allocations prévues pour le temps de guerre.
(C) Une par bataillon ; ce nombre est augmenté si les ressources en chevaux le permettent.
(D) 4 si le régiment est à 3 bataillons.
(D') 2 si le bataillon est à 4 compagnies.
(E) Fourgons-forges.
(F) Ces fourgons à bagages servent pour les vivres.
(G) Chaque groupe de batteries emmène 3 voitures de service.
(H) Les bataillons de chasseurs alpins et les batteries de montagne alpines emmènent tout l'équipage qui leur est affecté.
(I) 1 porteur d'outils et 2 de cacolets.
(K) Chiffre déterminé d'après l'importance du détachement.

NOTA. — En principe, les officiers admis à suivre les manœuvres placent leurs bagages sur les fourgons de l'unité près de laquelle ils sont détachés.

(1) Vol. 55-3, E. M.

Manœuvres d'automne (1).

Composition des prévôtés.

QUARTIERS GÉNÉRAUX.	COMPOSITION DES DETACHEMENTS.							OBSERVATIONS.
			Gendarmes à cheval.			Gendarmes à pied.		
	Officiers.	Sous-officiers greffiers.	Maréchaux des logis.	Brigadiers.	Gendarmes	Brigadiers.	Gendarmes	
Corps d'armée	1 (*a*)	2 (*b*)	1	1	6	»	»	(*a*) Chef d'escadron prévôt. Ce chef d'escadron est seul attaché au quartier général du corps d'armée, lorsque les divisions se trouvent à une grande distance l'une de l'autre, pendant la majeure partie des exercices. (*b*) Dont 1 à cheval remplissant en même temps les fonctions de vaguemestre du quartier général. (*c*) Capitaine ou lieutenant. (*d*) Lieutenant ou sous-lieutenant. (*e*) Ou un brigadier.
Division d'infanterie dans un corps d'armée..............	1 (*c*)	»	1	1	6	1	4	
Division d'infanterie manœuvrant isolément...........	1 (*c*)	»	1	1	6	1	4	
Brigade d'infanterie manœuvrant isolément	»	»	1 (*e*)	»	4	»	»	
Division de cavalerie	1 (*d*)	»	1	1	4	»	»	
Brigade de cavalerie attachée à un corps d'armée, ou exécutant ses évolutions	»	»	»	1	4	»	»	

(1) Vol. 553, E. M.

Chargement du fourgon-forge de l'état-major (1).

Compartiments.	DÉSIGNATION DES OBJETS.	Quantités.	OBSERVATIONS.
1er	Caisses à archives......	2	Sans emplacement déterminé, mais disposées de manière à permettre de retirer facilement les objets dont on a besoin le plus fréquemment, tels que les caisses à bagages et les cantines à vivres.
	Cantines à vivres.......	2	
	Demi-boîte à livrets....	1	
	Caisse pour officier-payeur...............	1	
	Caisses à bagages......	9	
	Couvertures............	9	
2e	Caisse d'outils et de pièces d'armes..........	1	
3e	Caisse à fers (petite) (1).	2	(1) Contiennent les ferrures des chevaux d'officiers et les demi-ferrures des chevaux de troupe (selle) de l'état-major. Les ferrures de chevaux de fourgons sont placées sous le siège des conducteurs de chaque voiture.
4e	Caisses à bagages......	6	Sur le châss's mobile.
	Couvertures...........	2	
	Marmites à 4 hommes..	3	Dans une caisse.
	Caisse du brigadier sellier..................	1	
	Lanterne (système Aureggio).............	1	A son crochet. (Le milieu de l'anse est modifié pour former une boucle.)
5e	Sacs d'hommes à pied..	7	
	Pioche................	1	A leurs ferrures : Coté droit du fourgon.
	Pelle..................	1	Id.
	Boîte à graisse.........	1	A l'avant-train.
	Timon..................	1	Côté gauche du fourgon.
	Ecrous d'essieux........	2	Coffre de dessous de siège.
	Clefs d'écrous d'essieux.	1	Id.
	Traits avec étui (paire de).................	1	A ses courroies (coffre de dessous de siège).
	Bidon à huile, avec ciseaux et mèche.......	1	
	Bottes de rechange (paires de).............	10	Dans leur casier (coffre de dessous de siège).

(1) Vol. 86, E. M., page 83.

Chargement des fourgons-forges des escadrons (1).

Compartiments.	DÉSIGNATION DES OBJETS.	Quantités.	OBSERVATIONS.
1er	Boîte à livrets	1	Sans emplacement déterminé, mais disposés de manière à permettre de retirer facilement les objets dont on a besoin le plus fréquemment, tels que les caisses à bagages et les cantines à vivres.
	Boîte à cartes et imprimés	1	
	Cantines à vivres	2	
	Cantines vétérinaire	1	
	Caisses des maîtres-ouvriers	3	
	Caisses à bagages	8	
	Couvertures	8	
	Sac de chaussures de rechange	1	
2e	Caisse à bagages	1	
	Couverture	1	
3e	Caisses à fer (grandes)	2	A droite sur 2 rangs, dans le sens de leur longueur.
	Caisses à charbon	1	
	Caisses de maréchal ferrant	1	
	Bigorne avec bloc, pour forge de montagne, modèle 1891	1	Dans l'angle formé par le côté gauche de la voiture et le panneau de séparation. — Brêlées à l'aide de la chaînette fixée contre le côté de la voiture, en passant cette chaînette contre le col de la bigorne et sous le foyer de la forge avant de l'accrocher à l'anneau fixé à la patte du tourillon de ridelle.
	Forge de montagne, modèle 1891	1	En arrière de la bigorne, le devant du foyer appuyé contre la ridelle.
	Caisse à fers (grande)	1	Transversalement, en arrière des caisses à charbon et de maréchal ferrant.
	Etau à griffes, modèle 1892	1	A plat, les mâchoires en arrière, entre la dernière caisse à fers et le pied du bloc de bigorne.
	Seau de forge		Entre la 3e caisse à fers et le hayon.
	Marmite de peloton		Sur la console.
	Lanterne (système Aureggio)		A son crochet. (Le milieu de l'anse est modifié pour former une boucle.)

Sacs d'hommes à pied, 16. — Pioche 1. — Pelle, 1. — Boîte à graisse, 1. — Timon, 1. — Écrous d'essieux, 2. — Clef d'écrous d'essieux, 1. — Traits avec étui (paire de), 1. — Bidon à huile, avec ciseaux et mèche, 1.

(1) Vol. 86, E. M., page 94.

Chargement des fourgons à bagages de bataillon des régiments d'infanterie (1).

DÉSIGNATION DES OBJETS composant le chargement.	Quantités ou poids.	EMPLACEMENTS.
Caisses à bagages........	23	Dans l'intérieur de la voiture, sur quatre rangées, en procédant d'avant en arrière, dans le sens vertical : Première rangée : sur la première partie du coffre de dessus de passage, 4 caisses à bagages, 8 couvertures (4 de chaque côté de la rangée). Deuxième rangée : 13 caisses à bagages, 8 couvertures (4 de chaque côté de la rangée). Troisième rangée : 5 caisses à bagages, 5 cantines à vivres, 9 couvertures (5 d'un côté, 4 de l'autre côté de la rangée). Quatrième rangée : la dernière caisse à bagages et une caisse à ferrures.
Cantines à vivres	5	
Caisse à ferrures...........	1	
Couvertures de campement...	25	
Corde de brêlage	1	
Musettes de pansage de chevaux d'officiers	7	L'avoine dans un sac, sur le fond de la voiture, entre la caisse à ferrures et le côté droit de la voiture ; les autres objets en vrac dans l'espace resté libre de la 4ᵉ rangée, une partie employée à caler la caisse à bagages de cette rangée.
Surfaix de couvertures.......	8	
Musettes mangeoires.........	8	
Eventuellement 1/2 ration d'avoine pour les chevaux du bataillon................	28 k	

DÉSIGNATION DES OBJETS.	Quantités.	EMPLACEMENT.
Caisse blanche à cartouches	1	Dans le coffre de dessous de passage.
Vilebrequin	1	
Lame de tournevis.......	1	
Boîte à livrets...........	8	
Havresac du conducteur..	1	
Couverture de sous-verge.	1	
Surfaix des couvertures des chevaux du fourgon	2	
Musettes-mangeoires des chevaux du fourgon....	2	
Musette de pansage du conducteur...........	1	
Fusil du conducteur......	1	A ses crochets courroie et anneau.
Boîte à graisse grande....	1	A leurs ferrures.
Cadenas	1	
Clef à écrou d'essieu n° 2.	1	
Pelle	1	
Pioche..................	1	
Seau d'abreuvoir	1	
Etui de traits de rechange.	1	A ses courroies.
Ecrou d'essieu n° 2 de rechange.............	2	Dans le coffre de dessus de passage.
Lanières de rechange.....	25	

DÉSIGNATION DES OBJETS.		Quantités.	EMPLACEMENTS.
Timon ferré de rechange de fourgon...............		1	Aux étriers porte timon.
Traits de rechange M^le 1854-61 ou modèle 1861......		2	Dans leur étui.
Objets de campement pour l'attache des chevaux.......	Corde à chev. de 5ᵐ50...	1	En vrac dans le coffre de dessous du siège.
	Piquets d'attache	4	
	Masse en fer.	1	
	Entraves....	4	
Accessoires p^r l'embarquement et le débarq^t en chemins de fer des chevaux et du matériel.	Bout de madrier en sapin......	1	En vrac, dans le coffre de dessous du siège, par-dessus les objets de campement.
	Cale avec manche	1	
	Jarretières	4	
	Cordes de poitrail	5	
	Levier de manœuvre..........	1	
	Bottillons de paille pour les solles.	2	
	Bottillon de paille pour le matériel	1	

(1) Vol. 86 E. M. p. 84.

Toutes armes.

Caisses d'outils et matières pour les ouvriers tailleurs (1).

DÉSIGNATION DU MATÉRIEL.	Par bataillon actif ou territorial à 4 compagnies (1).	Par bataillon actif ou territorial à 6 compagnies (2).	Par escadron de cavalerie.	Par unité administrative d'artillerie.	Par unité administrative du train des équipages affectée à un convoi auxiliaire des subsistances.	Par unité administrative du génie.	Par unité administrative du train des équipages autre que celles affectées à un convoi auxiliaire des subsistances.	Par détachement du train des équipages attachant une ambulance divisionnaire.
OUTILS.								
Ciseaux (paire de)	4	6	1	1	1	1	3	2
Dés à coudre	4	6	1	1	1	1	3	2
	k. gr.	k. gr.	k. gr.	k. gr.	k. gr.	k. gr.	k. gr.	k. gr.
Craie	» 080	» 080	» 020	» 020	» 020	» 010	» 060	» 020
Aiguille avec étui	assort.	assort.	assort.	assort.	assort.	assort.	assort.	assort.
Pelote de fil et écheveaux de soie	54	54	15	15	15	10	30	10
MATIÈRES PREMIÈRES.								
Pour les officiers.	m. c.	m. c.	m. c.	m. c.	m. c.	m. c.	m. c.	m. c.
Drap bleu foncé	» 50	» 50	» 50(3)	1 25	» 25	» 85	» 25	» 25
Drap bleu de ciel	»	»	» 25	»	»	»	»	»
Drap gris de fer foncé	»	»	»	»	» 60	»	» 60	» 25
Doublure écarlate	»	»	»	» 30	»	» 30	»	»
Doublure garance	» 50	»	1 »	»	» 90	»	» 90	» 35
Doublure satin de Chine	1 »	1 »	1 »	» 50	» 50	» 50	» 50	» 25
Doublure coton	1 »	1 »	1 »	»	»	»	»	»
	k. gr.	k. gr.	k. gr.	k. gr.	k. gr.	k. gr.	k. gr.	
Tresse plate pour la calotte de campagne	» 005	» 005	» 005	» 005	» 005	» 005	» 005	»
Tresse plate pour casquette	»	»	» 015(5)	»	»	»	»	»
Soutache	» 050	» 050	» 020	» 050	» 050	» 030	» 050	»
Galon à trait côtelé pour manche de tunique	» 030(4)	» 030	» 020	»	»	» 015	»	»
Galon à trait côtelé pour manche de capote ou manteau	» 035	» 035	» 025	» 025	» 025	» 020	» 025	»
Velours	»	»	»	»	»	m. c. » 20	»	»
Boutons	» 100	» 100	» 100	» 020	» 020	k. gr. » 015	» 020	k. gr. » 015
Pour la troupe.	m. c.	m. c.	m. c.	m. c.	m. c.	m. c.	m. c.	m. c.
Drap bleu foncé	1 50	1 50	1 » (bleu foncé et bleu de ciel)	3 » (bleu foncé et bleu de ciel)	»	1 »	1 »	» 50
Drap bleu de ciel	»	»			»	»	»	»
Drap gris de fer foncé	»	2 50	»	»	4 50	»	2 25(6)	» 50
Drap garance	2 50	»	1 50	»	1 50	»	2 »	1 »
Drap gris de fer bleuté	1 75	1 75	1 »	1 50	1 »	» 50	1 75	» 80
Drap écarlate	»	»	»	» 90	»	» 90	»	»
Toile à doublure en lin	1 75	1 75	1 »	1 »	1 »	» 50	1 »	» 50
Toile à doublure en coton	1 75	1 75	1 »	1 »	1 »	» 50	1 »	» 50

(1) Mêmes allocations pour tout bataillon à 4 compagnies, en tenant compte de la nuance des étoffes selon l'uniforme.
(2) Mêmes allocations pour tout bataillon à 6 compagnies, en tenant compte de la nuance des étoffes selon l'uniforme.
(3) Cette allocation sera réduite à $0^m,25$ pour les régiments de cavalerie légère qui ne font pas usage de tunique de cette nuance.
(4) Remplacé, pour les zouaves et les tirailleurs algériens, par un même poids de soutache.
(5) Pour les chasseurs d'Afrique seulement.
(6) Dans les compagnies marchant avec les quartiers généraux dont les escortes sont fournies par la cavalerie légère, $0^m,25$ de drap gris de fer foncé sont remplacés par une même quantité de drap bleu de ciel.

(1) Vol. 8, E. M., page 126.

Toutes armes.

Caisses d'outils et matières pour les ouvriers tailleurs (suite) (1).

DÉSIGNATION DU MATÉRIEL.	Par bataillon actif ou territorial à 4 compagnies (1).	Par bataillon actif ou territorial à 6 compagnies (2).	Par escadron de cavalerie.	Par unité administrative d'artillerie.	Par unité administrative du train des équipages affectée à un convoi auxiliaire des subsistances.	Par unité administrative du génie.	Par unité administrative du train des équipages autre que celles affectées à un convoi auxiliaire des subsistances.	Par détachement du train des équipages attelant une ambulance divisionnaire.
MATIÈRES PREMIÈRES (*suite*).								
Pour la troupe (suite).								
						m. c.		
Velours	»	»	»	»	»	» 20	»	»
	k. gr.	k. gr.	k. gr.	k. gr.	k. gr.	k. gr.	k. gr.	k. gr.
Soutache (adjudant)	» 030	» 030	»	»	»	»	» 030	»
Galon en trait côtelé (adjudant)	» 015	» 015	»	»	»	»	» 015	»
Galons de grade pour sous-officiers	» 050	» 050	» 030	» 030	» 030	» 010	» 050(3)	» 030(5)
Galons de grade pour caporaux, brigadiers et soldats de 1re cl.	» 175	» 175	» 120	» 120	» 120	» 040	» 175	» 070
Galons de grade pour trompettes, tambours et clairons	» 025	» 028	» 018	» 018	» 018	» 006	» 025	» 010
Boucles de pantalons	16	16	4	4	4	4	12	4
	k. gr.	k. gr.	k. gr.	k. gr.	k. gr.	k. gr.	k. gr.	k. gr.
Agrafes et contre-agrafes de tunique ou dolman	» 040	» 040	» 010	» 010	» 010	» 010	» 020	» 010
Agrafes et contre-agrafes de manteau	»	»	» 050	» 050	» 050	» 025	» 050	» 025
Boutons d'uniforme en métal	» 500	» 500	» 100	» 100	» 100	» 050	» 500(4)	» 100(6)
Boutons en os pour manchettes de culottes	»	»	» 080	» 080	» 080	» 020	» 080	» 020
Boutons en zinc	480	480	90	90	90	45	360	45

(1) (2) Voir ces notes au tableau précédent.
(3) Dont 0m,020 en galons d'or quand la compagnie marche avec un détachement d'infirmiers.
(4) 0 k. 100 à chacun des uniformes du train, des secrétaires d'état-major, des commis et ouvriers militaires d'administraiton, d'infirmiers.
Lorsque certaines des catégories visées ci-dessus ne sont pas comprises parmi les détachements qui marchent avec la compagnie, les approvisionnements correspondants ne sont pas constitués.
(5) Dont 0 k. 010 en galons d'or.
(6) Dont 0 k. 050 à l'uniforme du train, 0 k. 050 à l'uniforme des infirmiers.

(1) Vol. 8, page 127.

Toutes armes.

Caisse d'outils et matières premières pour les cordonniers ou bottiers (1).

DÉSIGNATION DU MATÉRIEL.	Par bataillon actif ou territorial à 4 compagnies.	Par bataillon actif ou territorial à 6 compagnies.	Par escadron de cavalerie.	Par unité administrative d'artillerie.	Par unité administrative du train des équipages affectée à un convoi auxiliaire des subsistances.	Par unité administrative du génie.	Par unité administrative du train des équipages autre que celles affectées à un convoi auxiliaire des subsistances.	Par détachement du train des équipages attelant une ambulance divisionnaire.
OUTILS.								
Tabliers	2	3	1	1	1	1	1	1
Tranchets	4	6	1	1	1	1	2	2
Marteaux	2	3	1	1	1	1	2	1
Tenailles (paire)	2	3	1	1	1	1	1	1
Crochets de forme	1	1	1	1	1	1	1	1
Emporte-pièce	1	2	1	1	1	1	1	1
Alènes	8	12	2	2	2	2	4	4
Manches d'alènes	4	6	1	1	1	1	2	2
Broches (poinçons) emmanchées	3	4	1	1	1	1	2	2
Maniques	4	6	1	1	1	1	2	2
Formes en bois, ferrées (1)	2	2	1	1	1	1	1	1
Courroie, dite « tire-pied »	3	3	1	1	1	1	1	1
Pierre à affiler (2)	2	2	1	1	1	1	1	1
MATIÈRES PREMIÈRES.	k. gr.	k. gr.	k. gr.	k. gr.	k. gr.	k. gr.	k. gr.	k. gr.
Chevilles	1 »	1 500	1 »	1 »	1 »	» 250	1 »	» 250
Clous	2 »	3 »	1 500	1 500	1 500	» 500	2 »	» 500
Fil	» 800	1 »	» 500	» 500	» 500	» 150	» 700	» 250
Poix	» 200	» 300	» 060	» 060	» 060	» 020	» 150	» 040
Soies	» 010	» 015	» 010	» 010	» 010	» 005	» 010	» 005
Fournitures complètes pour demi-semelles et talons	15	20	20	10	10	10	15	5
Fournitures complètes pour talons	40	60	20	15	15	15	30	10
	k. gr.	k. gr.	k. gr.	k. gr.	k. gr.	k. gr.	k. gr.	k. gr.
Cuir pour réparations diverses	1 500	2 »	1 500	1 500	» 500	» 150	1 »	» 250
Boucles diverses	» 750	1 »	» 750	» 750	» 750	» 100	» 750	» 200
Boucles pour jambières de cavalerie	»	»	» 060	» 060	» 060	» 060	» 060	» 060
Rivets pour jambières de cavalerie	»	»	» 030	» 030	» 030	» 030	» 030	» 030
Crochets pour jambières de cavalerie	»	»	» 175	» 175	» 175	» 175	» 175	» 175
Ressorts pour jambières de cavalerie	»	»	» 210	» 210	» 210	» 210	» 210	» 210
Boutons doubles pour jambières de cavalerie	»	»	» 020	» 020	» 020	» 020	» 020	» 020

(1) Ce modèle se compose d'une forme en bois garnie d'une semelle en tôle cambrée fixée à l'aide de vis à tête plate. La forme est percée verticalement dans toute sa hauteur pour recevoir un écrou destiné à permettre l'adaptation d'un boulon en fer dont l'extrémité libre peut se fixer dans un support de bois quelconque; son poids ne doit pas dépasser 0 k. 945 pour la forme, 0 k. 345 pour le boulon, soit au total 1 k. 290.
Prix maximum : 3 fr. 50 (2 fr. 50 pour la forme, 1 franc pour le boulon).

(2) La pierre à affiler est vendue dans le commerce sous le nom de « grès demi-tendre ». Ses dimensions maxima sont de 0m,25 de longueur sur 0m,030 × 0m,015 de grosseur au milieu. Ses extrémités sont affilées et légèrement arrondies; son poids est de 200 à 250 grammes et son prix maximum de 0 fr. 40.

(1) Vol. 8, page 128.

Infanterie. (1)

Composition de la caisse du matériel nécessaire à l'ouvrier bourrelier d'un régiment d'infanterie ou bataillon de chasseurs.

1 couteau à pied.
1 couteau à main.
1 paire de tenailles.
1 paire de ciseaux.
1 compas.
1 tournevis.
6 alènes emmanchées.
25 aiguilles de bourrelier.
1 paire de pinces en bois.
1 marteau de bourrelier.
1 emporte-pièce avec rechanges.
1 rembourroir.
1 paire de pinces à tendre.
1 kil. de fil.
0 kil. 200 boules de poix.
2 kil. longes et contre-sanglons de rechange.
1 kil. boucles et ardillons de rechange.
1 kil. clous assortis.
0 kil. 500 vis.

Chaque régiment d'infanterie ou bataillon formant corps et faisant partie des formations de campagne est pourvu d'une caisse pour ouvrier bourrelier.

L'ouvrier bourrelier, compris dans les effectifs de guerre des régiments d'infanterie et des bataillons de chasseurs, doit être doté du petit outillage, dont la composition est donnée ci-dessus, et qui est constitué dès le temps de paix.

---

(1) Vol. 8, pages 130 et 131.

Cavalerie.

Caisse des outils et matières de l'ouvrier sellier (1).

DÉSIGNATION DES OBJETS.	QUANTITÉS.	OBSERVATIONS
Tablier de sellier (avec crochet)......	1	Chaque régiment de cavalerie doit posséder, dès le temps de paix, un approvisionnement de cinq caisses garnies (une pour l'état-major du régiment et une pour chacun des escadrons actifs). L'entretien des objets et matières renfermées dans les caisses est assuré par les maîtres selliers régimentaires, par voie d'échange.
Couteau à pied........................	1	
Couteau à main........................	1	
Pince emporte-pièce (avec quatre bouts ronds).	1	
Paire de ciseaux......................	1	
Paire de tenailles....................	1	
Paire de pinces en fer (à marteau)....	1	
Tournevis.............................	1	
Marteau (de harnacheur)...............	1	
Alènes à coudre (avec manches)........	4	
Alènes à matelasser (avec manches)...	2	
Poinçons (avec manches)...............	3	
Compas................................	1	
Aiguilles à piquer....................	2	
Aiguilles à coudre....................	75	
Dé à coudre...........................	1	
Rembourroir...........................	1	
Pince à coudre en bois (se ployant au milieu)	1	
Fil de chanvre........................	1 kil.	
Poix préparée.........................	0 k. 500	
Toile treillis........................	1 mètr.	
Crin..................................	3 kil.	
0 k. 500 de vis et rivets... — Vis à têtes plates.......	144	
0 k. 500 de vis et rivets... — Rivets en fer..........	20	
0 k. 500 de vis et rivets... — Rivets en cuivre.......	30	
Cuirs divers..........................	2 kil.	
Sangles en ficelle ou en tresse (avec boucles et enchapures).............	4	
Lanières en ficelle (pour sangles modèle 1889)	20 mèt.	
0 k. 750 de boucles diverses — étamées....... pour sangles.....	4	
0 k. 750 de boucles diverses — étamées....... pour étrivières...	4	
0 k. 750 de boucles diverses — étamées....... pour longes......	2	
0 k. 750 de boucles diverses — en cuivre pour courroies et brides....... à rouleau de 18 m/m	4	
0 k. 750 de boucles diverses — en cuivre pour courroies et brides....... — 23 m/m	4	
0 k. 750 de boucles diverses — en cuivre pour courroies et brides....... doubles rondes de 22 m/m	4	
0 k. 750 de boucles diverses — Anneaux étamés pour licols.....	2	
0 k. 750 de boucles diverses — Dés carrés étamés pour licols...	2	
Peau de mouton (basanée)..............	0 k. 500	
Toile cirée...........................	2 mètr.	
Boucleteaux (porte-sabre).............	6	
Longes en cuir........................	6	
Anneaux porte-sabre...................	12	
Etrivières............................	4	
Courroies.............................	12	
Contre-sanglons.......................	10	

(1) Vol. 8, pages 131 et 132.

Artillerie et train des équipages.

Caisse d'outils et d'approvisionnement destinée aux premiers ouvriers bourreliers chargés de l'entretien des effets de harnachement de campagne (1).

DÉSIGNATION DES OBJETS.	QUANTITÉ	EMPLACEMENTS.
Tablier	1	Sur la couverture hors de service.
Couteaux — à pied	1	Dans la poche fixée sous le couvercle de la caisse.
Couteaux — à main	1	Sous le couvercle de la caisse, maintenu par une bride, sa lame renfermée dans une gaine.
Tenailles (paire de)	1	Dans le compartiment n° 15 du casier mobile.
Emporte-pièce (avec 5 becs de rechange)	1	Sous le couvercle de la caisse, maintenu par une bride et une patte à boutonnière.
Etui contenant des aiguilles et des alènes	1	
Alènes, dont une ronde (emmanchées)	3	Dans le compartiment n° 15 du casier mobile.
Dés à coudre	2	
Poinçon	1	
Pince en bois articulée	1	Sur les rouleaux de cuir.
Ciseaux — à froid	1	Dans le compartiment n° 15 du casier mobile.
Ciseaux — (Paire de)	1	
Marteau	1	Sous le couvercle de la caisse, maintenu chacun par deux brides.
Tournevis	1	
Aiguilles — fortes	100	Dans leur étui.
Aiguilles — ordinaires	25	
Alènes non emmanchées	25	
MATIÈRES.		
Cuirs — noir, pour réparation du matériel.	1k 100	En rouleau sur le fond de la caisse.
Cuirs — fauve, en bandes d'épaisseurs les plus courantes		
Peau de mouton	10 »	
Toile-cuir	1 »	Sur les sangles en ficelle.
Laines et crins pour rembourrer les selles d'officiers	1 »	Sur les rouleaux de cuir.
	» 500	Dans les rouleaux de cuir.
Boucles assorties et ardillons	2 »	Dans les compartiments n°s 3, 8, 4 et 9 du casier mobile.
Cuivre pour harnachement et équipement	1 »	Dans les compartiments n°s 11 et 12 du casier mobile.
Bouclerie pour officiers	» 500	Dans le compartiment n° 7 du casier mobile.
Tissu pour surfaix	» 500	Entre les branches de la pince articulée.
Couverture hors de service	1 500	Sur la peau de mouton et la pince articulée.
Toile pour réparer les bissacs	1 »	Sur les rouleaux de cuir.
Sangles en ficelle complètes (paires 2)	2	Sur la toile pour réparer les bissacs.
Clous	1 »	Dans les compartiments n°s 1, 6 et 10 du casier mobile.
Vis	» 500	Dans le compartiment n° 2 du casier mobile.
Pelotes de fil n° 6 de 50 gr. chacune	6	Dans le compartiment n° 14 du casier mobile.
Fil noir et fil bis	» 100	Dans le compartiment n° 5 du casier mobile.
Cires — grasse	» 100	Dans le compartiment n° 13 du casier mobile.
Cires — jaune	» 100	
Bottines de chevaux atteints (paire de)	1	Sur le fond de la caisse.

(1) Vol. 8, E. M., pages 133 et 134.

Génie.

Matériel permettant de faire les réparations du harnachement (1).

Trousses de bourreliers { 2 par parc de compagnie de sapeurs-mineurs.
1 par parc de détachement adjoint à une brigade alpine.

Caisses aux outils de bourrelier : 1 par parc de corps d'armée, d'aérostiers et de chemins de fer.

Composition de la trousse de bourrelier.

28 aiguilles de bourrelier.
6 alènes.
1 emporte-pièce à levier avec rechange.
2 étuis pour aiguilles de bourrelier.
1 tranchet de sellier.
10 boucles pour cuir au-dessous de 0 m. 03 de largeur.
17 boucles pour cuir de 0 m. 03 de largeur et au-dessus.
2 dés.
1 trousse en cuir.
0 k. 100 semences.
4 pitons divers en cuir.
2 vis à bois à tête ronde ou plate, moyennes.
2 vis à bois à tête ronde ou plate, petites.
0 k. 275 cuir en bandes et en lanières.
0 k. 100 fil de bourrelier ou de cordonnier.
0 k. 150 poix noire.

Le remplacement des matières consommées et des outils perdus s,opère par prélèvement sur la caisse aux outils de bourrelier de p arc d'armée.

Composition de la caisse aux outils de bourrelier.

1 trousse de bourrelier complète.
100 aiguilles de bourrelier.
15 alènes.
1 caisse à outils (grande).
1 ciseau (paire de) de bourrelier.
1 compas droit en fer ou acier.
1 couteau à pied pour bourrelier.
1 emporte-pièce à levier avec rechange.
1 étui pour aiguilles de bourrelier.
1 marteau de bourrelier.
1 pince en bois de bourrelier.
1 poinçon de bourrelier.
1 rembourroir.
1 tournevis monté.
1 tranchet de sellier.
1 tricoise ou tenaille d'ouvrier en bois ou en fer.
2 sangles de fil pour selles, de taille ordinaire.
2 anneaux en cuivre.
13 anneaux en fer.
1 boucle d'avaloire ou de plate-longe.
93 boucles pour cuir au-dessous de 0 m. 03 de largeur.
15 boucles pour cuir de 0 m. 03 et au-dessus.
12 crampons.
2 crochets de plate-longe avec anneau.
18 dés.

(1) Vol. 8, E. M., pages 135 et 136.

1 gourmette avec crochet, pour cheval d'officier.
1 maille de colleron.
2 genouillères.
1 mètre pliant en cuivre ou en acier.
0 k. 125 laiton ou cuivre jaune en feuilles.
0 k. 115 clous en cuivre.
0 k. 050 pointes en cuivre.
1 kilogr. semences.
0 k. 810 objets de quincaillerie divers.
1 clé de serrure en fer.
3 crochets porte-sabre.
8 crochets divers en fer.
100 pitons divers en cuivre.
216 vis à tête ronde ou plate, moyennes.
5 m. 30 sangles diverses (pour surfaix).
1 m. 34 toile à voile neuve.
1 mètre toile cirée.
0 k. 100 cire jaune.
0 k. 250 crin.
0 k. 740 cuir de mouton.
5 k. 070 cuir en bandes ou en lanières.
0 k. 540 fil de bourrelier ou de cordonnier.
0 k. 250 laine brute.
0 k. 025 laine filée.
0 k. 100 poix noire.
1 tablier de toile.
1 ciseau à froid.

Tableau donnant la composition de la série régimentaire d'outils de boucher (1).

DÉSIGNATION DES OBJETS.	NOMBRE.	POIDS.	OBSERVATIONS.
		k.	
Appareil Bruneau { 1 masque	1	1 680	Les anciennes boucheries de boucher à 5 compartiments munies des couteaux d'anciens modèles, ainsi que les crochets de suspension doubles, sont maintenus jusqu'à leur usure ou leur mise hors de service à ce moment seulement, les objets des types nouveaux seront substitués aux anciens. Les prix des objets sont ceux de la nomenclature du service des subsistances.
Appareil Bruneau { 3 boulons emporte-pièce	3	0 390	
Appareil Bruneau { 1 maillet	1	2 000	
Appareil Bruneau { 1 baguette	1	0 080	
Boutique de boucher avec courroie à 6 compartiments	2	1 120	
Couperet { de boucher	1	2 500	
Couperet { à manche en bois	1	2 160	
Couteau { de 3 pouces	2	0 110	
Couteau { 4 —	2	0 120	
Couteau { 5 —	2	0 200	
Couteau { 6 —	2	0 210	
Couteau { 7 —	2	0 280	
Couteau { 9 —	2	0 420	
Crochet de suspension simple	6	2 200	
Crochet de suspension dit « allonge tournante »	2	1 780	(1) Les séries existant actuellement comportent deux caisses d'emballage dont l'une constituée par une caisse à pain de guerre légèrement modifiée et pourvue de poignées en corde reçoit la paire de moufles avec corde et la romaine. Les séries qui seront composées ultérieurement ne comporteront qu'une seule caisse, plus profonde que celle de la série modèle 1896. Le tinet est conservé à part, en raison de ses dimensions. Pour le transport, il est fixé au côté droit de la voiture à viande ou des fourgons à vivres, à l'aide de supports disposés pour le recevoir.
Feuilleret	1	0 830	
Fusil	2	0 600	
Longe à œil	3	2 790	
Moufles de boucherie (paire de) avec corde	1	12 000	
Romaine oscillante à crochet, portée à 120 à 125 kilog	1	9 750	
Scie à arc de boucher	1	0 990	
Lame de scie de rechange	1	0 090	
Tablier de boucher	2	1 000	
Tinet de boucherie	1	15 700	
Blouse	2	1 060	
Pantalon	2	1 400	
Serviette	2	0 420	
Caisse d'emballage (1)	2	21 000	
TOTAUX	51	81 900	

(1) Vol. 95 E. M., p. 63.

Manœuvres d'automne.

APPROVISIONNEMENTS DE VIVRES EMPORTÉS PAR LES TROUPES OU A LEUR SUITE [1].

1° Vivres de réserve.

Cavalerie, y compris les éléments entrant dans la composition des divisions de cavalerie (état-major, artillerie et services) :

1 jour de pain de guerre;
3 jours de sucre et café en tablettes;
1 jour de viande de conserves et de potage salé;
2 kilogrammes (un repas) d'avoine.

Troupes autres que la cavalerie : 2 jours de pain de guerre, de sucre, de café en tablettes, de viande de conserve et de potage salé; 1 jour d'avoine.

Le pain de guerre, le café en tablettes, la viande de conserve et le potage salé sont constitués d'après le taux fixé pour les vivres de réserve; prescrits pour les troupes en campagne (voir p. 211) et l'avoine pour les troupes autres que la cavalerie également (voir p.211).

2° Vivres régimentaires.

Le train régimentaire de chaque corps reçoit, suivant sa composition en voitures et pour l'effectif réel, 1 ou 2 jours de vivres (pain, ou pain biscuité de préférence, et petits vivres) et un jour d'avoine. Sauf pour le pain de repas, ces vivres sont constitués d'après le taux de la ration normale de campagne (voir p. 211).

3° Vivres du convoi administratif.

Ces vivres sont constitués exceptionnellement, en raison de l'insuffisance des ressources en attelages.

Nota. — Voir aussi le tableau n° 77, page 215.

---

(1) Vol. 55-3, E.

Organisation des logements et accessoires du casernement (1).

TABLEAU I. — *Logements d'officiers.*

GRADES.	NOMBRE ET COMPOSITION DES LOCAUX.		OBSERVATIONS.
	Officiers mariés ou veufs sans enfants.	Officiers célibataires.	
Colonel (2)...........	7 chambres de maître...... 2 chambres de domestique.. 1 cuisine..................... 1 écurie (3)..................	5 chambres de maître...... 2 chambres de domestique.. 1 cuisine..................... 1 écurie (3)..................	(1) Ces fixations ne sont pas applicables aux camps baraqués. (2) Ou assimilé pour la rotenuo du logemont. (3) Le logement des chevaux pourra être assuré en dehors du logement de l'officier. Tous les logements comporteront autant que possible une cave.
Lieutenant-colonel (2)............	6 chambres de maître...... 2 chambres de domestique.. 1 cuisine..................... 1 écurie (3)..................	4 chambres de maître...... 2 chambres de domestique.. 1 cuisine..................... 1 écurie (3)..................	
Chef de bataillon ou d'escadron (2)......	5 chambres de maître...... 1 chambre de domestique.. 1 cuisine..................... 1 écurie (3)..................	3 chambres de maître...... 1 chambre de domestique... 1 cuisine..................... 1 écurie (3)..................	
Capitaine (2).........	4 chambres de maître...... 1 chambre de domestique... 1 cuisine..................... 1 écurie (3)..................	2 chambres de maître...... 1 chambre de domestique.. 1 écurie (3)..................	
Lieutenant, sous-lieutenant (2)......	3 chambres de maître...... 1 chambre de domestique.. 1 cuisine..................... 1 écurie (3)..................	2 chambres de maître...... 1 écurie (3)..................	

TABLEAU II. — *Logements de sous-officiers.*

OCCUPANTS.	NOMBRE ET COMPOSITION DES LOCAUX.	OBSERVATIONS.
Sous-officier marié....................	2 pièces et 1 cuisine.	Plus une cave s'il est possible.
Sous-officier rengagé ou commissionné.	1 chambre.	Le vaguemestre, le tambour-major, le trompette-major, le moniteur général d'escrime, le garde-magasin d'habillement ont droit à une chambre séparée même s'ils ne sont pas rengagés ; il en est de même du brigadier fourrier du P. H. R. dans la cavalerie.
Adjudant, adjudant élève d'administration, sous-chef de musique..........	1 chambre.	
Sergent-major, maréchal des logis chef.	1 chambre.	Attenant au bureau.
Sergents, sergents fourriers, maréchaux des logis, maréchaux des logis fourriers........................	1 chambre pour 2 ou 3 comme contenance normale.	

TABLEAU III. — *Logements du chef armurier, etc.*

OCCUPANTS.	NOMBRE ET COMPOSITION DES LOCAUX.	OBSERVATIONS.
Chef armurier, maître sellier, premier ouvrier tailleur, cordonnier ou bottier.	2 pièces et 1 cuisine (*a*).	Ce logement, entièrement distinct des ateliers, doit autant que possible en être rapproché.
Gérant du mess des sous-officiers, cantinière..........................	1 pièce et 1 cabinet.	(*a*) Plus une cave, s'il est possible.
Casernier..........................	2 pièces et 1 cuisine.	

(1) Vol. 51, E. M.

Tarif A (du 12 octobre 1887) (1).

1° Tarif des rations de fourrages à l'intérieur, en Corse, en Algérie, en Tunisie et aux armées.

NOTES.

Sont autorisés à faire usage, à leur choix, du tarif du 12 octobre 1887 ou de celui du 10 octobre 1881 :

1° Les régiments de dragons, de chasseurs et de hussards;

2° Les régiments d'artillerie (sauf pour les batteries attachées aux divisions de cavalerie);

3° Les bataillons d'artillerie à pied;

4° Les régiments du génie (pour les chevaux des compagnies de sapeurs-conducteurs, mais d'après le taux de la ration des chevaux de l'artillerie);

5° Les escadrons du train des équipages militaires;

6° Les officiers sans troupe;

7° Les officiers des régiments du génie;

8° Les officiers brevetés;

9° Les lieutenants-colonels de toutes armes stagiaires dans une arme autre que la leur;

10° Les officiers détachés dans les établissements de remonte. Les chevaux de ceux d'entre eux qui opteront pour le tarif du 12 octobre 1887 percevront les rations allouées aux chevaux de la subdivision d'arme à laquelle ils appartiennent.

En campagne, seul le tarif du 12 octobre 1887 est appliqué.

En manœuvres, les parties prenantes pour lesquelles les tarifs du 12 octobre 1887 et du 10 octobre 1881 sont facultatifs percevront la ration de guerre pour le cas de manœuvres, prévu au tarif adopté.

Les colonels commandant une brigade par intérim perçoivent, pour leurs chevaux, la ration de fourrages attribuée aux chevaux des officiers généraux.

La ration des chevaux d'artillerie et de toute autre arme, affectés à la remonte d'officiers d'infanterie, reste la ration de leur arme d'origine.

(1) Vol. 91.

Tarif des rations de fourrages à l'intérieur et aux armées.

DÉSIGNATION DES PARTIES PRENANTES.	Pied de paix et de rassemblement. Ration des animaux appartenant aux divers états-majors, aux parties prenantes isolées et aux corps de troupe. Foin.	Paille.	Avoine.	Pied de paix et de rassemblement. Ration des animaux pendant leur séjour dans les dépôts de remonte, y compris les chevaux des officiers détachés en remonte (I). Foin.	Paille.	Avoine.	Camps de manœuvres. Animaux baraqués. Foin.	Paille.	Avoine.	Camps de manœuvres. Animaux bivouaqués (II). Foin.	Paille.	Avoine.	Ration en mer (A). Foin.	Avoine ou orge.	Farine d'orge.	Son.	Eau. lit.	Ration de route par terre (III). Foin.	Paille.	Avoine.	Ration de chemin de fer (pour 24 heures) aussi bien en temps de paix qu'en temps de guerre. Foin.	Avoine.	Ration de guerre (IV). Foin.	Paille.	Avoine.	Chevaux au vert (V). Vert.	Paille.	Avoine.
1re CLASSE.																												
Cuirassiers. . . .	3.50	4.00	5.25	3.00	4.00	5.00	3.50	4.00	5.25	4.50	»	5.75	3.50	2.50	1.50	0.5	16	4.50	»	5.75	5.00	2.00	3.50	2.25	5.75	50	2.50	3.00
Batteries d'artillerie attachées aux divisions de cavalerie	3.50	4.00	5.25	3.00	4.00	5.00	3.50	4.00	5.25	4.50	»	5.75	3.50	2.50	1.50	0.5	16	4.50	»	5.75	5.00	2.00	3.50	2.35	5.75	50	2.50	3.00
Officiers généraux. — Chevaux de carrière (Écoles). . .	2.75	3.75	5.25	3.00	4.00	5.00	3.75	3.75	5.25	3.75	»	5.75	3.50	2.50	1.50	0.5	16	3.75	»	5.75	5.00	2.00	2.75	2.00	5.75	50	2.50	3.00
2e CLASSE.																												
Artillerie de campagne et à pied. — Chevaux des breaks	2.50	3.50	5.25	3.00	4.00	4.50	2.50	3.50	5.25	3.50	»	5.75	3.00	2.00	1.50	0.5	15	3.50	»	5.75	5.00	2.00	2.50	2.00	5.75	45	2.50	2.50
Dragons. — Chevaux de manège (Écoles). — Chevaux des écuyers et des instructeurs (Écoles). — Train des équipages militaires. — Officiers du service d'état-major et officiers brevetés. — Officiers employés à l'administration centrale en vertu d'une lettre de service. — Gendarmerie et garde républicaine. — Vétérinaires principaux. . . .	2.50	3.50	5.00	3.00	4.00	4.50	2.50	3.50	5.00	3.50	»	5.50	3.00	2.00	1.50	0.5	15	3.50	»	5.50	5.00	2.00	2.50	2.00	5.50	45	2.50	2.50
3e CLASSE.																												
Compagnies de sapeurs-conducteurs du génie. . . .	2.50	3.50	4.75	3.00	4.00	4.00	2.50	3.50	4.75	3.50	»	5.25	2.50	1.75	1.50	0.5	15	3.50	»	5.25	5.00	2.00	2.50	2.00	5.25	40	2.50	2.00
Chasseurs, hussards. — Officiers du cadre des Écoles (autres que les officiers instructeurs et les écuyers). — Officiers d'infanterie et du génie. — Officiers employés dans le service de la remonte. — Chevaux de trait des équipages de l'infanterie. — Officiers des états-majors particuliers de l'artillerie et du génie. — Officiers du corps de santé (en dehors des corps de troupe). — Vétérinaires n'appartenant ni à des corps de troupe ni à des écoles, et vétérinaires des établissements de remonte. — Fonctionnement de l'intendance et officiers d'administr. — Aumôniers. Fonctionnement et agents de la télégraphie militaire, du Trésor et des postes. — Transports auxiliaires. — Imprimerie nationale. . .	2.50	3.50	4.50	3.00	4.00	4.00	2.50	3.50	4.50	3.50	»	5.00	2.50	1.75	1.50	0.5	15	3.50	»	5.00	5.00	2.00	2.50	2.00	5.00	40	2.50	2.00
4e CLASSE.																												
Mulets de toutes provenances	2.50	3.50	4.00	2.50	3.50	4.00	2.50	3.50	4.00	3.50	»	4.50	2.50	1.75	1.50	0.5	15	3.50	»	4.50	5.00	2.00	2.50	2.00	4.50	40	2.50	2.00

Voir observations page 126.

Tarif des rations de fourrages en Algérie et en Tunisie.

DÉSIGNATION DES PARTIES PRENANTES.	PIED DE PAIX ET DE RASSEMBLEMENT. Ration des animaux appartenant aux divers états-majors, aux parties prenantes isolées et aux corps de troupe.			Ration des animaux pendant leur séjour dans les dépôts de remonte (1).			CAMPS DE MANŒUVRES. Animaux baraqués.			Animaux bivouaqués.			RATION EN MER (A).					RATION DE ROUTE par terre.			Ration de chemin de fer (pour 24 heures) aussi bien en temps de paix qu'en temps de guerre.		PIED DE GUERRE			CHEVAUX AU VERT			OBSERVATIONS (1).
	Foin.	Paille.	Orge.	Foin.	Paille.	Orge.	Foin.	Paille.	Orge.	Foin.	Paille.	Orge.	Foin.	Avoine ou orge.	Farine d'orge.	Son.	Eau.	Foin.	Paille.	Orge.	Foin.	Orge.	Foin.	Paille.	Orge.	Vert.	Paille.	Avoine, ou orge.	
																	lit.												
Chevaux de toutes armes et de toutes provenances (excepté les chevaux de trait de race française et les chevaux de race française détenus par les officiers auxquels sont allouées les rations de l'intérieur). — Mulets de toute provenance..........................	2.50	3.50	4.00	2.50	3.50	4.00	2.50	3.50	4.00	3.50	»	4.50	2.50	1.75	1.50	0.50	15	3.50	»	4.50	5	2	2.50	2	4.50	40	2.50	2.00	

(1) Voir observations ci-après.
(A) Toutefois, la quantité d'eau sera portée à 20 litres lorsque les chaleurs seront très fortes et à 30 litres au cours des traversées dans les mers tropicales.

Voir observations page 126.

Observations.

(I) Ration spéciale des jeunes chevaux pendant leur séjour dans les établissements de remonte :

	Foin.	Paille.	Avoine.
Cuirassiers	4.50	4.00	4.15
Dragons, artillerie, officiers d'état-major	4.00	4.00	3.65
Cavalerie légère à l'intérieur	3.50	4.00	3.15
Cavalerie légère en Algérie et en Tunisie	3.00	4.00	3.15

Cette ration moyenne devra être employée d'une façon progressive; elle sera fixée en tenant compte de l'état des chevaux, de façon à les livrer aux corps dans de bonnes conditions. L'ancien tarif de rations est maintenu, à titre exceptionnel, pour les chevaux d'âge du dépôt de remonte de Paris (pur sang au-dessus de trois ans et demi-sang au-dessus de cinq ans) ainsi que pour les chevaux de service en surnombre des établissements de remonte à l'intérieur, en Algérie et en Tunisie.

(II) Rations dans les camps de manoeuvres. — Lorsque les animaux doivent bivouaquer pendant un certain temps sur le même point, il peut y avoir avantage à remplacer 1 kilogramme de foin ou 500 grammes d'avoine par 2 kilogrammes de paille pour la litière. S'il y a lieu, la substitution est demandée au Ministre.

(III) Rations de route. — S'il y est autorisé par le chef de corps, l'officier qui précède les colonnes a le droit, pour tout ou partie de l'effectif, suivant les circonstances, de réclamer le remplacement *au plus* pour chaque ration de 1 kilogramme de foin ou de 500 grammes d'avoine par 2 kilogrammes de paille. La substitution ne peut porter sur les deux denrées à la fois dans le même gîte.

(IV) Ration de guerre. — Le taux et la composition indiqués au présent tarif serviront de base aux prévisions pour la formation des approvisionnements de réserve et des moyens de transport; mais elles n'ont rien d'absolu. Pour le service en campagne, les rations varient nécessairement selon la nature et l'importance des ressources des contrées où les armées opèrent.

(V) Chevaux au vert. — Ces allocations sont exclusives de toutes autres.

Ration de grains (avoine ou orge) des chevaux de races corse et arabe, stationnés en Corse. — La ration de grains de ces chevaux est fixée uniformément à 4 kilogrammes, à quelque arme ou service qu'ils appartiennent.

(1) Les chevaux de race française des officiers généraux et des officiers sans troupe; ceux des bataillons d'infanterie et des corps de troupe de l'artillerie, du génie et du train des équipages militaires stationnés en Algérie et en Tunisie, sont autorisés à faire usage, à leur choix, du tarif des rations de fourrages du 12 octobre 1887 ou de celui du 10 octobre 1881.

Indépendamment des allocations de paille déterminées par le présent tarif, pour la position de *station*, il est accordé 3 kilogrammes de paille, à titre de *première mise pour la litière*, à tous les chevaux et mulets des corps arrivant de France ou rentrant d'expédition.

La ration de route sera appliquée à toutes les places et dans toutes les positions où, soit en raison de la difficulté de se procurer de la paille, soit en raison des besoins éventuels des colonnes expéditionnaires, soit pour tout autre motif, M. le général commandant le 19ᵉ corps d'armée reconnaîtra qu'il y aura lieu de former exclusivement, en foin, les approvisionnements de fourrages.

Dans les places de passage où il existera des approvisionnements suffisants de paille, une troupe en marche ou en expédition pourra demander que cette denrée entre dans la ration des chevaux pendant la durée de son séjour, mais sans dépasser, dans aucun cas, la quantité de 2 kilogrammes de paille pour 1 kilogramme de foin, selon la proportion admise pour les places de station.

La substitution de l'avoine à l'orge peut être opérée pour tous les chevaux d'origine française stationnés en Algérie et en Tunisie dans les proportions que jugeront convenables les chefs de corps après avis du vétérinaire chef de service.

Cette substitution est autorisée, dans la proportion de moitié, pour la nourriture des chevaux de race barbe et des mulets stationnés en Algérie, dans les places du Tell, et en Tunisie, sous la réserve que les deux denrées seront toujours distribuées séparément et que ce régime d'alimentation mixte ne sera appliqué que dans les places où il n'entraînera pas un surcroît de dépense.

La substitution de la paille d'avoine à la paille de froment est autorisée, en Algérie et en Tunisie, dans la proportion de moitié de la ration.

TARIF B (du 10 octobre 1881).[1]

FACULTATIF.

(Voir la note insérée en tête du tarif A du 12 octobre 1887.)

---

(1) Vol. 91, E. M.

DÉSIGNATION DES PARTIES PRENANTES.	PIED DE PAIX et de rassemblement. — Ration des animaux appartenant aux divers états-majors, aux parties prenantes isolées et aux corps de troupe.			CAMPS DE MANŒUVRES (I). Animaux baraqués.			CAMPS DE MANŒUVRES (I). Animaux bivouaqués.			RATION EN MER (A).					RATION DE ROUTE par terre. (II)			Ration de chemin de fer (pour 24 h. (aussi bien en temps de paix qu'en temps de guerre.		RATION DE GUERRE pour le cas de manœuvre			CHEVAUX au vert. (III)		
	Foin.	Paille.	Avoine.	Foin.	Paille.	Avoine.	Foin.	Paille.	Avoine.	Foin.	Avoine ou orge.	Farine d'orge.	Son.	Eau	Foin.	Paille.	Avoine.	Foin.	Avoine.	Foin.	Paille.	Avoine.	Vert.	Paille.	Avoine.
Etat-major général. — Officiers d'état-major. — Officiers employés à l'administration centrale en vertu d'une lettre de service. — Intendance. — Etats-majors particuliers de l'artillerie et du génie. — Cavalerie de réserve. — Trains d'artillerie, du génie, des équipages militaires, des équipages régimentaires, du Trésor, des Postes, de l'Imprimerie nationale et des transports auxiliaires. . . .	4	4	5.05	4	4	5.05	5	»	5.55	3.50	2.50	1.50	0.50	16	5	»	5.55	5	2	4	2	5.80	50	2.50	3
Gendarmerie, officiers hors cadres du service de remonte, vétérinaires n'appartenant ni à des corps de troupe ni à des écoles et vétérinaires des établissements de remonte.	4	4	4.35	4	4	5.05	5	»	5.55	3.50	2.50	1.50	0.50	16	5	»	5.55	5	2	4	2	5.80	50	2.50	3
Artillerie, chevaux de selle et de trait des régiments (officiers et troupe); chevaux des officiers des trains; chevaux des breaks.	4	4	4.85	4	4	4.85	5	»	5.35	3.50	2.50	1.50	0.50	16	5	»	5.35	5	2	4	2	3.60	50	2.50	3
Cavalerie de ligne; chevaux des officiers des régiments du génie, des officiers d'infanterie (lorsque les chevaux de ces derniers ne proviennent pas de la cavalerie légère), des officiers du corps de santé militaire en dehors des corps de troupe, des vétérinaires principaux, des officiers d'administration.	3	4	4.55	3	4	4.55	4	»	5.05	3.00	2.00	1.50	0.50	15	4	»	5.05	5	2	4	2	4.80	45	2.50	2.5
Cavalerie légère; chevaux des officiers d'infanterie (lorsque ces chevaux proviennent de la cavalerie légère). . .	3	4	4	3	4	4	4	»	4.50	2.50	1.75	1.50	0.50	15	4	»	4.50	5	2	3	2	4.75	40	2.50	2
Chevaux de race arabe et de race espagnole, quels que soient l'arme et le service auxquels ils sont attachés. . . .	2.5	4	4	2.5	4	4	3	»	4.75	2.50	1.75	1.50	0.50	15	3	»	4.75	5	2	3	2	4.50	40	2.50	2
Mulets, quelle que soit l'arme à laquelle ils sont attachés.	3	4	3.75	3	4	3.75	4	»	4.25	2.50	1.75	1.50	0.50	15	4	»	4.25	5	2	3	2	4.50	40	2.50	2

OBSERVATIONS.

(*I*) *Ration dans les camps de manœuvres.*

Lorsque les animaux doivent bivouaquer pendant un certain temps sur le même point, il peut y avoir avantage à remplacer 1 kilogramme de foin ou 500 grammes d'avoine par 2 kilogrammes de paille pour la litière. S'il y a lieu, la substitution est demandée au Ministre.

(*II*) *Ration de route.*

S'il y est autorisé par le chef de corps, l'officier qui précède les colonnes a le droit, pour tout ou partie de l'effectif, suivant les circonstances, de réclamer le remplacement *au plus* pour chaque ration de 1 kilogramme de foin ou de 500 grammes d'avoine par 2 kilogrammes de paille. La substitution ne peut porter sur les deux denrées à la fois dans le même gîte.

(*III*) *Chevaux au vert.*

Ces allocations sont exclusives de toutes autres.

Ration de grains (avoine ou orge) des chevaux de race corse et arabe stationnés en Corse.

La ration de grains de ces chevaux est fixée uniformément à 4 kilogrammes, à quelque arme ou service qu'ils appartiennent.

(A) La quantité d'eau sera portée à 20 litres lorsque les chaleurs seront très fortes et à 30 litres au cours des traversées dans les mers tropicales.

TARIF

DES RATIONS DE FOURRAGES

A L'INTÉRIEUR

EN ALGÉRIE, EN TUNISIE ET AUX ARMÉES.

Décision du 4 août 1894 (1).

Nota. — Les suppléments de rations alloués aux chevaux employés à des travaux pénibles sont supprimés pour ceux de ces animaux auxquels est appliqué le tarif du 4 août 1894.

---

(1) Vol. 91, E. M.

CLASSIFICATION des rations.	DÉSIGNATION DES PARTIES PRENANTES.	RATION du pied de paix		RATION DE GUERRE, routes, manœuvres et camps d'instruction			CHEVAUX au vert (B).		Ration de chemin de fer ou en mer (C).	
		Foin.	Avoine.	Foin.	Avoine (A). Ration mi-nima.	Avoine (A). Ration nor-male.	Vert.	Avoine.	Foin.	Avoine ou orge.
		k. gr.	k. gr.	k. gr.	k. gr.	k. gr.	k. gr.	k. gr.	k. gr.	k. gr.
	Intérieur.									
I	Cuirassiers, y compris les équipages régimentaires .... Batteries d'artillerie attachées aux divisions de cavalerie Officiers généraux. . . .. Chevaux de carrière des écoles..............	4 »	5.900	4 »	5.900	6.650	50 »	3 »	5 »	2 »
II	Artillerie montée; chevaux des breaks.............. Compagnies de sapeurs-conducteurs du génie....... Train des équipages militaires..............	3.850	5.600	3.850	5.750	6.450	45 »	2.500	5 »	2 »
III	Dragons, y compris les équipages régimentaires... Chevaux de manège.............. — des écuyers et des instructeurs dans les écoles et des vétérinaires principaux...	3.500	5.200	3.500	5.500	6.150				
	Officiers employés dans le service de l'état-major.	3.500	5.200	4 »	5.900	6.650	45 »	2.500	5 »	2 »
	— brevetés, employés dans les corps ou services autres que celui d'état-major..... — détachés à l'administrat. centrale de la guerre.	3.500	5.200	3.500	5.500	6.150				
IV	Chasseurs. } Hussards.. } y compris les équipages régimentaires.. Bataillons d'artillerie à pied.............. Gendarmerie. . . . . Garde républicaine.	3 »	4.700	3 »	5 »	5.350				
	Fonctionnaires de l'intendance.............. Officiers de l'état-major particulier de l'artillerie. — — du génie......... Officiers d'infanterie.	3 »	4.700	3.500	5.500	6.150				
	Chevaux de trait des équipages régiment. de l'infanterie Officiers du génie.............. — du service des remontes....... — du corps de santé (en dehors des corps de troupe) Vétérinaires n'appartenant ni à des corps de troupe ni à des écoles, et vétérinaires des établissements de remonte.............. Officiers du cadre des écoles (sauf les écuyers et les instructeurs). . . . . — d'administration. . . . . Aumôniers. . . . . Fonctionnaires et agents de la télégraphie militaire, du Trésor et des postes.............. Transports auxiliaires. . . . . Imprimerie nationale.	3 »	4.700	3 »	5 »	5.350	0 »	2 »	5 »	2 »
V	Mulets de toute provenance..............	3.400	4.500	3.400	4.900	5.500	49 »	2 »	5 »	2 »
	Algérie et Tunisie.		Orge.		Orge.	Orge		Orge.		Orge.
VI	Chevaux de toutes armes et de toute provenance (excepté les chevaux de race française) (D)...... Mulets de toute provenance.............. Chevaux de race française, mêmes rations qu'à l'intérieur.	3 »	4 »	3 »	4.500	4.500	40 »	2 »	5 »	2 »

OBSERVATIONS.

Litière.

Les rations du pied de paix et de chemins de fer et celles pour les chevaux dans les dépôts de remonte, se complètent par l'allocation d'une indemnité dite de litière au moyen de laquelle les corps de troupe et les officiers sans troupe se procurent les matières nécessaires pour le couchage des chevaux (pailles de froment, d'orge, de seigle, d'avoine; tourbe, ajonc, bruyère, fougère, sciure de bois, etc., etc., à l'exclusion du tan).

L'indemnité de litière est perçue dans les conditions fixées par une instruction spéciale insérée au volume 91.

Sur le pied de guerre, pendant les marches ou aux manœuvres, les allocations pour la litière ne sont pas perçues Il en est de même pour les journées en mer.

(A) *Ration de guerre.*

Le taux de la ration normale d'avoine indiqué au présent tarif sera perçu, sur un ordre du commandement, partout où les ressources locales permettront de se procurer sur place les quantités nécessaires; chaque fois qu'on sera obligé de faire vivre les chevaux exclusivement sur l'avoine des trains et des convois, la ration minimum sera seulement perçue.

(B) *Chevaux au vert.*

La ration comporte, en outre, la paille pour la litière. Ces allocations sont exclusives de toutes autres.

(C) *Ration de chemin de fer et en mer.*

Les substitutions ne sont pas autorisées.

(D) *Etalons en Algérie et en Tunisie.*

Les étalons reçoivent un supplément de 1 kilogramme d'avoine par jour.

Frais de déplacement.

No 27. TABLEAU A. — *Tarifs des indemnités de déplacement.* No 27 (*suite*).

GRADES.		Indemnité kilométrique en chemin de fer (1) : Militaires.	Familles.	Tramway (2).	Voiture publique. fr. c.	Voiture de louage (3). fr. c.	Indemnité journalière normale : Chef de famille (sans logement (4)). fr. c.	Chef de famille (avec logement). fr. c.	Célibataire (sans logement (1)). fr. c.	Célibataire (avec logement). fr. c.	Indemnité journalière réduite : Chef de famille (sans logement (4)). fr. c.	Chef de famille (avec logement). fr. c.	Célibataire (sans logement (4)). fr. c.	Célibataire (avec logement). fr. c.	Mission à l'étranger. fr.	Indemnité partielle. Chef de famille et célibataire. fr. c.	Indemnité fixe pour déplacement temporaire. fr. c.	Indemnité fixe de déménagement : Chef de famille. fr.	Célibataire. fr.	Indemnité de transport de mobilier (5). Poids maximum alloué dans la métropole et en Corse : Chef de famille. kil.	Célibataire. kil.	en Algérie-Tunisie, y compris la traversée de la Méditerranée : Chef de famille. kil.	Célibataire. kil.	OBSERVATIONS.
Général de division, membre du conseil supérieur de la guerre ou commandant de corps d'armée		1re cl.	1re cl.	1re cl.	0 15	0 fr. 50 pour les 25 premiers kilomètres ; 0 fr. 30 pour les suivants.	24 »		20 »		14 »		10 »		25	7 »	3 »	120	50	6.000	3.000	4.000	2.000	Voir observations page suivante.
Général de division et assimilé		Id.	Id.	Id.	0 15		20 »		16 »		12 »		8 »		25	6 »	3 »	120	50	6.000	3.000	4.000	2.000	
Général de brigade et assimilé		Id.	Id.	Id.	0 15		17 »		13 »		10 »		6 »		25	5 »	3 »	120	50	6.000	3.000	4.000	2.000	
Colonel et assimilé		Id.	Id.	Id.	0 15		13 »		10 »		7 »		4 »		20	4 »	3 »	100	40	5.000	2.000	2.500	1.000	
Lieutenant-colonel et assimilé ; Chef de bataillon et assimilé		Id.	Id.	Id.	0 15		12 »		9 »		6 »		3 »		20	4 »	3 »	10)	40	5.000	2.000	2.500	1.000	
Capitaine et assimilé ; Lieutenant et assimilé ; Sous-lieutenant et assimilé		Id.	2e cl.	Id.	0 15		10 »		7 50		5 »		2 50		15	3 50	3 »	80	30	4.000	1.000	2.000	750	
Adjudant et assimilé	à solde journalière	2e cl.	3e cl	2e cl.	0 125	»	8 »	6 »	6 »	4 »	4 »	2 »	2 »	»	»	2 »	2 »	(a) 50	(a) 10	1.500	200	(a) 1.000	(a) 200	
	à solde mensuelle						7 »	5 »	5 »	3 »														
Sous-offic. autre qu'adjudant et assimilé	à solde journalière	3e cl.	Id.	3e cl.	0 125	»	6 50	5 »	5 »	3 50	3 »	1 50	1 50	»	»	1 50	»	(a) 40	(a) 5	1.500	100	(a) 1.000	(a) 100	
Brigadier de gendarmerie et gendarme	à solde mensuelle						5 50	4 »	4 »	2 50														
Caporal, brigadier, soldat		Id.	Id.	Id.	0 125	»	4 50	3 50	3 50	2 50	2 »	1 »	1 »	»	»	1 25	»	(a) 30	»	1.000	»	(a) 750	»	
Membres civils des conseils de revision		.....	.....	.....	.....	.....	12 »		9 »		»	»	»	»	»	4 »	»	»	»	»	»	»	»	
Membres civils de commissions d'évaluation des dégâts et de commissions diverses		1re cl.	»	1re cl.	0 15	»	20 » (6)				»	»	»	»	»	6 »	»	»	»	»	»	»	»	
Commiss. de classem. de chevaux (7)		»	»	»	»	»	»		»		»	»	»	»	»	»	»	»	»	»	»	»	»	

Indemnité journalière spéciale (à attribuer aux jeunes soldats appelés à l'activité, aux engagés volontaires rejoignant leur corps, aux hommes rejoignant leur corps à la suite d'un rengagement contracté après libération et renvoi dans leurs foyers, aux réservistes et territoriaux rappelés au service ainsi qu'aux hommes de tous grades renvoyés dans leurs foyers par suite de libération) :

En temps de paix........... 1 fr. 25 | En cas de mobilisation...... 2 fr. 50

Ce tarif n'est pas applicable aux hommes de troupe, gradés ou non, renvoyés dans leurs foyers par suite soit d'admission à la retraite, soit de réforme no 1, lesquels reçoivent dans ce cas, d'après leur grade et leur situation de famille, l'indemnité journalière prévue pour les militaires en activité de service.

L'indemnité de 1 fr. 25 est due pour toute journée de voyage et pour tout trajet ou toute fin de trajet d'une durée supérieure à 6 heures. En principe, elle n'est pas allouée pour tout trajet ou toute fin de trajet dont la durée n'excède pas 6 heures. Ces règles comportent, toutefois, certaines exceptions (V. annexe no 1).

L'indemnité de 2 fr. 50 est due, en cas de mobilisation, pour toute journée ou fraction de journée passée en voyage et pour le jour de l'arrivée ; elle est toujours allouée intégralement.

Taux de l'indemnité de transport de mobilier sur routes de terre (métropole, Corse, Algérie-Tunisie) par tonne et par kilomètre .... 0 fr. 60

Taux de l'indemnité représentative de fourrages.......... 1 fr. 50

OBSERVATIONS.

(1) L'indemnité kilométrique en chemin de fer est décomptée :

a) Pour les militaires, d'après les bases indiquées au volume 100-3 *bis* (*B. O.*);

b) Pour les familles de militaires, à raison du demi-tarif, sur tous les réseaux; l'indemnité n'est pas allouée pour les enfants âgés de moins de 3 ans; elle est décomptée au quart du tarif pour les enfants âgés de 3 à 7 ans;

c) Pour les personnels civils, au tarif plein.

En ce qui concerne les sept grands réseaux, les décomptes sont donnés par le barème annexé au présent règlement.

Sur les lignes où il n'existe que deux classes de voitures, les officiers et leurs familles reçoivent l'indemnité afférente à la 1re classe, les hommes de troupe et leurs familles celle afférente à la 2e classe.

(2) L'indemnité kilométrique en tramway est décomptée d'après les bases indiquées au volume 100-3 *bis* (*B. O.*).

Lorsqu'il n'existe que deux classes de voitures, les officiers reçoivent l'indemnité afférente à la 1re classe, les hommes de troupe celle afférente à la 2e classe.

(3) Lorsque les voyages d'aller et retour s'accomplissent dans la même journée, le tarif est appliqué au nombre total de kilomètres que comporte l'ensemble des deux trajets. Dans le cas contraire, le tarif est appliqué distinctement à chaque voyage.

(4) Les tarifs prévus pour les hommes de troupe sous la rubrique « sans logement » ne sont applicables que dans le cas où un militaire déplacé, ne pouvant recevoir le logement en nature soit dans un bâtiment militaire, soit chez l'habitant, se trouve dans l'obligation de se loger à ses frais.

Cette impossibilité et l'obligation qui en résulte doivent être mentionnées sur la feuille de déplacement ou le document en tenant lieu ainsi que sur le registre des déplacements.

(5) Cette indemnité n'est due que pour le nombre de kilogrammes *effectivement* transportés, dans la limite des quantités indiquées au présent tableau, ces quantités constituant des maxima.

(6) Lorsque les membres civils de commissions opèrent au lieu même de leur résidence, il leur est alloué une indemnité de 5 francs par vacation d'une durée de trois heures, chaque heure en plus donnant droit à une allocation supplémentaire de 2 francs.

(7) Les officiers et les vétérinaires de la réserve ou de l'armée

territoriale reçoivent, pendant toutes les journées d'opérations, la solde de leur grade, et, pour les journées passées hors du lieu de leur résidence, les indemnités de déplacement également afférentes à leur grade.

Les sous-officiers ou brigadiers de la réserve ou de l'armée territoriale appelés à assister les commissions en qualité de secrétaires reçoivent, pour chaque journée d'opérations, une indemnité spéciale de 5 francs pour les sous-officiers, de 4 francs pour les brigadiers, et, en outre, pour les journées passées hors du lieu de leur résidence, les indemnités de déplacement afférentes à leur grade.

(*a*) Le tarif est réduit de moitié pour les hommes de troupe indigènes (Algérie-Tunisie).

TRANSPORTS PAR CHEMINS DE FER (1)

Réduction de tarif pour les familles des militaires déplacés pour le service.

Les militaires déplacés pour le service, qui désirent obtenir une réduction de tarif pour le transport des membres de leur famille, doivent, dès qu'ils connaissent leur mutation, établir *pour chacun des réseaux sur lesquels le voyage doit s'effectuer* une demande conforme au modèle ci-dessous :

---

(1) Grade, nom et affectation.
(2) Indiquer les points extrêmes du trajet à parcourir sur le réseau.
(3) Nombre de personnes et qualité de chacune d'elles. Indiquer l'âge des enfants.
(4) Expliquer, s'il y a lieu. les motifs pour lesquels le point de départ ou de destination n'est pas le même pour la famille que pour le militaire.
(5) Signature.
(6) Grade, signature et timbre du chef hiérarchique local.

Réseau de (A)....

Le (1) , en résidence à désigné par décision du pour occuper un emploi de son grade à demande une réduction de tarif pour le transport en • classe de (2) à (2) de sa famille composée de (3)
(4)

A , le 19 .

(5)

Vu et transmis.

A , le 19

(6)

Les demandes sont visées et transmises d'urgence et directement au Ministre de la guerre par le chef hiérarchique local du signataire. Cette transmission s'opère au moyen d'un bordereau d'envoi énonçant le nom et le grade du militaire qui a fait les demandes, le nombre de celles-ci et leur date.

Les bons délivrés par les compagnies de chemins de fer sont adressés directement par le Ministre au chef hiérarchique local du destinataire à qui ils doivent être remis sans aucun délai.

La réduction de tarif ne peut être demandée que pour rejoindre directement la nouvelle résidence assignée au chef de famille, celui-ci ayant, d'ailleurs, le choix de l'itinéraire, quand le trajet en comporte plusieurs. Les dispositions qui précèdent sont applicables en Algérie; toutefois, pour les déplacements à effectuer dans l'étendue du 19e corps d'armée exclusivement, les demandes sont adressées au général commandant le corps d'armée qui les

---

(1) Vol. 100-3, E. M.
(A) Instruction ministérielle du 11 décembre 1903. Une demande distincte est indispensable pour chacun des réseaux sur lesquels le voyage doit s'effectner.

transmet aux directeurs locaux des lignes algériennes et fait parvenir les bons aux intéressés.

En principe, les compagnies de chemins de fer ne remboursent jamais la valeur des bons de réduction qu'elles ont accordés et dont les titulaires, pour un motif quelconque, n'ont pu faire usage.

Les compagnies admettent toutefois que, dans les cas d'urgence, les demandes leur soient transmises directement par le chef hiérarchique local du signataire.

L'envoi doit être fait, au service central de chaque compagnie intéressée (1), sous pli affranchi. La compagnie fait connaître directement la suite donnée à la demande.

---

(1) Compagnie des chemins de fer du Nord, à Paris, 18, rue de Dunkerque.
Compagnie des chemins de fer de l'Est, à Paris, 21, rue d'Alsace.
Compagnie des chemins de fer P.-L.-M., à Paris, 88, rue Saint-Lazare.
Compagnie des chemins de fer d'Orléans, à Paris, 8, rue de Londres.
Compagnie des chemins de fer du Midi, à Paris, 54, boulevard Haussmann.
Compagnie des chemins de fer de l'Ouest, à Paris, 20, rue de Rome.
Administration des chemins de fer de l'Etat, 42, rue de Châteaudun.

BARÈME des prix de transport sur les sept grands réseaux (Nord, Est, P.-L.-M., Orléans, Etat, Midi, Ouest) et les ceintures de Paris (1).

DISTANCES EN KILOMÈTRES.	VOYAGEURS.								
	MILITAIRES ou marins.			DEMI-PLACES.			PLACES ENTIÈRES.		
	1re clas.	2e clas.	3e clas.	1re clas.	2e clas.	3e clas.	1re clas.	2e clas.	3e clas.
	fr. c.	fr. c.	fr. c.	fr. c.	fr. c.	fr. c.	fr. c.	fr. c.	fr. c.
6	» 15	» 15	» 10	» 35	» 25	» 15	» 65	» 45	» 30
7	» 20	» 15	» 10	» 40	» 25	» 15	» 80	» 55	» 35
8	» 20	» 15	» 10	» 45	» 30	» 20	» 90	» 60	» 40
9	» 25	» 20	» 15	» 50	» 35	» 20	1 »	» 70	» 45
10	» 30	» 20	» 15	» 55	» 40	» 25	1 10	» 75	» 50
11	» 30	» 25	» 15	» 60	» 40	» 25	1 25	» 85	» 55
12	» 35	» 25	» 20	» 65	» 45	» 30	1 35	» 90	» 60
13	» 35	» 25	» 20	» 75	» 50	» 30	1 45	1 »	» 65
14	» 40	» 30	» 20	» 80	» 55	» 35	1 55	1 05	» 70
15	» 40	» 30	» 25	» 85	» 55	» 35	1 70	1 15	» 75
16	» 45	» 35	» 25	» 90	» 60	» 40	1 80	1 20	» 80
17	» 50	» 35	» 25	» 95	» 65	» 40	1 90	1 30	» 85
18	» 50	» 40	» 30	1 »	» 70	» 45	2 »	1 35	» 90
19	» 55	» 40	» 30	1 05	» 70	» 45	2 15	1 45	» 95
20	» 55	» 40	» 30	1 10	» 75	» 50	2 25	1 50	1 »
21	» 60	» 45	» 30	1 20	» 80	» 50	2 35	1 60	1 05
22	» 60	» 45	» 35	1 25	» 85	» 55	2 45	1 65	1 10
23	» 65	» 50	» 35	1 30	» 85	» 55	2 60	1 75	1 15
24	» 65	» 50	» 35	1 35	» 90	» 60	2 70	1 80	1 20
25	» 70	» 55	» 40	1 40	» 95	» 60	2 80	1 90	1 25
26	» 75	» 55	» 40	1 45	1 »	» 65	2 90	1 95	1 30
27	» 75	» 55	» 40	1 50	1 »	» 65	3 »	2 05	1 35
28	» 80	» 60	» 45	1 55	1 05	» 70	3 15	2 10	1 40
29	» 80	» 60	» 45	1 60	1 10	» 70	3 25	2 20	1 45
30	» 85	» 65	» 45	1 70	1 15	» 75	3 35	2 25	1 50
31	» 85	» 65	» 50	1 75	1 15	» 75	3 45	2 35	1 55
32	» 90	» 65	» 50	1 80	1 20	» 80	3 60	2 40	1 60
33	» 90	» 70	» 50	1 85	1 25	» 80	3 70	2 50	1 65
34	» 95	» 70	» 50	1 90	1 30	» 85	3 80	2 55	1 70
35	1 »	» 75	» 55	1 95	1 30	» 85	3 90	2 65	1 70
36	1 »	» 75	» 55	2 »	1 35	» 90	4 05	2 70	1 75
37	1 05	» 80	» 55	2 05	1 40	» 90	4 15	2 80	1 80
38	1 05	» 80	» 60	2 15	1 45	» 95	4 25	2 85	1 85
39	1 10	» 80	» 60	2 20	1 45	» 95	4 35	2 95	1 90
40	1 10	» 85	» 60	2 25	1 50	1 »	4 50	3 »	1 95
41	1 15	» 85	» 65	2 30	1 55	1 »	4 60	3 10	2 »
42	1 20	» 90	» 65	2 35	1 60	1 05	4 70	3 20	2 05
43	1 20	» 90	» 65	2 40	1 65	1 05	4 80	3 25	2 10
44	1 25	» 90	» 70	2 45	1 65	1 10	4 95	3 35	2 15
45	1 25	» 95	» 70	2 50	1 70	1 10	5 05	3 40	2 20

(1) Sur le réseau de l'État, les militaires voyageant en vertu d'une permission, d'un congé de convalescence ou d'un congé limité, payent le quart du tarif homologué (1re cl., 0,02548; 2e cl., 0,01890; 3e cl., 0,01232).

DISTANCES EN KILOMÈTRES.	VOYAGEURS.								
	MILITAIRES ou marins.			DEMI-PLACES.			PLACES ENTIÈRES.		
	1re clas.	2e clas.	3e clas.	1re clas	2e clas.	3e clas.	1re clas.	2e clas.	3e clas.
	fr. c.	fr. c.	fr. c.	fr. c.	fr. c.	fr. c.	fr. c.	fr. c.	fr. c.
46	1 30	» 95	» 70	2 60	1 75	1 15	5 15	3 50	2 25
47	1 30	1 »	» 70	2 65	1 80	1 15	5 25	3 55	2 30
48	1 35	1 »	» 75	2 70	1 80	1 20	5 40	3 65	2 35
49	1 35	1 05	» 75	2 75	1 85	1 20	5 50	3 70	2 40
50	1 40	1 05	» 75	2 80	1 90	1 25	5 60	3 80	2 45
51	1 45	1 05	» 80	2 85	1 95	1 25	5 70	3 85	2 50
52	1 45	1 10	» 80	2 90	1 95	1 30	5 80	3 95	2 55
53	1 50	1 10	» 80	2 95	2 »	1 30	5 95	4 »	2 60
54	1 50	1 15	» 85	3 »	2 05	1 35	6 05	4 10	2 65
55	1 55	1 15	» 85	3 10	2 10	1 35	6 15	4 15	2 70
56	1 55	1 20	» 85	3 15	2 10	1 40	6 25	4 25	2 75
57	1 60	1 20	» 90	3 20	2 15	1 40	6 40	4 30	2 80
58	1 60	1 20	» 90	3 25	2 20	1 45	6 50	4 40	2 85
59	1 65	1 25	» 90	3 30	2 25	1 45	6 60	4 45	2 90
60	1 70	1 25	» 90	3 35	2 25	1 50	6 70	4 55	2 95
61	1 70	1 30	» 95	3 40	2 30	1 50	6 85	4 60	3 »
62	1 75	1 30	» 95	3 45	2 35	1 55	6 95	4 70	3 05
63	1 75	1 30	» 95	3 55	2 40	1 55	7 05	4 75	3 10
64	1 80	1 35	1 »	3 60	2 40	1 60	7 15	4 85	3 15
65	1 80	1 35	1 »	3 65	2 45	1 60	7 30	4 90	3 20
66	1 85	1 40	1 »	3 70	2 50	1 65	7 40	5 »	3 25
67	1 90	1 40	1 05	3 75	2 55	1 65	7 50	5 05	3 30
68	1 90	1 45	1 05	3 80	2 55	1 70	7 60	5 15	3 35
69	1 95	1 45	1 05	3 85	2 60	1 70	7 75	5 20	3 40
70	1 95	1 45	1 10	3 90	2 65	1 70	7 85	5 30	3 45
71	2 »	1 50	1 10	4 »	2 70	1 75	7 95	5 35	3 50
72	2 »	1 50	1 10	4 05	2 70	1 75	8 05	5 45	3 55
73	2 05	1 55	1 10	4 10	2 75	1 80	8 20	5 50	3 60
74	2 05	1 55	1 15	4 15	2 80	1 80	8 30	5 60	3 65
75	2 10	1 60	1 15	4 20	2 85	1 85	8 40	5 65	3 70
76	2 15	1 60	1 15	4 25	2 85	1 85	8 50	5 75	3 75
77	2 15	1 60	1 20	4 30	2 90	1 90	8 60	5 80	3 80
78	2 20	1 65	1 20	4 35	2 95	1 90	8 75	5 90	3 85
79	2 20	1 65	1 20	4 40	3 »	1 95	8 85	5 95	3 90
80	2 25	1 70	1 25	4 50	3 »	1 95	8 95	6 05	3 95
81	2 25	1 70	1 25	4 55	3 05	2 »	9 05	6 10	4 »
82	2 30	1 70	1 25	4 60	3 10	2 »	9 20	6 20	4 05
83	2 30	1 75	1 30	4 65	3 15	2 05	9 30	6 25	4 10
84	2 35	1 75	1 30	4 70	3 20	2 05	9 40	6 35	4 15
85	2 40	1 80	1 30	4 75	3 20	2 10	9 50	6 45	4 20
86	2 40	1 80	1 30	4 80	3 25	2 10	9 65	6 50	4 25
87	2 45	1 85	1 35	4 85	3 30	2 15	9 75	6 60	4 30
88	2 45	1 85	1 35	4 95	3 35	2 15	9 85	6 65	4 35
89	2 50	1 85	1 35	5 »	3 35	2 20	9 95	6 75	4 40
90	2 50	1 90	1 40	5 05	3 40	2 20	10 10	6 80	4 45
91	2 55	1 90	1 40	5 10	3 45	2 25	10 20	6 90	4 50
92	2 60	1 95	1 40	5 15	3 50	2 25	10 30	6 95	4 55

DISTANCES EN KILOMÈTRES.	VOYAGEURS. MILITAIRES ou marins.			DEMI PLACES.			PLACES ENTIÈRES.		
	1re clas.	2e clas.	3e clas.	1re clas.	2e clas.	3e clas.	1re clas.	2e clas.	3e clas.
	fr. c.	fr. c.	fr. c.	fr. c.	fr. c.	fr. c.	fr. c.	fr. c.	fr. c.
93	2 60	1 95	1 45	5 20	3 50	2 30	10 40	7 05	4 60
94	2 65	1 95	1 45	5 25	3 55	2 30	10 55	7 10	4 65
95	2 65	2 »	1 45	5 30	3 60	2 35	10 65	7 20	4 70
96	2 70	2 »	1 50	5 40	3 65	2 35	10 75	7 25	4 75
97	2 70	2 05	1 50	5 45	3 65	2 40	10 85	7 35	4 80
98	2 75	2 05	1 50	5 50	3 70	2 40	11 »	7 40	4 85
99	2 75	2 10	1 50	5 55	3 75	2 45	11 10	7 50	4 90
100	2 80	2 10	1 55	5 60	3 80	2 45	11 20	7 55	4 95
101	2 85	2 10	1 55	5 65	3 80	2 50	11 30	7 65	5 »
102	2 85	2 15	1 55	5 70	3 85	2 50	11 40	7 70	5 05
103	2 90	2 15	1 60	5 75	3 90	2 55	11 55	7 80	5 10
104	2 90	2 20	1 60	5 80	3 95	2 55	11 65	7 85	5 15
105	2 95	2 20	1 60	5 90	3 95	2 60	11 75	7 95	5 15
106	2 95	2 25	1 65	5 95	4 »	2 60	11 85	8 »	5 20
107	3 »	2 25	1 65	6 »	4 05	2 65	12 »	8 10	5 25
108	3 »	2 25	1 65	6 05	4 10	2 65	12 10	8 15	5 30
109	3 05	2 30	1 70	6 10	4 10	2 70	12 20	8 25	5 35
110	3 10	2 30	1 70	6 15	4 15	2 70	12 30	8 30	5 40
111	3 10	2 35	1 70	6 20	4 20	2 75	12 45	8 40	5 45
112	3 15	2 35	1 70	6 25	4 25	2 75	12 55	8 45	5 50
113	3 15	2 35	1 75	6 35	4 25	2 80	12 65	8 55	5 55
114	3 20	2 40	1 75	6 40	4 30	2 80	12 75	8 60	5 60
115	3 20	2 40	1 75	6 45	4 35	2 85	12 90	8 70	5 65
116	3 25	2 45	1 80	6 50	4 40	2 85	13 »	8 75	5 70
117	3 30	2 45	1 80	6 55	4 40	2 90	13 10	8 85	5 75
118	3 30	2 50	1 80	6 60	4 45	2 90	13 20	8 90	5 80
119	3 35	2 50	1 85	6 65	4 50	2 95	13 35	9 »	5 85
120	3 35	2 50	1 85	6 70	4 55	2 95	13 45	9 05	5 90
121	3 40	2 55	1 85	6 80	4 55	3 »	13 55	9 15	5 95
122	3 40	2 55	1 90	6 85	4 60	3 »	13 65	9 20	6 »
123	3 45	2 60	1 90	6 90	4 65	3 05	13 80	9 30	6 05
124	3 45	2 60	1 90	6 95	4 70	3 05	13 90	9 35	6 10
125	3 50	2 65	1 95	7 »	4 75	3 10	14 »	9 45	6 15
126	3 55	2 65	1 95	7 05	4 75	3 10	14 10	9 55	6 20
127	3 55	2 65	1 95	7 10	4 80	3 15	14 20	9 60	6 25
128	3 60	2 70	1 95	7 15	4 85	3 15	14 35	9 70	6 30
129	3 60	2 70	2 »	7 20	4 90	3 20	14 45	9 75	6 35
130	3 65	2 75	2 »	7 30	4 90	3 20	14 55	9 85	6 40
131	3 65	2 75	2 »	7 35	4 95	3 25	14 65	9 90	6 45
132	3 70	2 75	2 05	7 40	5 »	3 25	14 80	10 »	6 50
133	3 70	2 80	2 05	7 45	5 05	3 30	14 90	10 05	6 55
134	3 75	2 80	2 05	7 50	5 05	3 30	15 »	10 15	6 60
135	3 80	2 85	2 10	7 55	5 10	3 35	15 10	10 20	6 65
136	3 80	2 85	2 10	7 60	5 15	3 35	15 25	10 30	6 70
137	3 85	2 90	2 10	7 65	5 20	3 40	15 35	10 35	6 75
138	3 85	2 90	2 15	7 75	5 20	3 40	15 45	10 45	6 80
139	3 90	2 90	2 15	7 80	5 25	3 40	15 55	10 50	6 85
140	3 90	2 95	2 15	7 85	5 30	3 45	15 70	10 60	6 90

N° 29 *bis*.

N°..................
d'enregistrement au registre des déplacements.

CORPS OU SERVICE
....

FEUILLE DE DÉPLACEMENT
délivrée à M ....
....
partant d ....
pour se rendre à ....
le.................. 19 .

A ....,
le.................. 19 .

LE SOUS-INTENDANT MILITAIRE,

FEUILLE DE DÉPLACEMENT — FEUILLE DE DÉPLACEMENT — FEUILLE DE DÉPLACEMENT — FEUILLE DE DÉPLACEMENT

• CORPS D'ARMÉE

PLACE

d..

N°........ d'enregistrement

Signature du titulaire

SIGNALEMENT :

Age : ....
Taille : un mètre..................
Cheveux ....
Visage..................
Marques particulières : ....
....
....

(1) Nom et prénoms.
(2) Grade et position.
(3) Situation de famille.
(4) Mutation.
(5) Autorité compétente.
(6) Date en toutes lettres.
(7) Heure*.
(8) Destination finale.
(9) Renseignements divers.

(10) Les officiers et assimilés ne doivent recourir au logement chez l'habitant que lorsqu'ils y sont obligés par des circonstances particulières.

(A) Au cas de changement de résidence seulement.

(B) Indiquer dans cette colonne, en ce qui concerne l'indemnité en chemin de fer sur les sept grands réseaux et les deux ceintures de Paris, le tarif applicable : demi-tarif, plein tarif, lorsque ce n'est pas le tarif militaire qui est appliqué.

(C) Mentionner dans cette colonne les renseignements divers relatifs aux faits ou aux circonstances susceptibles d'exercer une influence sur les allocations, par exemple s'il est fait usage d'une voiture de louage, dont la dépense de location doit être remboursée sur déclaration ou sur facture ou encore fait l'objet de l'allocation d'une indemnité forfaitaire, si le transport du militaire ou celui de ses bagages est assuré gratuitement, si l'indemnité partielle est allouée à titre exceptionnel (art. 17 de l'instruction), etc.

RÉPUBLIQUE FRANÇAISE

FEUILLE DE DÉPLACEMENT

Militaires isolés.

corps *ou* service. ....

M.., (2)...,
(3).., (4)..
(5).., part de..................
le (6) .... 19....... (7) à.................. pour (8)..................
canton d .... département d..................
(9)..
(10) Il aura droit au logement; il lui a été remis au départ, savoir :

	Nombre de kilomètres et d'indemnités journalières.	TAUX (B)	DÉCOMPTE des indemnités.	RENSEIGNEMENTS (C)
1° Parcours : *a*) en chemin de fer				
Sur les 7 grands réseaux et les 2 ceintures de Paris. pour le militaire lui-même de .... à				
pour la famille du militaire (A) de .... à				
Sur les lignes des compagnies secondaires de .... à				
b) en tramway de .... à				
c) en voiture publique de .... à				
d) en voiture de louage de .... à				
e) en voiture militaire (break ou autre) de.................. à				
f) à pied ou à cheval de .... à				
2° Indemnités. *a*) journalière normale de voyage..................				
b) journalière normale de séjour..................				
c) journalière réduite de séjour..................				
d) partielle..................				
e) représentative de fourrages..................				
3° Indemnités. *a*) fixe pour déplacement temporaire..................				
b) fixe de déménagement..................				
4° Droit de timbre (dans le cas où le prix du billet de chemin de fer excède 10 francs).				
5° Avances faites pour les déplacements d'une certaine durée..................				
SOMME A PAYER..................				

MODÈLE N° 11.

Article 27 du décret.

DIMENSION :
Haut. : 0m,35 Larg. 0m,35.

DÉCLARATION
(OFFICIERS ET ASSIMILÉS)

Le soussigné déclare avoir été logé .... nuits chez l'habitant.

A.........., le.......... 19
(Signature.)

NOTA IMPORTANT. — La déclaration ci-dessus devra toujours être remplie et signée même « Néant ». Aucun rappel d'indemnité ne sera effectué si cette prescription n'est pas observée.

ORDRE DE MISE EN ROUTE (1)

M..................
ayant terminé sa mission, sera mis en route de..................
pour ....
le (6).................. à partir de..................
A ...., le ...... 19 .
(Signature.)

NOTA. — Si l'officier se rend en mission dans une autre localité, une mention analogue sera portée au verso de sa feuille de déplacement.

DÉLIVRÉ par nous ...., sous-intendant militaire, et mandaté la somme de..

A.................., *le* 19

* Cette indication n'est exigée que pour les déplacements temporaires comportant un séjour d'une durée n'excédant pas quinze jours.

Vu arrivé à ....
le .... 19 et Vu bon pour embarquer sur le paquebot .... partant de .... pour .... le .... 19 à ....

A ...., le .... 19 .

LE SOUS-INTENDANT MILITAIRE,

VISAS :

Vu débarqué à ....
le .... à ....

A ...., le .... 19 .

LE SOUS-INTENDANT MILITAIRE,

Vu partant de ....
le .... 19 pour se rendre à ....
Embarqué pour ....
le .... à ....
sur le paquebot ....

A ...., le .... 19 .

LE SOUS-INTENDANT MILITAIRE,

Vu débarqué à ....
le .... à ....
et partant de .... le dit jour .... pour ....

A ...., le .... 19 .

LE SOUS-INTENDANT MILITAIRE,

Vu arrivé à ....
le .... à ....

A ...., le 9

LE SOUS-INTENDANT MILITAIRE,

No 30.

CORPS D'ARMÉE

—

DIVISION

—

BRIGADE

—

, le 18 juin 19 .

MANŒUVRES D'*automne.*

e **Régiment** de *chasseurs.*

NOTIFICATION.

MONSIEUR LE MAIRE DE *Villersexel* est informé qu'un détachement du e régiment de *chasseurs* à l'effectif de............. officiers supérieurs

— .... *5* capitaines ou lieutenants,

— .... *10* sous-officiers,

— .... *100* caporaux et soldats,

et de...................... *130* chevaux,

et....................... *3* voitures, aura à séjourner du *22* au *24* juin dans la commune de *Villersexel,* se rendant aux manœuvres d'*automne.*

MONSIEUR LE MAIRE de *Villersexel* est prié de vouloir bien prendre les dispositions nécessaires pour assurer le logement des officiers et le cantonnement des hommes et des chevaux de ce détachement.

Les fournitures suivantes sont nécessaires :

....	Pain..................	*70 kilog.*
....	Viande fraîche.........	*44 kilog.*
....	Avoine.................	*650 kilog.*
....	Foin...................	*325 kilog.*
....	Paille.................	*260 kilog.*

Toutefois, cet avis ne constitue pas une commande ferme et les achats ne seront effectués qu'après que les prix auront pu être débattus et les denrées vérifiées, tant pour la qualité que pour les quantités, par l'officier d'approvisionnement.

Signé : *Le chef de détachement.*

N° 31.

° CORPS D'ARMÉE

• DIVISION

ÉTAT-MAJOR.

Exécution de l'article 20 du titre I de l'Instruction générale du 18 février 1895 sur les manœuvres.

NOTIFICATION (1)

Monsieur le maire d est informé qu'un groupe d'officiers composé de :

officiers généraux
officiers supérieurs
capitaines ou lieutenants

accompagnés de :

hommes de troupe
chevaux d'officiers
chevaux de troupe
voitures

aura à séjourner du au dans la commune de au cours d'une manœuvre avec cadres.

Monsieur le maire de est prié de vouloir bien prendre les dispositions nécessaires pour assurer le logement de ce personnel.

Il n'y aura pas lieu de faire préparer du pain pour la troupe, ni des fourrages pour les chevaux, la subsistance des hommes et des animaux pouvant être assurée au moyen des indemnités en argent allouées pour le voyage.

A , le 19 .

Le Chef d'état major du e corps d'armée,

(1) Vol. 553, E. M.

e CORPS D'ARMÉE

DIVISION

BRIGADE

MANŒUVRES D'AUTOMNE DE 19 .

e RÉGIMENT

DÉTACHEMENT DE LA e BATTERIE.

COMMISSION DE VAGUEMESTRE

Le nommé X..... (Paul), n° mle 152, maréchal des logis à la e batterie du e régiment d'artillerie, remplira les fonctions de vaguemestre à ladite batterie, pendant la durée des manœuvres, en se conformant au règlement sur le service intérieur et aux instructions sur le service des postes et télégraphes.

Fait en double expédition.

A (1)................................., le.................................19 .

Pour le conseil d'administration,

Le Colonel, président,

(Signature et cachet.)

VU :

Le Sous-Intendant militaire
chargé de la vérification des comptes du corps (2),

(1) La commission est établie avant le départ, dans le lieu de garnison du régiment, une des expéditions est remise au receveur des postes de ce lieu, et l'autre reste entre les mains du vaguemestre, qui doit la présenter à chaque bureau où il a à retirer des correspondances.

(2) Si la commission est établie en route dans un détachement quelconque, elle est signée du commandant de ce détachement et homologuée par le maire de la commune s'il est possible, comme suppléant du sous-intendant militaire.

Enveloppe avec adresse et pli sous bande.

NÉCESSITÉ DE FERMER

S. M^{rs}

Monsieur le Président

du Conseil d'Administration

du ....e Régiment de ....

à ....

(Département)

Le (grade) Chef de détachement

Signature.

S. M^{rs}

Le (grade) Chef de détachement

(Signature.)

Monsieur le Colonel

Commandant le .... e Régiment de ....

à .... (Département)

• CORPS D'ARMÉE

—

• Division d'infanterie.

—

• BRIGADE.

—

• Régiment d'infanterie.

—

A , le 19

Le Capitaine commandant le détachement du régiment aux manœuvres à Monsieur le Colonel commandant le régiment à

OBJET :
Au sujet de

J'ai l'honneur de vous rendre compte.....................................
....

(Pas de formule de déférence finale.)

(Signature.)

N° 25

• CORPS D'ARMÉE.

—

• Division de cavalerie.

—

• BRIGADE.

—

• Régiment de hussards.

—

A , le 19

RAPPORT du Capitaine commandant le • escadron détaché au Camp du Valdahon, sur l'accident survenu à Monsieur le lieutenant

OBJET :

Au sujet d'un accident survenu à un officier.

Le 20 juin 19 , pendant l'exercice de tir, à 8 heures 1/2 du matin............

....

(Signature.)

NOTA. — Les avis des chefs hiérarchiques sont consignés, s'il y a lieu, à la suite du rapport.

Modèle de télégramme officiel.

TÉLÉGRAMME OFFICIEL

Capitaine commandant détachement chasseurs à colonel commandant régiment Limoges.

Deux hommes malades dont un blessé évacués arriveront soir cinq heures Limoges, voiture ambulance nécessaire.

X... le 10 septembre 19 .

Le Capitaine chef de detachement,

N...

Confirmation de télégramme officiel.

(La confirmation d'un télégramme officiel n'est autre que la copie exacte du télégramme précédée des deux mots : « Confirmation de », à adresser par le courrier le plus prochain, par la poste, au même destinataire.)

Modèle d'avis télégraphique de maladie grave.

Maire de Z.....

X..... (Ernest), canonnier e batterie aux manœuvres à.........., donne graves inquiétudes, suite accident cheval; informez famille X...... , propriétaire à Z.....

M.....

capitaine commandant.

Modèle d'avis télégraphique de décès.

Maire de Z. ...

X..... (Ernest), canonnier e batterie aux manœuvres à......., décédé 14 septembre, inhumation 16 10 heures. Informez famille.

M...

capitaine commandant.

NOTA. — Ces télégrammes sont privés, et le remboursement de ces dépenses est fait sur les fonds du service de santé, sur production du reçu de la poste à demander à cet effet.

N°

(A) Corps, service, détachement.
(B) Unité, groupe d'isolés.
(C) Nom et grade de celui qui délivre le bon (chef de corps, de détachement, d'unité, officier d'approvisionnement).
(D) Nombre de repas.
(E) Signalement du détachement ou de l'isolé.
(F) Date de la fourniture (à remplir par le bénéficiaire).
(G) Signature de celui qui délivre le bon (C).
(H) Signature du bénéficiaire.

Nom et grade du signataire qui délivre le bon.............. {

Nombre de repas .... {

Composition du repas. {

Nom du signataire du reçu .... {

Effectif du détachement {

Date du bon......... {

Date de la fourniture. {

SUBSISTANCES MILITAIRES

FEUILLET N°

MODÈLE N° 5.

Art. 39 de l'instruction du 23 janvier 1910.

BON de DEMI-JOURNÉES DE NOURRITURE PAR RÉQUISITION.

(A)

(B)

Nom et fonction du signataire qui délivre le bon..... } (C)

M. , demeurant à , est requis de fournir (D) repas, à (E) de l'effectif de :

Lè (F) 191 .

Composition du repas {

Le présent bon tient lieu d'ordre et de reçu de réquisition; il est remis en échange de la fourniture.

Pour payement, l'intéressé le remettra à la municipalité qui peut en obtenir le remboursement.

(1) En s'adressant à un officier d'administration gestionnaire des subsistances; ou 2° en employant le procédé habituel du remboursement des réquisitions.

Le 191 .

Reçu (D) repas.

Le 191 .

(H)

N° 38.

CORPS D'ARMÉE.
Division d
° BRIGADE
Commune d

MANŒUVRES D'AUTOMNE.

e Régiment d'infanterie.

Signalement d'un homme manquant aux appels.

1° NOM. 2° PRÉNOMS. 3° SURNOMS.	SIGNALEMENT.	DATE DE L'ENTRÉE au service.	ÉTAT MILITAIRE du prévenu.	GRADE.	JOUR ET HEURE de la disp rition	CIRCONSTANCES particulières de la désertion.	OBSERVATIONS.
No matricule : 40. 1° G...... 2° Pierre. 3° Le Bon.	*Né le* 2 octobre 1887 *à* Giromagny *canton* dudit *département* du Haut-Rhin *résidant à* Lepuix-Gy *canton* de Giromagny *département* du Haut-Rhin, *Profession* de voiturier. *Fils de* Julien *et de* Demansy Marie, *domiciliés à* Lepuix-Gy *canton* de Giromagny *département* du Haut Rhin. *Cheveux* et *sourcils* noirs, *yeux* bruns, *front* ordinaire, *nez* et *bouche* moyens, *menton* rond, *visage* ovale. *Taille* : 1m,59. MARQUES PARTICULIÈRES : *Néant.*	1er octo-bre 1908.	Comme appelé de la classe 1907	soldat 2e classe	24 juin, 10 heures soir.	Étant aux manœuvres, avait été puni pour ivresse, avait touché un mandat de 50 francs la veille (*ou bien*) avait perçu une prime de rengagement de 100 francs.	Est porteur d'une permission de 8 jours *ou bien* jeune soldat n'ayant que 2 mois de présence au corps.

VU :

A , le 19 .

CERTIFIÉ : *Le Capitaine commandant le détachement,*

PLACE d e RÉGIMENT D'

—

CANTON D

—

Départt d

DÉTACHEMENT

se rendant de à

(1)

(1) Objet du détachement.
(2) Nom et prénoms.
(3) Grade.
(4) Indiquer la mutation.
(5) Noms et qualités des autorités ou témoins.
(6) Gardés en dépôt « ou » expédiés au corps à........ ».
(7) Les quantités d'effets ou de valeur doivent être énoncées en chiffres ou en toutes lettres.

***INVENTAIRE** des effets et armes du nommé* (2)

n° m[le] , (3) au e escadron.

(4)

dressé en présence de (5)

Habillement.

Ceinture de flanelle.
Epaulettes (paire).
Manteau.
Matelassure de cuirasse.
Pantalon de cheval.
Tunique ou dolman.
Veste.

Coiffure.

Calotte de drap.
Casque ou shako.
Képi.

Grand équipement.

Bretelle de carabine.
Cartouchière.
Ceinturon avec bélière.
Dragonne.
Etui et lanière de revolver.

Armement.

Carabine n°
Cuirasse.
Revolver n°
Sabre n°
Lance.
Nécessaire d'armes n°

Campement.

Bidon individuel.
Etui de gamelle.
Sachet à vivres.
Seau en toile.
Outils.

Petit équipement.

Bottines avec éperons.
Bourgeron.
Bretelles de pantalon.
Caleçons.
Chemises.
Col ou cravates.
Courroies de manteau.
Effets de pansage : brosse en crin, ciseaux, corde à fourrage, éponge, étrille.
Effets de petite monture : boîte à graisse, brosse à habits, à laver, d'armes, cuiller, trousse garnie.
Etui-musette.
Gamelle individuelle.
Livret individuel.
Mouchoirs.
Paires de sous-pieds.
Pantalon de treillis.
Plaque d'identité avec cordon.
Pompon ou plumet.
Quart.
Sachet à cartouches.
Sac à avoine.
Sifflet et son cordon.
Objets divers, propriété personnelle du sus-nommé (7).

Reconnu exact et reçu les objets énumérés ci-contre pour être (6).

Le

CERTIFIÉ le présent inventaire.

A , le 19 .

Le (3) chef de détachement,

L'Intéressé, *Les témoins,*

• RÉGION

—

COMMUNE DE

RÉQUISITION A LA GENDARMERIE

RÉGIMENT DE

Détachement se rendant du camp de Mailly à Lunéville.

REQUISITION

Conformément aux dispositions de l'article 237 du décret du 20 mai 1903 sur le service de la gendarmerie, le commandant du détachement du régiment de , de passage à , requiert le commandant de la brigade de gendarmerie de , de recevoir le nommé (nom, prénoms, grade et n° m[le]), prévenu de voies de fait à l'égard d'un supérieur, en attendant qu'il soit statué sur la destination à lui donner par le général commandant la subdivision de région.

Ce militaire sera remis entre les mains de la gendarmerie le à .

A , le 19 .

Le commandant du détachement,

M...

Nota. — La remise d'un homme à la gendarmerie doit toujours être accompagnée de l'inventaire des effets qui lui sont laissés. [Voir mod. n° 40, p. 155.]

N° 42.

• CORPS D'ARMÉE

• DIVISION

• Brigade

Exécution des articles 19 du titre I et 65 du titre III de l'instruction générale du 18 février 1895 sur les manœuvres.

DEMANDE DE CARTES

(*Nature des manœuvres.*)

PARTIES PRENANTES. (1)	EFFECTIF	Nombre de collections à livrer au 80.000e	Nombre de collections à livrer au 200.000e	COMPOSITION DES COLLECTIONS. (2)	OBSERVATIONS.
					(1) Indiquer, pour chaque état-major et chaque corps de troupe, l'effectif en officiers généraux, officiers commandant d'unités, autres officiers que les précédents, sous-officiers s'il y a lieu, etc. (2) Fournir la composition des collections des cartes au 80.000e en 1/4 de feuilles, sauf pour les camps d'instruction qui comprennent une carte spéciale. Pour toutes les armes, donner séparément la composition des collections de cartes se rapportant d'une part à la zone des manœuvres ou au camp d'instruction, d'autre part aux régions traversées pendant les routes par voie de terre, concentration ou dislocation.

A , le 19

Le chef de corps ou de détachement,

• CORPS D'ARMÉE
ou
GOUVERNEMENT MILITAIRE
d

PLACE D

Corps ou service. RÉGIMENT D

MODÈLE N° 15.

Art. 30 de l'Instruction.

DEMANDE DE FEUILLE DE DÉPLACEMENT

(1) **Indemnités.**

(1) Avec ou sans.
(2) Sous-Intendant, corps, établissement, etc.
(3-4) Remplir l'une ou l'autre de ces colonnes.
(5) N'est à remplir qu'exceptionnellement.

(6) Daté.
(7) Chef de service ou intéressé.
NOTA. — Si le signataire de l'invitation a qualité pour prescrire le déplacement, ladite invitation constitue un ordre valable.

FORMAT DU PAPIER :
Hauteur......... 0m,21
Largeur.......... 0m,31

Le (2) *est invité à délivrer la feuille de déplacement ci-après :*

NUMÉROS matricules.	NOMS ET PRÉNOMS des militaires. — NOMS DES CHEVAUX.	Grades et fonctions.	Situation de famille.	PARTANT de	PARTANT le (jour et heure) (3).	POUR ARRIVER à	POUR ARRIVER Jour et heure d'arrivée. (4)	Durée totale des déplacements.	Mode spécial de locomotion (3).	Indication des pièces jointes à la demande.	MUTATIONS, RÉFÉRENCES, OBSERVATIONS. — (Indiquer les noms, prénoms, grades des militaires accompagnant les chevaux.
1	2	3	4	5	6	7	8	9	10	11	12
	X...., capitaine commandant..........	Chef de détachement.		Vesoul.	10 juin 5 h. matin.	Camp du Valdahon.	13 juin 10 h. matin.	15 jours	Voie de terre.	Ordre de mouvement.	
	Officiers......... 4										
	Sous-officiers.... 10										
	Hommes........ 100										
	Chevaux........ 120										
	Voitures......... 2										

A Vesoul, le (6) 19 .

Le (7) *Colonel commandant le régiment,*

No 44.

° CORPS D'ARMÉE.

Place d

N° d'enregistrement

MODÈLE N° 6.

N° 117
de la nomenclature.

(1) Indication du corps ou du détachement.
(2) Nom du chef de corps ou de détachement.
(3) Point de destination finale.
(4) Autorité qui a établi l'ordre de mouvement.

FEUILLE DE ROUTE

De Détachement faisant mouvement.

ITINÉRAIRE que suivra (1) *le 4° escadron du 11° Chasseurs, commandé par* (2) *M. ...., Capitaine commandant, et composé comme il est indiqué ci-après, partant de Vesoul le 10 juin pour se rendre à* (3) *Camp du Valdahon, en vertu de l'ordre du* (4) *Général commandant le 7° corps d'armée, en date du 10 mai 191 .*

EFFECTIF								DÉSIGNATION DES GITES.	DATES.		VISA D'ARRIVÉE dans chaque gite.	Détail des bons de convoi et des bons de chemin de fer délivrés au corps ou au détachement.
						VOITURES						
Officiers.	Sous-officiers.	Troupe.	Chevaux de selle.	Chevaux de trait	Mulets.	à 2 roues.	à 4 roues.		D'ARRIVÉE.	DE DÉPART.		
4	10	100	114	6	»	»	2	Rioz. Besançon. Valdahon.	13 juin.	10 juin.		

Délivré par nous (A), X......, Sous-Intendant militaire.

A Vesoul, le 9 juin 19 .

(A) Sous-intendant militaire ou suppléant du sous-intendant militaire.

N° 45.

Modèle du registre-journal des recettes et dépenses.

DATES	NUMÉROS D'ORDRE DES PIÈCES	DÉTAIL des RECETTES ET DÉPENSES	TRIMESTRE	RECETTES	DÉPENSES	POUR MÉMOIRE — Solde créditeur du compte courant au trésor après chaque opération de retrait ou de dépôt.
9 juin 1908.	1	Reçu du conseil d'administration.	2e	4 000 »		»
10 juin 1908.	2	Payé (achat de fourrages).	2e		150 »	
—	3	Payé (achat de combustible).	2e		12 »	
—	4	Payé (réparation à 1 roue).	2e		1 50	
11 juin	5	Payé (dégâts de cantonnement).	2e		5 »	
—	....	....				
		....				
20 juin	25	Recette des produits du fumier.	2e	21 »		
		....				

N° 46.

2e TRIMESTRE 1908.

Camp du Valdahon.

Recette n° 1.

11e RÉGIMENT DE CHASSEURS

Le capitaine commandant l (compagnie, escadron ou batterie) porte en recettes la somme de quatre mille francs, ci. . . . . 4.000 fr. reçue du conseil d'administration, pour assurer les besoins du détachement.

A Vesoul, le 9 juin 1908.

Le Capitaine commandant le détachement,

X...

Le trésorier remet entre les mains du capitaine X...... la somme de: quatre mille francs.

A Vesoul, le 9 juin 1908.

Le Trésorier,

Y...

Vu :

Le Sous-Intendant militaire,

NOTA. — Cet état, destiné à être mis à l'appui de l'état des paiements effectués (modèle n° 2), est établi en double expédition. Il est produit pour chaque période d'occupation, dans chaque commune.

7e CORPS D'ARMÉE.

(1) 7e *brigade de cavalerie.*

(2) **11e régiment de chasseurs.**

MODÈLE N° 1.

(1) Indiquer la division ou la brigade.
(2) Indiquer le corps ou la fraction de corps.
(3) Indiquer les quantités en toutes lettres.
(4) Chef de corps ou de détachement.
(5) Sous-Intendant militaire.

***ÉTAT NUMÉRIQUE** des officiers, sous-officiers et hommes de troupe qui ont été logés dans la commune de* **Valdahon**, *département du* **Doubs**, *pendant l'occupation du* **14** *au* **20 juin 19** *inclus.*

	EFFECTIF					NOMBRE DE JOURNÉES D'OCCUPATION.				
	LOGÉ.				Cantonné.	LOGEMENT.				Cantonnement.
	Officiers supérieurs.	Officiers subalternes et cantinières.	Adjudants.	Sous-officiers et hommes malades.	Caporaux, brigadiers et soldats.	à 1 fr. 50 (1re catégorie)	à 1 fr. (2e catégorie.)	à 0 fr. 50 (3e catégorie.)	à 0 fr. 20 (4e catégorie.)	à 0 fr. 05 (5e catégorie.)
Effectif des officiers, sous-officiers et hommes de troupe présents du premier jour de l'occupation et nombre de journées d'occupation qui en résulte..................................		4		10	100		24	60		600
A augmenter d'après les mutations inscrites au dos du présent état..................................										
A diminuer d'après les mutations inscrites au dos du présent état..................................										
Effectif au dernier jour de l'occupation et totaux des journées d'occupation..................................										

CERTIFIÉ le présent état montant aux quantités de (3)

journées d'occupation de logement à 1 fr. 50 (1re catégorie).
vingt-quatre — — — à 1 fr. (2e —).
soixante — — — à 0 fr. 50 (3e —).
— — — à 0 fr. 20 (4e —).
six cents — — de cantonnement à 0 fr. 05 (5e catégorie).

A *Valdahon*, le 21 *juin* 1908.

VU :

Le (5) *Maire faisant fonctions, suppléant du Sous-Intendant militaire,*

Le (4) *capitaine commandant le détachement,*

SIGNÉ : X...

ÉTAT NOMINATIF (1) *des officiers, sous-officiers et hommes de troupe qui ont fait mutation pendant l'occupation du 14 juin au 20 juin inclus.*

NUMÉROS des						AUGMENTATIONS.										DIMINUTIONS.									
bataillons.	compagnies ou batteries.	Numéros matricules.	NOMS et PRÉNOMS.	Grades.	MOTIFS et DATES des mutations	LOGEMENT.								Cantonnement.		LOGEMENT.								Cantonnement.	
						à 1 fr. 50 (1re catégorie).		à 1 fr. (2e catégorie).		à 0 fr. 50 (3e catégorie).		à 0 fr. 20 (4e catégorie).		à 0 fr. 05 (5e catégorie).		à 1 fr. 50 (1re catégorie).		à 1 fr. (2e catégorie).		à 0 fr. 50 (3e catégorie).		à 0 fr. 20 (4e catégorie).		à 0 fr. 05 (5e catégorie).	
						Effectif.	Nombre de journées d'occupation.	Effectif.	Nombre de journées d'occupation.	Effectif.	Nombre de journées d'occupation.	Effectif.	Nombre de journées d'occupation.	Effectif.	Nombre de journées d'occupation.	Effectif.	Nombre de journées d'occupation.	Effectif.	Nombre de journées d'occupation.	Effectif.	Nombre de journées d'occupation.	Effectif.	Nombre de journées d'occupation.	Effectif.	Nombre de journées d'occupation.
											Néant.														
TOTAUX....					Effectif.......... Nombre de journées d'occupation																				

(1) Les mutations provenant de départ ou d'arrivée de détachement ne sont inscrites que numériquement.
(2) Chef de corps ou de détachement.

CERTIFIÉ *par le* (2) *Capitaine commandant le détachement*,
à **Valdahon**, le **21 juin** 1908.
Signé : X....

N° 48.

MODÈLE N° 2.

FORMAT :

Hauteur .... 0m,375.
Largeur..... 0m,245.

7e CORPS D'ARMÉE.

(1) 7e BRIGADE DE CAVALERIE.

(2) 11e *Régiment de chasseurs.*

ETAT des payements effectués par le (3) *capitaine commandant, à la suite du séjour dans la commune de Valdahon, canton de Valdahon, département du Doubs, à titre d'indemnités de logement et de cantonnement dues aux habitants pour l'occupation du 14 au 20 juin 1908.*

Cet état, destiné à justifier les payements effectués, est établi en double expédition. Lecture devra être donnée, à chaque intéressé, de la déclaration qu'il signe en recevant la somme qui lui est due.

(1) Indiquer la division et la brigade.
(2) Indiquer le corps ou fraction de corps.
(3) Commandant de détachement.

	Noms et domiciles des propriétaires, fermiers ou autres ayants droit.	Nombre de journées d'occupation des logements ou cantonnements. à 1 fr. 50 (1re catégorie).	à 1 fr. (2e catégorie).	à 0 fr. 50 (3e catégorie).	à 0 fr. 20 (4e catégorie).	à 0 fr. 05 (5e catégorie).	Décompte des sommes dues pour logement ou cantonnement. à 1 fr. 50	à 1 fr.	à 0 fr. 50.	à 0 fr. 20.	à 0 fr. 05.	Par leur émargement dans la présente colonne, les soussignés reconnaissent avoir reçu les sommes ci-contre y inscrites en toutes lettres et se déclarent entièrement indemnisés du logement et du cantonnement fournis.
	énumérer les divers logeurs.											
	Totaux		24	60		600		24 »	30 »		30 »	

Le Maire soussigné certifie que les personnes qui ont émargé le présent état sont les véritables ayants droit.

(Signature du maire et cachet de la mairie.)

Arrêté le présent état à la somme de *quatre-vingt-quatre francs*.

A le 19 .

Le Chef de détachement,

Signé : X....

Vu et Vérifié exact :

Les Membres du Conseil d'Administration,

Vu et Vérifié :

Le Sous-Intendant militaire,

Feuillet N° 1.

(1) Indiquer le lieu, la date et l'heure où la prestation doit être fournie.

(2) Indiquer, en toutes lettres, la nature et la quantité des denrées, voitures ou autres prestations requises et, s'il y a lieu, la durée probable du service à exécuter.

(3) Mêmes indications en chiffres.

~~ÉTAT~~-MAJOR de
11e régiment de chasseurs
1e ~~bataillon~~ ~~ou~~ escadron
e ~~compagnie ou batterie~~.

Effectif	
Officiers	4
Troupe	110
Chevaux	120

MILITAIRES

Carnet N° 1. Feuillet N° 1.

MANŒUVRES D'AUTOMNE DE 1908

N° 49.

Le payement des prestations comprises dans la présente réquisition ne pourra avoir lieu que sur la production de reçus qui seront délivrés par les autorités militaires pour les fournitures faites, ou de certificats établis par elles pour constater l'exécution du service requis.

ORDRE DE RÉQUISITION

— 173 —

e ~~armée~~
7e corps d'armée
e ~~division~~ d
7e brigade.

ÉTAT-MAJOR de
11e régiment de *chasseurs*
4e ~~bataillon~~ ~~ou~~ escadron
e ~~compagnie ou batterie~~.

Nom et grade du signataire (écrits très lisiblement.) } X... Capitaine Commandant.

Memorandum.

Commune de Rioz

Département de Haute-Saône.

Date fixée pour la prestation : 10 Juin

Heure fixée pour la prestation :

3 heures soir.

(3) *Prestations requises :*

Avoine 350 *kg.*

Réquisition transformée en achat à la demande de la municipalité.
Rioz, le 10 juin 1908.
Le Capitaine Ct le détacht
Signé : X...

A *Rioz*, le *10 juin* 1908.
Le Capitaine comdt le détachement.
Signé : X...

8.

RÉQUISITIONS

Le maire de Rioz *département de Haute-Saône.*

(ou par exception en l'absence de la municipalité)

le sieur .... ~~demeurant~~ *à* ....

~~*département*~~ *d* .... *est requis de fournir à Rioz le 10 juin 1908 à 3 heures du soir les prestations suivantes savoir :*

N° 49 (suite).

(2) *Avoine, trois cent cinquante kilos, 350 kg.*

— 173 —

Réquisition transformée en achat, à la demande de la municipalité.
Rioz, le 10 juin 1908
Le Capitaine Ct le détacht
Signé : X.....

A *Rioz*, le *10 juin* 1908.
Le Capitaine commandant le détachement,
Signé : X...

Feuillet n°

(1) Cachet du conseil d'administration ou du fonctionnaire de l'intendance, suivant le cas (1).
(2) Indiquer la ou les journées pour lesquelles la fourniture est faite.
(3) Date de l'ordre de réquisition.
(4) Désignation de l'autorité exerçant le droit de réquisition.

~~ÉTAT-MAJOR-D~~ ....

ou

11e régiment *de chasseurs.*

4e ~~bataillon ou~~ escadron

.... e ~~compagnie ou batterie.~~

EXÉCUTION de l'ordre de réquisition du (3) *10 juin*, série *A*, carnet n° *1*, feuillet n° *1*, donné par (4), *général commandant le 7e corps.*

Journée du (2) *10 juin* 1908.

Commune de *Rioz*, département de la *Haute-Saône*.

Effectif				
Officiers	4	Troupe....	110
Chevaux de l'armée...	120	Conducteurs ou guides	......
Chevaux de réquisition		Bestiaux...	

		Effectif ou nombre.	Durée de la prestation du	Durée de la prestation au (inclus)	Nombre total de journées ou de nuits.
Logement.	Officiers logeant seuls.				
	Officiers logeant à deux				
	Sous-officiers......				
	Caporaux et soldats.				
	Chevaux et bestiaux..				
Cantonnement.	Hommes				
	Chevaux et bestiaux..				
Transports.	Voitures à ...... collier.				
	Voitures à ...... collier.				
	Chevaux de trait....				
	Embarcations...				
	Conduct^rs ou marin^rs.				
	..				
	..				
	..				
	..				

Cufrre. — N° 400.

FOURNITURES • PAR • RÉQUISITION • FOURNITURES • PAR • RÉQUISITION • FOURNITURES • PAR • RÉQUISITION

Manœuvres d'Automne de 1908.

Feuillet n° 1.

REÇU DE FOURNITURES REQUISES

.... e ~~ARMÉE.~~

7e corps d'armée.

.... e ~~division d~~ ....

7e brigade de cavalerie.

~~ÉTAT-MAJOR-D~~ ....

ou

11e régiment *de chasseurs.*

4e ~~bataillon ou~~ escadron.

.... e ~~compagnie ou batterie.~~

Nom et grade du signataire (écrits très lisiblement). *X..., capitaine commandant.*

EXÉCUTION de l'ordre de réquisition du (3) *10 juin*, série *A*, carnet n° *1*, feuillet n° *1*, donné par (4) *délégation du général commandant le 7e corps d'armée.*

Journée du (2) *10 juin* 1908.

Reçu de la commune de *Rioz*, département de la *Haute-Saône*,

~~ou, par exception,~~ en l'absence de la municipalité, —

~~reçu du sieur~~ .... ~~demeurant à~~ .... ,
~~département d~~ .... , les prestations dont le détail suit, savoir :

		Effectif ou nombre.	Durée de la prestation du	Durée de la prestation au (inclus).	Nombre total de journées de services, ou de nuits de logement et de cantonnement (en toutes lettres.)
Logement chez l'habitant	Officiers logeant seuls.				
	Officiers logeant à deux				
	Sous-officiers....				
	Caporaux et soldats.				
	Chevaux et bestiaux..				
Cantonnement.	Hommes				
	Chevaux et bestiaux..				
Transports.	Voitures à ...... collier.				
	Voitures à ...... collier.				
	Chevaux de trait....				
	Embarcations.......				
	Conduct^rs ou marin^rs.				
	..				
	..				
	..				
	..				

N° 30.

N° 50 (*verso*).

NATURE DES FOURNITURES.	Nombre de rations	Quantités fournies.
Pain		
Riz		
Légumes secs		
Pommes de terre		
Sel		
Sucre		
Café vert		
Café torréfié		
Vin		
Eau-de-vie		
Viande fraîche		
Viande sur pied		
Lard salé		
1/2 journée de nourriture		
Bois en bûches		
Charbon de terre		
Bois en fagots		
Foin ou luzerne		
Paille		
Avoine	70	350

A *Rioz* le 10 *juin* 1908.

Le (1) *capitaine command. le détach.*
SIGNÉ . X...

FOURNITURES ◆ PAR ◆ RÉQUISITION

	NATURE DES FOURNITURES.	Nombre de rations.	Taux des rations	QUANTITÉS FOURNIES en chiffres.	QUANTITÉS FOURNIES EN TOUTES LETTRES.
Vivres.	Pain				
	Riz				
	Légumes secs				
	Pommes de terre				
	Sel				
	Sucre				
	Café vert				
	Café torréfié				
	Vin				
	Eau-de-vie				
	Viande fraîche				
	Viande sur pied				
	Lard salé				
	1/2 journ. de nourrit.				
Chauffage.	Bois en bûches				
	Charbon de terre				
	Bois en fagots				
Fourrages.	Foin ou luzerne				
	Paille				
	Avoine	70	5	350	Trois cent cinquante kilos

A *Rioz*, le 10 *juin* 1908.

Le (1) *capitaine command. le détach*
SIGNÉ : X...

(1) Indiquer le grade et la qualité et signer.

No 51.

7e CORPS D'ARMÉE

PLACE

COMMUNE
de *Rioz*.

2e trimestre 1908.

No 3 au journal des recettes et dépenses

NOTA. — Ce modèle est également utilisé pour les dépenses inférieures des corps.

Manœuvres d'Automne.

MODÈLE No 3 annexé au décret du 20 mars 1906.

FORMAT DU PAPIER :
Hauteur.... 0m24.
Largeur.... 0m18.

SERVICE
(1) du *Chauffage*

11e Régiment de Chasseurs

4e Escadron.

CHAPITRE . — • PARTIE. — ARTICLE .

MÉMOIRE (2)

Placer ici le timbre mobile s'il y a lieu.

DOIT le *Capitaine commandant le détachement*

à *M. Perrin, négociant,* pour paiement de *fournitures* dont le détail suit :

NATURE DES DÉPENSES.	QUANTITÉ.	PRIX.		MONTANT.		OBSERVATIONS.
		FR.	C.	FR.	C.	
Bois de cuisson des aliments.	*600* kil.	*2*	*00*	*12*	*00*	
A reporter..........				*12*	*00*	

(1) Indiquer le service.
(2) Le mémoire est utilisé pour les dépenses supérieures à 10 francs ; les mémoires à mettre à l'appui des relevés des dépenses remboursables sont soumis à la formalité du timbre de dimension.

NATURE DES DÉPENSES.	QUAN-TITÉ.	PRIX.	MON-TANT.	OBSERVATIONS. (1) Le Conseil d'administration, le commandant du corps ou du détachement.
		FR. C.	FR. C.	
Report			12 00	
TOTAL..................			12 00	

CERTIFIÉ véritable le présent Mémoire, montant à la somme de *douze francs*..

A *Rioz*, le *10 juin* 1908.
(Signature du fournisseur.)

Le (1) *Capitaine commandant le détachement* certifie le présent mémoire s'élevant à la somme de *douze francs*..

A *Rioz*, le *10 juin* 1908.

REÇU la somme de *douze francs*........................ montant du présent mémoire.

A *Rioz*, le *10 juin* 1908.
(Signature du fournisseur.)

VÉRIFIÉ :
Le Major,

Pour acquit :
Rioz le 10 juin 1908.
(Signature du fournisseur.)

Timbre de quittance de 0 fr. 10.

VU :
Le Sous-Intendant militaire,

N° 52.

7° CORPS D'ARMÉE.

PLACE.

COMMUNE
de Rioz.

2° trimestre 190*8*.

N° au journal des recettes et dépenses

NOTA. — Ce modèle est également utilisé pour les dépenses intérieures des corps.

Manœuvres d'Automne.

SERVICE

(1) *de la Masse de harnachement.*

11° Régiment de Chasseurs.

4° Escadron.

CHAPITRE . — ° PARTIE. — ARTICLE .

MODÈLE N° 2
annexé au décret
du 20 mars 1906.

FORMAT DU PAPIER :

Hauteur...... 0m,24
Largeur...... 0m,18

(1) Indiquer le service.
(2) La quittance ne concerne que les dépenses ne dépassant pas la somme de 10 francs.
(3) En toutes lettres.

QUITTANCE(2)

REÇU du *Capitaine commandant le détachement* la somme de (3) *un franc cinquante centimes* pour paiement de *réparations* dont le détail suit :

NATURE DES DÉPENSES.	QUANTITÉ.	PRIX.	MONTANT.	OBSERVATIONS.
		FR. C.	FR. C.	
Réparer un rayon de roue....	*1*	*1 00*	*1 00*	
Raccord de peinture.........	*1*	*0 25*	*0 25*	
Remplacer un rivet..........	*1*	*0 25*	*0 25*	
A reporter.........			*1 50*	

NATURE DES DÉPENSES.	QUANTITÉ.	PRIX.	MONTANT.	OBSERVATIONS. (1) Conseil d'administration, le commandant du corps ou du détachement.
		FR. C.	FR. C.	
Report................			1 50	
TOTAL................			1 50	

A *Rioz*, le *10 juin* 1908.
(Signature du fournisseur pour acquit.)

Le *Capitaine commandant le détachement* certifie la *présente quittance s'élevant à la somme de un fran cinquante centimes.*

A *Rioz*, le *10 juin* 1908.
(Signature du capitaine commandant.)

VÉRIFIÉ :
Le Major,

VU :
Le Sous-Intendant militaire,

Memorandum.

• ARMÉE.

—

7e CORPS D'ARMÉE.

—

• Division.

—

7e Brigade.

—

Corps *ou* service.

11e Chasseurs.

FACTURE No

DES FOURNITURES FAITES

à M. (1) X..., officier d'approvisionnement par M. (2) *Mourlot* à (3) *Cendrecourt* (*Haute-Saône*), le (4) *14 août* 1908.

DÉTAIL des fournitures.	QUANTITÉS.	PRIX.	DÉCOMPTE.	OBSERVATIONS
Foin	295 k.	7.00	20.65	
Paille	236	4.00	9.44	
Avoine	590	18.3)	107.97	
A reporter (A)....			138.06	

(1) Officier d'approvisionnement, commandant d'unité, chef de détachement.
(2) Nom et adresse du fournisseur.
(3) Localité, département.
(4) Date.

COMPTABILITÉ EN DENIERS DE LA GUERRE

MODÈLE N° 3.

—

Art. 33 de l'instruction du 23 janvier 1910.

• ARMÉE.

—

7e CORPS D'ARMÉE.

—

• Division.

—

7e Brigade.

—

Corps *ou* service.

11e Chasseurs.

FACTURE No

des

FOURNITURES FAITES

à M. (1) X..., officier d'approvisionnement par M. (2) *Mourlot*, à (3) *Cendrecourt* (*Haute-Saône*), le (4) *14 août* 1908.

Timbre de dimension de 0 fr. 60

DÉTAIL DES FOURNITURES.	QUANTITÉS.	PRIX.	DÉCOMPTE.	OBSERVATIONS.
Foin	295 k.	7.00	20.65	
Paille	236	4.00	9.44	
Avoine	59)	18.3	107.97	
A reporter (A).......			138.06	

(1) Officier d'approvisionnement, commandant d'unité, chef de détachement.
(2) Nom et adresse du fournisseur.
(3) Localité, département.
(4) Date.

DÉTAIL des FOURNITURES.	QUANTITÉS.	PRIX	DÉCOMPTE.	OBSERVATIONS.	
Report..			138.06		
Total............			(A)138.06	ci..........	138.06
				Timbres....	0.70
				Reste à payer.	137.36

CERTIFIÉ la présente facture s'élevant à la somme de (A) *cent trente-huit francs six centimes* dont quittance.

A. *Cendrecourt*, le *14 août* 1908.

Le fournisseur,

Timbre quittance de 10 centimes.

Reçu et pris charge:

A Cendrecourt, le *14 août* 1908.

Le (1) *Officier d'approvisionnement*,

Vu :

Le Sous-Intendant Militaire,

(1) Officier d'approvisionnement, commandant d'unité, chef de détachement

COMPTABILITÉ EN DENIERS DE LA GUERRE

DÉTAIL des FOURNITURES.	QUANTITÉS.	PRIX.	DÉCOMPTE.	OBSERVATIONS.
Report..			138.06	
Total........			(A)138.06	
Timbres..			0.70	
Reste à payer..			137.36	

CERTIFIÉ conforme à la facture dont le montant s'élève à la somme de (A) *cent trente-huit francs six centimes*.

A *Cendrecourt*, le *14 août* 1908.

Le (1) *Officier d'approvisionnement*,

(Signature.)

Vu :

Le Sous-Intendant militaire,

(1) Officier d'approvisionnement, commandant d'unité, chef de détachement.

• ARMÉE

—

7° CORPS D'ARMÉE.

—

Division.

—

7° BRIGADE.

—

Corps ou Service.

11° Rt de Chasseurs.

QUITTANCE N°

DES

FOURNITURES FAITES

à M. (1) *X. officier d'approvision*t

par M. (2) *Dézé.*

à (3) *Langres (Hte-Marne)*

le (4) *17 août 1906.*

DÉTAIL DES FOURNITURES.	QUANTITÉS.	PRIX.	DÉCOMPTE	OBSERVATIONS
Pain... ..	*29,250*	*0,32*	*9,36*	
A reporter.........			(A) *9,36*	

(1) Officier d'approvisionnement, Commandant d'unité, chef de détachement.
(2) Nom et adresse du fournisseur.
(3) Localité, département
(4) Date.

COMPTABILITÉ EN DENIERS DE LA GUERRE

Modèle N° 4.

—

Art 33 de l'instruction du 23 janvier 1910.

• ARMÉE

—

7° CORPS D'ARMÉE.

—

Division.

—

7° BRIGADE.

—

Corps ou service.

11° Chasseurs.

QUITTANCE N°

DES

fournitures faites

à M. (1) *X. Officier d'approvisionnement.*

par M. (2) *Dézé*

à (3) *Langres (Haute-Marne)*

le (4) *17 Août 1906.*

DÉTAIL DES FOURNITURES.	QUANTITÉS.	PRIX.	DÉCOMPTE.	OBSERVATIONS
Pain	*29,250*	*0,32*	*9,36*	
A reporter....			(A) *9,36*	

(1) Officier d'approvisionnement, Commandant d'unité, Chef de détachement.
(2) Nom et adresse du fournisseur.
(3) Localite, département.
(4) Date.

DÉTAIL des fournitures.	QUANTITÉS.	PRIX	DÉCOMPTE.	OBSERVATIONS
Report. ...			9,36	
TOTAL.........			(A) 9,36	

Le soussigné reconnait avoir reçu la somme de (A) *neuf francs trente-six centimes*, valeur des fournitures ci-dessus.

A *Langres*, le *17 août 1906*.
Le Fournisseur,
(Signature.)

Reçu et pris en charge :
A *Langres*, le *17 août 1906*.
L'(1) Officier d'habillement,
(Signature.)

Vu :
Le Sous-Intendant militaire,

(1) Officier d'approvisionnement, commandant d'unité, chef de détachement.

COMPTABILITÉ EN DENIERS DE LA GUERRE

DÉTAIL des fournitures.	QUANTITÉS.	PRIX	DÉCOMPTE.	OBSERVATIONS
...			9,36	
TOTAL......			(A) 9,36	

CERTIFIÉ conforme à la quittance dont le montant s'élève à la somme de (A) *neuf francs trente-six centimes*.

A *Langres*, le *17 août 1903*.
L'(1) Officier d'habillement,
(Signature.)

Vu :
Le Sous-Intendant militaire,

(1) Officier d'approvisionnement, commandant d'unité, chef de détachement.

No SERVICE DES FOURRAGES

Exercice 1908. — 3e Trimestre.

(1) 7e CORPS D'ARMÉE.

(2) 11e RÉGIMENT DE CHASSEURS.

(3) M. X..., Lieutenant.

Nourriture de *1* cheval pendant les journées du *1er août* au *30 août 1908.*

M. Perrin, fournisseur de fourrages à *Villersexel,* département de *Haute-Saône.*

DÉTAILS DES FOURNITURES.	QUANTITÉS.	PRIX.		DÉCOMPTE.	
		fr.	c	fr.	c.
Avoine........	*155 kil.*	*21*	*00*	*28*	*55*
Foin..........	*105 kil.*	*5*	*00*	*5*	*25*
Paille.........	*75 kil.*	*10*	*00*	*7*	*30*
				41	*10*

CERTIFIÉ conforme à la facture s'élevant à la somme de *quarante et un francs dix centimes.*

Le Lieutenant,

Signé : X...

(1) Corps d'armée ou gouvernement militaire.
(2) Désignation de l'arme et du corps ou service.
(3) Nom, grade, fonction ou position de la partie prenante.
(4) Signature de la partie prenante.

No

SERVICE DES FOURRAGES

Article 253 de l'instruction du 18 octobre 1909.

N° 286 de la Nomenclature.

Exercice 1908. — 3e Trimestre.

(1) *7e Corps d'Armée.*

(2) *11e Régiment de Chasseurs.*

(3) M. X....., Lieutenant.

Nourriture de *1 cheval* pendant les journées du *1er août* au *30 août 1908.*

Je soussigné reconnais avoir reçu la somme de *quarante et un francs dix centimes,* valeurs de fournitures désignées ci-après :

DÉTAIL DES FOURNITURES.	QUANTITÉS.	PRIX.		DÉCOMPTE.		OBSERVATIONS.
		fr.	c.	fr.	c.	*Le Maire de la commune de Villersexel certifie que les prix payés sont bien ceux de la mercuriale locale. Villersexel, le 30 août 1908. Le Maire,* (Signature et cachet.)
Avoine........	*155 kil.*	*21*	*00*	*28*	*55*	
Foin..........	*105 kil.*	*5*	*00*	*5*	*25*	
Paille.........	*75 kil.*	*10*	*00*	*7*	*50*	
				41	*10*	

A *Villersexel,* le *30 août 1908.*

Le fournisseur,

(Signature.)

Timbre à 0 fr. 10.

(1) Corps d'armée ou gouvernement militaire.
(2) Désignation de l'arme, du corps et du service.
(3) Nom, grade, fonction ou position de la partie prenante.

NOTA. — Ne pas oublier que lorsque la dépense dépasse 10 francs, la facture est passible du droit de timbre de 0 fr. 60, et dans ce cas en retenir le montant au fournisseur.

Les fournitures de fourrages mentionnées d'autre part représentent (1) *trente* rations se décomposant comme ci-après :

	Kilogrammes.	Décagrammes.	Nombre de rations.	QUANTITÉS TOTALES de fourrages à chaque composition. Foin.	Paille.	Avoine
1° A la composition de : Foin..	5	50	50			
Paille.	2	50	50			
2° A la composition de : Foin..						
Paille.						
3° A la composition de : Foin..						
Paille.						
4° A la composition de : Foin..						
Paille.						
Quantités totales d'avoine perçues........			50			155
				105	75	155

(1) Nombre en toutes lettres.

(2) Nom, grade, fonction ou position de la partie prenante.

(3) Signature de la partie prenante.

Je soussigné, (2) *Lieutenant X....*, certifie avoir reçu les quantités de denrées mentionnées sur la présente facture, dont le montant a été payé par mes soins au fournisseur.

(3) *Le Lieutenant,*
X.....

Les fournitures de fourrages mentionnées d'autre part représentent (1) *trente* rations se décomposant comme ci-après :

	Kilogrammes.	Décagrammes.	Nombre de rations.	QUANTITÉS TOTALES de fourrages à chaque composition. Foin.	Paille.	Avoine
1° A la composition de : Foin..	5	50	50			
Paille.	2	50	50			
2° A la composition de : Foin..						
Paille.						
3° A la composition de : Foin..						
Paille.						
4° A la composition de : Foin..						
Paille.						
Quantités totales d'avoine perçues........			50			155
				105	75	155

(1) Nombre en toutes lettres.

N° 55.

° ARMÉE.

° CORPS D'ARMÉE.

° DIVISION.

BON DE REMBOURSEMENT

Numéro :

Art. 53
de l'Instruction
du
23 janvier 1910.

Officier gestionnaire ayant pris en charge les denrées désignées ci-dessous. } M.

Arme............
Corps ou service.
Détachement .....

M , Officier payeur

DÉSIGNATION des FOURNITURES (1).	QUANTITÉS FOURNIES.		PRIX DE L'UNITÉ.	DÉCOMPTE.	OBSERVATIONS
	EN TOUTES LETTRES.	EN CHIFFRES.			

(1) Denrées achetées ou repas payés.

DÉSIGNATION des FOURNITURES (1).	QUANTITÉS FOURNIES.		PRIX DE L'UNITÉ.	DÉCOMPTE.	OBSERVATIONS
	EN TOUTES LETTRES.	EN CHIFFRES.			

(1) Denrées achetées ou repas payés.

(a) Date de la prise en charge des denrées par le gestionnaire.

A , le (a) 191 .

L'Officier payeur,

(Signature.)

ARMÉE.

7e CORPS D'ARMÉE.

° DIVISION.

BON DE RÉAPPROVISIONNEMENT

Numéro :

Arme........... *cavalerie.*
Corps ou service. *11e chasseurs.*
Détachement..... *régiment de manœuvres.*

M. (2) X... officier d'approvisionnement.

DÉSIGNATION des FOURNITURES. 1	QUANTITÉS perçues (en chiffres) 2	OBSERVATIONS. 3
Pain biscuité........		
Pain de guerre......		
Sucre...............		
Café.. en grains....		
Café.. en tablettes..		
Riz.................		
Légumes secs.......		
Sel.................		
Conserves de viande..		
Potage salé.........		
Lard................		
Eau-de-vie..........		
Avoine..............		
Tabac. caporal......		
Tabac. de cantine...		

SUBSISTANCES MILITAIRES

° ARMÉE.

7e CORPS D'ARMÉE.

° DIVISION.

BON DE RÉAPPROVISIONNEMENT

Numéro :

MODÈLE N° 6.

Art. 43 de l'Instruction du 23 janvier 1910.

Livraison faite par (1) les magasins administratifs gérés par M. X..., officier d'administration, à M. (2)

Arme........... *cavalerie.*
Corps ou service. *11e chasseurs.*
Détachement..... *régiment de manœuvres.*

(1) Préciser le magasin chargé du ravitaillement et le nom du gestionnaire qui en est chargé.

(2) Nom et grade de l'officier d'approvisionnement ou de l'officier chargé de la perception.

(3) Date de la perception conforme à celle du talon.

(4) Les chiffres de la colonne 4 sont les différences entre les colonnes 2 et 3.

DÉSIGNATION des FOURNITURES. 1	DOTATION réglementre du train régimentaire 2	QUANTITÉS existantes dans le T. R. 3	QUANTITÉS à demander (4) (en chiffres). 4	QUANTITÉS réellement perçues. en chiffres. 5	en lettres. 6	OBSERVATIONS. 7
Pain biscuité........						
Pain de guerre......						
Sucre...............						
Café.. en grains....						
Café.. en tablettes..						
Riz.................						
Légumes secs.......						
Sel.................						
Conserves de viande.						
Potage salé.........						
Lard................						
Eau-de-vie..........						
Avoine..............						
Tabac. caporal......						
Tabac. cantine......						

N° 56 (*verso*)

DÉSIGNATION des FOURNITURES. 1	DOTATION réglementaire du train régimentaire. 2	QUANTITÉS existantes dans le T. R. 3	QUANTITÉS à demander (4) (en chiffres). 4	QUANTITÉS réellement perçues		OBSERVATIONS. 7
				en chiffres. 5	en lettres. 6	

(1) Préciser le magasin chargé du ravitaillement et le nom du gestionnaire qui en est chargé.
(2) Nom et grade de l'officier d'approvisionnement ou de l'officier chargé de la perception.
(3) Date de la perception conforme à celle du talon.
(4) Les chiffres de la colonne 4 sont les différences entre les colonnes 2 et 3.

A , le

L

SUBSISTANCES MILITAIRES

DÉSIGNATION des FOURNITURES. 1	QUANTITÉS perçues (en chiffres). 2	OBSERVATIONS. 3

Date de ravitaillement :
Désignation du magasin :
Nom de l'officier d'administration gestionnaire :
Centre de ravitaillement :

• ARMÉE.

—

7° CORPS D'ARMÉE.

—

• Division.

—

Corps *ou* service.

11° Chasseurs.

(1 *bis*).
(Fournitures remboursables.)

—

BON

de distribution faite par (1) , l'officier d'approvisionnement du (2) *4° escadron.*

MODÈLE N° ,

—

Art. 24 de l'instruction du 23 janvier 1910.

(1) Indiquer l'organe livrancier.
(2) Indiquer la partie prenante, l'unité ou le groupe d'isolés.

DÉSIGNATION des denrées.	QUANTITÉS demandées (en chiffres).	QUANTITÉS PERÇUES		OBSERVATIONS.
		en chiffres.	en toutes lettres.	
Avoine ..		*600k*	*Six cents.*	
Foin		*300k*	*Trois cents.*	
Paille ...		*240k*	*deux cent quarante.*	

A *Rioz*, le (*a*) *24 juin 1908.*

Le (*b*) *Capitaine Commandant*,

Signature (*c*) :

(*a*) Date de la perception.
(*b*) Fonction du signataire.
(*c*) Nom du signataire.

DÉTAIL NOMINATIF (1).				OBSERVATIONS.
NOMS.	GRADES.	EMPLOIS.	NOMBRE de rations.	
				(1) A ne remplir que pour les isolés ou groupe d'isolés.

(1 *bis*) Si les denrées à percevoir doivent être livrées à titre remboursable, le modèle prend le n° 2 et reçoit la mention complémentaire « Fournitures remboursables ».

7e CORPS D'ARMÉE.

Etat-Major.

Bureau

No

MODÈLE No 3

No 58.

Avis d'(1) ORDRE de mouvement par voie de terre adressé à M. le Colonel commandant le 11e régiment de chasseurs, à Vesoul.

Mouvement (3) Ordonné par M. le *Ministre de la Guerre* (2), réglé par M. le *Général commandant le 7e corps.*

(1) Ajouter s'il y a lieu les mots : « avis d' » ou « demande d' ».

(2) Ajouter s'il y a lieu : après entente avec les généraux commandant les corps d'armée intéressés.

(3) Ajouter s'il y a lieu : sera.

DÉSIGNATION des corps ou détachements à mettre en mouvement.	EFFECTIF						Voitures		EMPLACEMENT de la troupe. — Date d'arrivée.	ITINÉRAIRE				DESTINATION — Date d'arrivée.	OBSERVATIONS.
	Officiers.	Sous-officiers.	Troupe.	Chevaux de selle.	Chevaux de trait.	Mulets	à 2 roues.	à 4 roues.		Localités.	Départements.	Date d'arrivée.	Date de départ.		
1	2	3	4	5	6	7	8	9	10	11	12	13	14	15	16
11e Régiment de chasseurs 1 Escadron......	*6*	*8*	*112*	*125*	*6*				*Vesoul 24 août 1908.*	*Buthiers. Camp du Valdahon*	*Hte-Saône Doubs.*	*24 août 25 août*	*25 août*	*Camp du Valdahon 25 août*	

(4) Indication de l'autorité militaire qui adresse la demande d'ordre, ou renvoie l'avis de mouvement.

A Besançon, le 20 Août 1908.

Le (1) Général commandant le 7e corps d'armée,

(Signature.)

e CORPS D'ARMÉE.

—

État-Major.

—

Bureau.

—

N°

COMPTE RENDU

d'un mouvement par voie de terre adressé à M. le Ministre de la Guerre (État-Major de l'armée, 4e Bureau).

Mouvement { Ordonné par M. le *Ministre de la Guerre*, réglé par M. le *Général Ct le 7e corps d'armée.*

MODÈLE N° 4.

—

Art. 10 de l'instruction du 30 décembre 1899 sur les mouvements de troupe à l'intérieur en temps de paix.

DÉSIGNATION des corps ou détachements	Officiers.	Sous-officiers.	Troupe.	Chevaux.		Mulets.	Voitures (a)		Bagages et matériel divers. — Poids approximatif.	Emplacement de la troupe. — Date de départ.	ITINÉRAIRE.				Destination. — Date d'arrivée.	Indications relatives au retour dans la garnison.	Observations.
				de selle.	de trait.		à 2 roues.	à 4 roues.			LOCALITÉS.	Départements.	Date d'arrivée.	Date de départ.			
1	2	3	4	5	6	7	8	9	10	11	12	13	14	15	16	17	18
11e Chasseurs										*Vesoul,*	*Buthiers,*	*Hte Saône*	*24 août*	*25 août*	*Camp du*		
1 Escadron	*6*	*8*	*112*	*125*	*6*			*2*		*24 août*	*Camp du*	*Doubs*	*25 août.*		*Valdahon,*		
										1908.	*Valdahon.*				*25 août.*		

A *Besançon*, le *25 Août 1908.*

Le Général Commandant le Corps d'Armée,
P. O. : Le Chef d'État-Major,
(Signature.)

(a) Indiquer dans la colonne « Observations » le type des voitures (fourgons, forges, fourragères, etc.), et le nombre de voitures de chaque type.

(b) Indiquer dans la colonne 17 la date probable ou réelle du retour, et, s'il est possible, l'itinéraire.

7e CORPS D'ARMÉE. **MODÈLE N° 1.**

Etat-Major.

Bureau.

N° 60.

N°

(1) *ORDRE de mouvement par voie de fer adressé à M. le Colonel commandant le 11e régiment de chasseurs.*

Mouvement (4) { ordonné par M. le *Ministre de la guerre,* réglé par M. le *Général commandant le 7e corps d'armée.*

DÉSIGNATION des corps ou détachements à mettre en mouvement.	TRANSPORT EN GRANDE VITESSE							TRANSPORT en petite vitesse				ITINÉRAIRE							
	Officiers.	Sous-officiers.	Troupe.	Chevaux.		Mulets.	Bagages, poids approximatif (2)	Voitures		Bagages et matériel divers. poids approximatif (3)	Emplacement de la troupe. Gare de départ. — Date et heure d'arrivée.	POINT de passage.	Arrivée.		Départ.		Gare d'arrivée. Date et heure d'arrivée. Destination.	OBSERVATIONS.
				de selle.	de trait.			à 2 roues.	à 4 roues.				Dates.	Heures.	Dates.	Heures.		
1	2	3	4	5	6	7	8	9	10	11	12	13	14	15	16	17	18	19
Un escad. du 11e chas.	*4*	*10*	*100*	*114*	*6*		*200 k.*		*2*	*200 k.*	*Vesoul, 24 juin, 4 h. m.*	*Montbozon*	*24 juin*	*8 h. mat.*	*24 juin*	*8 h. 1/2 matin.*	*Besançon 24 juin. 11 h mat.*	

(1) Ajouter, s'il y a lieu, les mots « avis d' » ou « demande d' ».

(2) **30 kilogrammes au maximum par officier ou homme de troupe compris dans les colonnes 2, 3, 4.**

(3) **Les bagages excédant 30 kilogrammes par homme, les voitures et le matériel ne peuvent être transportés en grande vitesse que sur une autorisation spéciale du ministre.**

(4) Ajouter, s'il y a lieu : sera.

(5) **Indication de l'autorité militaire qui adresse la demande d'ordre, donne l'ordre ou renvoie l'avis de mouvement.**

A *Besançon, le 20 juin 1908.*

Le (5) *Général command. le 7e corps d'armée.*

(Signature.)

7e CORPS D'ARMÉE.

Etat-Major.

Bureau.

N°

COMPTE RENDU

d'un mouvement par voie de fer adressé à Monsieur le Ministre de la Guerre (État-Major de l'armée; 4e Bureau).

Mouvement { Ordonné par M. le *Ministre de la Guerre.* Réglé par M. le *Général Ct le 7e corps d'armée.*

MODÈLE N° 2.

Art. 10 de l'instruction du 30 décembre 1889 sur les mouvements des troupes à l'intérieur en temps de paix.

DÉSIGNATION des CORPS ou détachements.	TRANSPORT EN GRANDE VITESSE. Officiers.	Sous-officiers.	Troupe.	Chevaux de selle.	Chevaux de trait.	Mulets.	Bagages, poids approximatif.	Voitures (a). à 2 roues.	Voitures (a). à 4 roues.	Bagages et matériel divers poids approximatif.	Emplacement de la Troupe. — Gare de départ. — Date et heure de départ.	GARE D'ARRIVÉE. — Date et heure d'arrivée. — Destination.	INDICATIONS relatives au retour dans la garnison (b).	OBSERVATIONS.
1	2	3	4	5	6	7	8	9	10	11	12	13	14	15
Un escadron du 11e chasseurs.	*4*	*10*	*100*	*114*	*6*		*200*		*2*	*200*	*Vesoul, 24 juin, 4 h. matin*	*Besançon, 24 juin, 11 h. matin*	*Rentre par voie de terre.*	

A *Besançon*, le *25 juin* 1908.
Le Général Commandant le Corps d'armée,
P.O. : Le Chef d'état-major,
(Signature.)

(*a*) Indiquer dans la colonne « Observations » le type des voitures (fourgons, forges, fourragères) et le nombre de voitures de chaque type.

(*b*) Indiquer dans la colonne 15 la date probable ou réelle du retour et, s'il y a lieu, l'itinéraire.

N° 62

7ᵉ CORPS D'ARMÉE.

Place de Vesoul.

N° 131 de la Nomenclature.

Modèle n° 5.

Règlement sur les transports ordinaires (art 18).

AVIS DE TRANSPORT

PAR LES

Trains ordinaires de l'exploitation

MOUVEMENT a exécuter par chemins de fer en vertu d'un ordre du Général Commandant le 7ᵉ Corps d'armée en date du 19 .

DÉSIGNATION des corps à transporter.	EFFECTIF.		TONNAGE approximatif.		GARE et heure de départ.	GARE d'arrivée.	DATE du départ.	OBSERVATIONS
				kil.				
11ᵉ chasseurs un escadron	*Officiers* { *supérieurs.*	»	*Matériel et bagages.*	400	*Vesoul*	*Besançon*	*24 juin 1908.*	
	Officiers { *subalternes*	4						
	Hommes de troupe...	110						
	Chevaux............	120						
	Voitures { *à 2 roues..*	»						
	Voitures { *à 4 roues..*	2						

Réponse de la gare:

Le train n° partant de la gare d à h. m. emmènera le détachement désigné ci-contre.

A , le 19

Le Chef de gare,

(Indications de circonstances principales du trajet, arrêts, changements de train, etc.

A *Vesoul*, le *23 juin 1908.*

Le Chef de Corps,

(Signature.)

N° 63.

• CORPS D'ARMÉE.

ᵉ DIVISION.

• Brigade.

ANNEXE
au Rapport mensuel.

BULLETIN

DE RENSEIGNEMENTS

sur

le transport d'un détachement
par voies ferrées.

N° 132
de la Nomenclature des imprimés du Ministère de la Guerre.

Règlement sur les transports ordinaires (article 21).

MODÈLE N° 7.

(1) Corps ou établissement.

4 Officiers et *110* hommes du (1) *11ᵉ chasseurs*
allant de *Vesoul* à *Besançon*.

(Ordre du Général commandant le 7ᵉ corps d'armée, en date du *15 juin* 1908).

DÉPART.			ARRIVÉE.			ARRÊTS AUX GARES DE JONCTION.
GARE DE DÉPART.	DATES. Jour.	DATES. Heure.	GARE D'ARRIVÉE.	DATES. Jour.	DATES. Heure.	
Vesoul.	*20 juin.*	*5 h. matin.*	*Besançon.*	*20 juin.*	*11 h. matin.*	»

OBSERVATIONS.

Néant :

Vu :
Le Chef de corps,

Le Chef de détachement,
(Signature.)

A M. le Ministre de la guerre. (État-major de l'armée. — 4ᵉ Bureau.)

No 64.

CORPS D'ARMÉE (1)

ÉTAT-MAJOR.

Bureau.

Modèle no 5.

ORDRE DE MOUVEMENT

par voie de mer adressé à M. le

à

No

Mouvement { Ordonné par M. le
(3) Réglé par M. le

(2)

DÉSIGNATION DES CORPS ou détachements à mettre en mouvement.	EFFECTIF.						BAGAGES et matériel divers. — POIDS approximatif.	EN-PLACEMENT de la troupe.	PORT d'embarquement.	DATE d'embarquement.	PORT débarquement.	DESTINATION.	OBSERVATIONS.
	Officiers.	S.-Officiers.	Troupe.	Chevaux.	Mulets.	Voitures.							

A , le 19 .

Le Général commandant le corps d'armée,
P. O. : *Le Chef d'état-major,*

(1) Ajouter s'il y a lieu les mots : « avis d' » ou « demande d' ».
(2) Ajouter s'il y a lieu : après entente avec les généraux commandant les corps d'armée intéressés.
(3) Ajouter s'il y a lieu : sera.

(A) Indiquer l'administration pour le compte de laquelle le transport est exécuté (Guerre, Marine, Colonies, ville de Paris).

(B) Le Sous-Intendant ou le suppléant autre qu'un maire délivre les bons jusqu'à la plus prochaine sous-intendance. Il donne directement l'ordre au préposé de sa résidence. Il le donne par l'intermédiaire du Maire partout ailleurs. Dans ce cas, il invite le Maire à faire fournir.

(C) Le Sous-Intendant ou le Maire.

(D) Résidence ou commune.

(E) Le préposé ou le Maire d ...., en ce qui concerne les sous-intendants ; le préposé en ce qui concerne le Maire.

(F) Corps ou détachements militaires ou marins, escortés, isolés.

(G) A remplir par le Maire s'il n'a pas donné l'ordre directement.

N° 122 de la Nomenclature.

(A)

BON DE CONVOI MILITAIRE

Portant décompte

Voitures non suspendues { Pour les corps ou détachements ; pour les militaires escortes.

Voitures suspendues ou publiques { Pour les isolés voyageant librement.

NUMÉRO du REGISTRE de route.	NOMS DES CHEFS DE CORPS ou de détachement ou des militaires escortés ou de militaires voyageant librement	DÉSIGNATION de L'ARME.	NUMEROS			EFFECTIF		OBSERVATIONS.
			du régiment.	du bataillon ou de l'escadron.	de la compagnie ou de la batterie.	Officiers.	Troupe.	Indiquer ici, s'il y a lieu, les motifs de substitution et des allocations supplémentaires.

(B) Le (C) , de la (D) invite le (E) à fournir le au mois d 1 au (F) voiture suspendue ou non suspendue à collier, pour le transport de à pour lequel il sera payé la somme de prix convenu.

A , le 19 .

(G) Le Maire de la commune d invite le préposé aux convois à fournir le service indiqué ci-dessus, pour lequel il lui sera payé la somme de prix convenu.

A , le 19 .

Le Maire,

A transporter par chaque voiture 600 k. ou de 1 à 5 hommes.

Allocations aux corps ou détachements : 1 voiture à 1 collier, de 1 à 24 hommes, sous le commandement d'un offic. ; 1 voiture à 1 collier, de 25 à 160 hommes, avec ou sans offic. et ainsi de suite en ajoutant une voiture à 1 collier par 160 hommes ou appoint inférieur à ce chiffre.

(A) Militaire ou civil.

(B) Noms, prénoms, grades des militaires et régiments auxquels ils appartiennent.

(C) Indiquer les infirmités, blessures, maladies.

(D) Non suspendue, suspendue spéciale, suspendue publique.

(E) A remplir lorsque le voiturier est payé au moyen d'un mandat émis sur le Trésor, par un fonctionnaire de l'intendance.

Timbre de dimension de 60 centimes pour les fournitures s'élevant à plus de 10 fr. Ce timbre est à la charge du voiturier et est déduit du paiement à lui faire.

CERTIFICAT DE VISITE

(Pour les militaires escortés. et pour les militaires voyageant librement)

Je soussigné, médecin (A)
déclare avoir visité le nommé (B)
et avoir reconnu qu'il était atteint de (C)
ce qui l'empêche de faire route à pied et exige qu'il soit transporté en voiture (D)

A , le 19 .

(E) Déposé ce jourd'hui et inscrit immédiatement sous le n° au registre des titres de créances.

A , le 19 .

Le Sous-Intendant militaire,

Vu, vérifié et arrêté par Nous, Sous-Intendant militaire, le présent décompte à la somme de laquelle a été ordonnancée ce jour, en un mandat, sous le n°

A , le 19 .

CERTIFICAT DE VU-ARRIVER (1)

Le
certifie que le service ordonné par le bon de convoi d'autre part a été exécuté aujourd'hui et a consisté à (2)

A , le 19 .

---

(3) Reçu de
la somme de prix convenu de la fourniture ordonnée d'autre part.

A , le 19 .

Le voiturier,

Timbre quittance de 10 centimes lorsque la dépense excède 10 fr. (Ce timbre est à la charge du voiturier et est déduit du paiement à lui faire).

---

(1) Sous peine de rejet, le certificat de vu-arriver doit être délivré le jour même de l'exécution de la fourniture, et doit être daté et signé par le chef de corps ou de détachement s'il est officier et, dans le cas contraire, par le sous-intendant militaire ou son suppléant légal, et le cachet de ce fonctionnaire doit être apposé à côté de la signature ; s'il n'y a pas de fonctionnaire de l'intendance ou de suppléant, par le maire ou l'adjoint du lieu ou, à défaut, par un membre du conseil municipal, un officier, un sous-officier ou un brigadier de gendarmerie ou enfin par deux notables de la localité.

(2) Rappeler le nombre de voitures et l'espèce (voitures suspendues ou non suspendues) avec le nombre de colliers.

(3) Mention à remplir lorsque le voiturier est payé directement par le chef de corps ou de détachement.

7e CORPS D'ARMÉE

e Division.

7e brigade de cavalerie

PLACE

de *Noidans-le-Ferroux*

11e RÉGIMENT DE CHASSEURS

RAPPORT fait par la commission régimentaire sur un cheval atteint de maladie incurable dont on demande l'abatage.

NUMÉRO matricule.	SIGNALEMENT				MOTIF D'ABATAGE.	OBSERVATIONS.
	NOM, ROBE et particularités.	SEXE.	AGE.	TAILLE.		
766	*RABELINE.* *Bai châtain clair, en tête mélangée prolongée par une fine liste mélangée, terminée par du ladre entre les naseaux, grandes balzanes postérieures.*	*Jument*	*13 ans*	*1m,51*	*Fracture de la jambe postérieure gauche.*	

AVIS DE LA COMMISSION

La Commission est d'avis d'abattre la jument *Rabeline* dont la fracture est nettement caractérisée et incurable.

A *Moidans*, le *18 juin 1908.*

Les Membres de la Commission,

Décision du chef de détachement : *Abattre la jument Rabeline.*

A *Moidans*, le *18 juin 1908.*

Le Capitaine commandant, chef de détachement,

X...

N° 66.

7e CORPS D'ARMÉE

PLACE
De Mailley et Chazelot.

11e RÉGIMENT DE CHASSEURS.

PROCÈS-VERBAL DE MORT D'UN CHEVAL

Nous, *X...* (Justin), *maire de la commune de Mailley et Chazelot, suppléant du* sous-intendant militaire employé à *Vesoul.*

Sur l'avis à nous donné qu'un cheval du *11e régiment de chasseurs* était mort et gisait dans une écurie *de la commune de Chazelot,* nous y sommes transporté accompagné de M. *X...*, *capitaine faisant fonctions de* major dudit régiment.

Nous y avons trouvé Monsieur *X...*, vétérinaire du *11e régiment de chasseurs,* lequel nous a présenté le cadavre d'un cheval signalé comme il suit :

Palon ; n° matricule : *1893. Alezan doré, en tête, prolongé par une listé terminée au bas du chanfrein, petite balzane postérieure droite.*

Interrogé sur les causes de la mort de ce cheval, M. *X...*, vétérinaire, a déclaré qu'il avait succombé à :

Une congestion pulmonaire.

De tout quoi, nous, *X...*, *maire de la commune de Mailley et Chazelot,* avons dressé le présent procès-verbal que M. *X...*, *capitaine faisant fonctions de major et M. X..., vétérinaire,* ont signé avec nous.

A *Mailley et Chazelot,* le 19 .

Le Vétérinaire,

Signé : X...

Le Capitaine faisant fonctions de Major,

Signé : X...

Le Maire suppléant du Sous-Intendant militaire,

N° 67.

7e CORPS D'ARMÉE

e Division.

7e brigade de cavalerie

PLACE

DE *Noidans-le-Ferroux*

PROCÈS-VERBAL D'ABATAGE D'UN CHEVAL.

N°

11e RÉGIMENT DE CHASSEURS.

PROCÈS-VERBAL D'ABATAGE D'UN CHEVAL

Nous X... *(Alfred), maire de la commune de Noidans-le-Ferroux, suppléant* du sous-intendant militaire, sur l'avis donné qu'un cheval du *11e chasseurs* devait être abattu, nous nous sommes transporté *à l'écurie où était cantonné l'animal*, accompagné de *Monsieur N..., capitaine, faisant fonctions de major dudit régiment.*

Nous avons trouvé *Monsieur B...*, vétérinaire du *11e chasseurs*, lequel nous a présenté un cheval signalé comme suit :

N° matricule : *766 ; Rabeline. jument, 13 ans, 1m,51 ; bai chatain-clair, en-tête mélangée prolongée par une fine liste mélangée terminée par du ladre entre les naseaux, grandes balzanes postérieures, à droite bordée et herminée.*

Après avoir pris connaissance de l'avis de la commission régimentaire instituée pour l'examen des chevaux proposés pour l'abatage ; vu l'autorisation d'abatage donnée par M. le *colonel commandant le régiment,* et constaté l'identité dudit cheval, l'avons fait abattre immédiatement en notre présence.

De tout quoi, nous, *X... (Alfred), maire de la commune de Noidans-le-Ferroux, suppléant* du sous-intendant militaire, avons dressé le présent procès-verbal que MM. *N..., capitaine, faisant fonctions de major, et B..., vétérinaire au 11e chasseurs,* ont signé avec nous.

A *Noidans-le-Ferroux,* le *18 juin* 1908.

Le Vétérinaire,

Signé : B...

Le Capitaine faisant fonctions de Major,

Signé N...

Le Maire faisant fonctions de suppléant du Sous-Intendant militaire,

Signé : X...

7e CORPS D'ARMÉE

e Division.

7e brigage *de cavalerie*

Place de *Noidans-le-Ferroux.*

11e Régiment de chasseurs.

RAPPORT D'AUTOPSIE D'UN CHEVAL.

NUMÉROS MATRICULES.	SIGNALEMENT.				DÉPOT DE REMONTE d'où il provient.	DATES.			MALADIE à laquelle il a succombé ou qui a nécessité son abatage.
	NOM, ROBE et particularités.	SEXE.	AGE.	TAILLE.		de l'immatriculation.	de l'entrée à l'infirmerie.	de la mort ou de l'abatage.	
766	*RABELINE.* *Bai châtain clair, en tête mélangée prolongée par une fine liste mélangée, prolongée par du ladre entre les naseaux, grandes balzanes postérieures.*	*Jument*	*13 ans.*	*1m,51*	*Mérignac.*			*18 juin 1908.*	*Fracture de la jambe postérieure gauche.*

ANTÉCÉDENTS :

Maladies dont il a été antérieurement atteint; époque et durée de chaque maladie....	*1903. — 2 avril ; 22 avril. — Gourme ; angine.* *1906. — 9 avril ; 17 avril. — Angine.*
Causes de la maladie à laquelle le cheval a succombé ou qui a nécessité son abatage......	*Coup de pied à l'écurie.*
Traitement mis en usage contre cette maladie............	*NEANT. — Tout traitement était inutile.*

Autopsie (1)

heures après la mort. Température atmosphérique.

Le régiment étant aux manœuvres, et la fracture ne laissant aucun doute, l'autopsie n'a pas été pratiquée.

A *Noidans-le-Ferroux*, le *18 juin* 1908.
Le Vétérinaire,
Signé : B. .

VU :
Le Maire de Noidans-le-Ferroux,
Signé : X...

(1) L'autopsie aura lieu dans le plus bref délai. — On entrera dans des détails très circonstanciés. — On fera connaître l'état extérieur du cadavre, celui des muscles et des articulations. — On explorera avec soin les trois cavités. — On décrira d'une manière complète l'état du sang, etc., etc.

Nombre de rations de vivres et de chauffage allouées aux officiers, sous-officiers, etc., en campagne (1).

GRADES.	NOMBRE DE RATIONS PAR GRADE ET PAR JOUR.				OBSERVATIONS
	Vivres	CHAUFFAGE.			
		Cuisson des aliments.	Préparation du café.	Chauffage d'hiver.	
Général commandant un groupe d'armées.........	16 (1)	16	»	16	Les agents mobilisés des divers services (trésorie, postes, télégraphes, douanes et forêts) ont droit au nombre de rations de vivres et de chauffage prévues pour les officiers et hommes de troupe suivant la correspondance du grade.
Général commandant une armée et directeur de l'arrière....................	12 (1)	12	»	12	
Général commandant un corps d'armée et directeur des étapes et des services	8 (1)	8	»	8	
Généraux de division, de brigade et assimilés	4	8	»	8	
Officiers supérieurs et assimilés....................	3	6	»	6	
Capitaines et assimilés.....	2	4	»	4	
Lieutenants ou sous-lieutenants et assimilés........	1 1/2	3	»	3	
Employés militaires sous-officiers.................	1	2	»	2	
Sous-officiers de troupe....	1	2	1	2	
Hommes de troupe.........	1	1		1	
Personnel non désigné au présent tarif............	1	1	1	1	

(1) Ces allocations sont perçues en tout ou en partie suivant les besoins. Elles sont destinées à assurer la subsistance de cet officier général, ainsi que celle des officiers ou autres personnes venues temporairement en mission à son quartier général.

(1) Tol. 94, E. M.

Composition des rations de vivres en campagne. (1)

DENRÉES.			RATION de vivres de réserve.	RATION FORTE.	RATION NORMALE
Pain...	Pain ordinaire...		»	0 750	0 750
	ou pain biscuité...		»	0 700	0 700
	ou pain de guerre...		0 300(1)	0 600(2)	0 600
Vivres-viande.	Viande fraîche...		»	0 500	0 400
	ou viande de conserve assaisonnée...		0 300	0 300	0 200
Petits vivres.	Légumes secs ou riz..		»	0 100	0 060
	Sel...		»	0 020	0 020
	Sucre...		0 080	0 032	0 021
	Café torréfié..	en tablettes..	0 036	»	»
		en grains ou en tablettes.		0 024	0 016
	ou café vert...		»	0 0285	0 019
	Lard (chaque fois que l'on distribue de la viande fraîche)..		»	0 030	0 030
	Potage salé (distribué, en principe, en même temps que la viande de conserve)...		0 050	0 050	0 050
	Eau-de-vie...		0 l.0625	»	»
	A tout homme bivouaqué ou à titre exceptionnel...	Vin...		0 l.25	0 l.50
		ou bière...		0 l.50	0 l.50
		ou eau-de-vie.		0 l.0625	0 l.0625

(1) 6 galettes en moyenne. — (2) 12 galettes en moyenne.

Tarif des suppléments extraordinaires en campagne.

Les suppléments extraordinaires le plus habituellement susceptibles d'être alloués sont : la ration de liquide, ou un tiers de la ration de pain, ou un cinquième de la ration de viande.

On peut aussi, dans certains cas, allouer une fraction déterminée : un demi, un tiers, un quart de la ration forte ou normale.

Ces suppléments peuvent, d'ailleurs, être remplacés par tous autres aliments équivalents existant sur les lieux.

Taux de la ration de tabac.

En campagne, le tabac est fourni à titre onéreux aux officiers et aux hommes de troupe.

Le taux de la ration journalière est fixé ainsi qu'il suit :

Tabac caporal pour les officiers... 20 grammes.
Tabac de cantine pour la troupe... 15 —

(1) Vol. 94 *bis*, E. M.

Tarif de certaines substitutions en campagne (1).

On peut remplacer la ration de viande de bœuf par :	Ration forte (0k.500)	Ration normale (0k.400)
Veau, mouton, porc, lapin, volaille, cheval, poisson frais	0k 500	0k.400
Boudin, œufs, fromage mou	0k.375	0k 300
Morue salée	0k.300	0k.250
Lard fumé et lard salé	0k 300	0k.240
Cervelas, viande fumée, viande d'Amérique ou d'Australie fumée ou marinée et salée, thon mariné, hareng salé, sardines salées	0k.250	0k.200
Fromage de Gruyère ou de Hollande, Chester, Roquefort, Parmesan	0k.250	0k.200
Saucisse ou saucisson fumé, hareng fumé	0k.200	0k.150
Sardines à l'huile	0k.150	0k.100
Morue sèche, poudre de viande	0k.125	0k.100
Lait de vache	3 litr.	2l.1/2
La ration de légumes secs ou de riz peut être remplacée par :	Ration forte (0k.100)	Ration normale (0k.060)
Pommes de terre	0k.750	0k.450
Navets, carottes, choux	1k.000	0k.600
Choucroute	0k.600	0k.360
Conserves de légumes	0k.120	0k.070
Farine de froment	0k.100	0k.060
Pâtes d'Italie (nouilles, vermicelle, etc.)	0k.100	0k.060
Farine de maïs	k.100	0k.060
Fromage de Gruyère ou de Hollande	0k.070	0k.040
Fromage mou	0k.110	0k.060

La ration réglementaire de café peut être remplacée par 5 grammes de thé et la ration de lard par 30 grammes de saindoux ou 40 grammes de graisse de bœuf.

On peut remplacer :

Un tiers de la ration de pain ou de pain de guerre par	Farine de froment, de maïs, de riz, de légumes	0k.120
	ou pâtes d'Italie, semoules	0k.180
	ou pommes de terre	1k.300
La ration forte de viande fraîche (500 gr.) ou de conserves de viande (300 gr.) par	Porc salé	0k.360
La ration normale de viande fraîche (400 gr.) ou de conserves de viande (200 gr.) par	Porc salé	0k.240

(1) Vol. 94 *bis*, E. M.

Composition de la ration de fourrages en campagne (1).

DÉSIGNATION des PARTIES PRENANTES.	Ration de chemin de fer (pour 24 heures en temps de guerre). Foin.	Ration de chemin de fer. Avoine.	RATION de GUERRE. Foin.	RATION de GUERRE. Paille.	RATION de GUERRE. Avoine.	CHEVAUX au VERT. Foin.	CHEVAUX au VERT. Paille.	CHEVAUX au VERT. Avoine.
1re CLASSE.	kg.	kg.	kg.	kg.	kg.	k.	kg.	kg.
Cuirassiers	5	2	3 50	2 25	5 75	50	2 50	3 »
Batteries d'artillerie attachées aux divisions de cavalerie	5	2	3 50	2 25	5 75	50	2 50	3 »
Officiers généraux	5	2	3 50	2 25	5 75	50	2 50	3 »
2e CLASSE.								
Artillerie de campagne et à pied.	5	2	2 50	2 »	5 75	45	2 50	3 »
Dragons. Train des équipages militaires. Officiers du service d'état-major. Gendarmerie. — Vétérinaires principaux	5	2	2 50	2 »	5 50	45	2 50	2 50
3e CLASSE.								
Compagnies de sapeurs-conducteurs du génie	5	2	2 50	2 »	5 25	40	2 50	2 »
Chasseurs. Hussards. Officiers d'infanterie, du génie. Officiers employés dans le service de la remonte. — Chevaux de trait des équipages de l'infanterie. — Officiers des états-majors particuliers de l'artillerie et du génie. Officiers du corps de santé (en dehors des corps de troupe). — Vétérinaires n'appartenant ni à des corps de troupe, ni à des écoles et vétérinaires des établissements de remonte. — Fonctionnaires de l'intendance et officiers d'administration. Aumôniers. Fonctionnaires et agents de la télégraphie militaire, du trésor et des postes. — Transports auxiliaires	5	2	2 50	2 »	5 »	40	2 50	2 »
4e CLASSE.								
Mulets de toute provenance	5	2	2 50	2 »	4 50	40	2 50	2 »

(1) Le taux et la composition indiqués au présent tarif n'ont rien d'absolu. Pour le service en campagne, les rations varient nécessairement selon la nature et l'importance des ressources des contrées où les armées opèrent.

(1) Vol. 94 *bis*, E. M.

Ration de chauffage en campagne (1).

1° Cuisson des aliments et préparation du café.

Ration individuelle d'ordinaire aux troupes en station, logées ou cantonnées chez l'habitant lorsque ce dernier ne fournit pas le combustible :

Bois........................ 0 kg. 850.
ou charbon........................ 0 kg. 530 (1).

Ration individuelle d'ordinaire aux troupes campées, baraquées ou bivouaquées.

Bois........................ 1 kg. 010.
ou charbon........................ 0 kg. 630 (1).

Nota. — Dans les cas exceptionnels où il y aurait lieu d'allouer exclusivement des rations individuelles pour la préparation du café, leur taux sera le suivant :

Bois........	0 kg. 050.	Avec double ration pour les sous-officiers à solde journalière et les parties prenantes traitées comme eux.
ou charbon....	0 kg. 030.	

2° Chauffage d'hiver.

Ration individuelle due aux troupes bivouaquées ; peut être allouée aux autres troupes sur l'ordre du commandement.

Bois........................ 1 kg.
ou charbon (1).................... 0 kg. 600.

Le commandement peut accorder des suppléments de ration.

Les sous-officiers à solde journalière et parties prenantes traitées comme tels ont droit à la double ration, qu'il s'agisse de la cuisson des aliments, de la préparation du café ou du chauffage d'hiver.

(1) Il est alloué pour l'allumage 500 gr. de bois par 20 rations de charbon (25 gr. par ration).

Paille de couchage en campagne.

(*Allouée sur l'ordre du commandement*).

	Paille longue.	Paille courte.
Une ration entière de.......	5 kg. »	7 kg. »
ou une demi-ration de.........	2 500	3 500

Les troupes bivouaquées ont toujours droit à la demi-ration.

(1) Vol. 94 *bis* E. M.

Composition des divers approvisionnements en campagne (1).

1° Vivres de réserve.

Pour toutes les armes, la cavalerie exceptée, aux taux fixés (voir 58).

2 jours de pain de guerre, de sucre, de café en tablettes, de viande de conserve et de potage salé ;

1 jour d'eau-de-vie ; un jour d'avoine.

Dans la cavalerie, y compris les éléments entrant dans la composition des divisions de cavalerie (état-major, artillerie et services).

1 jour de pain de guerre ; 3 jours de sucre et de café en tablettes ;

1 jour d'eau-de-vie ; 1 jour de viande de conserve et de potage salé ;

2 kilos d'avoine (1 repas).

Ces vivres ne peuvent être consommés que sur l'ordre du commandement, lorsque tout autre mode d'alimentation est impossible. et doivent être aussitôt reconstitués. Dans la cavalerie, les 2 kilos d'avoine sont cependant journellement consommés à l'arrivée au cantonnement, et reconstitués sur la distribution journalière.

2° Vivres régimentaires.

Pour l'effectif de l'unité correspondante :

2 jours de pain biscuité, de sel, de lard et d'avoine (taux de la ration forte) ;

1 jour de riz et 1 jour de légumes secs (taux de la ration forte) ;

2 jours de sucre, 2 jours de café (1 au taux de la ration de réserve, 1 au taux de la ration forte) ;

1 jour et demi de viande de conserve et de potage salé (taux de la ration forte) ;

1 jour d'eau-de-vie.

3° Vivres du convoi administratif de corps d'armée.

Ils comprennent : 2 jours de pain biscuité, de sel, de lard, de viande de conserve, de potage salé et d'avoine (taux de la ration forte);

1 jour de riz et 1 jour de légumes secs (taux de la ration forte):

2 jours de sucre et 2 jours de café (1 au taux de la ration de réserve, 1 au taux de la ration forte).

4° Vivres du convoi administratif d'armée.

Ils comprennent : 2 jours de pain de guerre (1 au taux de la ration de réserve et 1 au taux de la ration forte) ;

2 jours de petits vivres (1 jour de riz, 1 jour de légumes secs, 2 jours de sel et de sucre; 1 jour de café en grains, 1 jour de café en tablettes), de lard, de viande de conserve, de potage salé et d'avoine (ration forte).

(1) Vol. 94 *bis*, E. M.

MATÉRIEL

A LA DISPOSITION DES OFFICIERS D'APPROVISIONNEMENT POUR LES DISTRIBUTIONS ET L'ABAT DU BÉTAIL (1).

a) Petit outillage à distribution.

Le petit outillage à distribution a pour but de permettre aux officiers d'approvisionnement d'assurer la répartition des denrées entre les parties prenantes des corps et des quartiers généraux.

Cet outillage ne comprend que quelques objets de première nécessité, formant des collections composées comme il suit :

Objet	Nombre	Observations
Romaine oscillante Lemercier, portée de 30 kilog	1	
Sac de pesage en toile, avec bordure en rotin et lanière de suspension en cuir	1	
Ciseau à froid	1	Pour l'ouverture ou la fermeture des caisses clouées ou vissées.
Tenailles ordinaires (paire de)	1	
Marteau emmanché	1	
Petit tournevis à main	1	
Couteaux à conserves	4	
Aiguilles d'emballage	2	
Ficelle de 0m,002, à sacs, pelote de 0 k. 100	1	Pour réparer les sacs troués, remplacer une ligature, etc.
Ficelle moyenne, bobine de 0 k. 050 net	1	
Ficelle fine, bobine de 0 k. 050 net	1	
Boîte d'emballage, en bois	1	

Chaque collection est logée dans un sachet en forte toile que l'on ferme au moyen d'un ruban de fil fixé au sachet et s'enroulant à la partie supérieure. Le poids de chaque collection est d'environ 4 kil. 600; les dimensions approximatives du sachet garni sont de 0m 55 de longueur et de 0m 29 de largeur.

Mode d'emballage.

Dans le sachet d'emballage :

- La boîte d'emballage contenant :
  - La romaine (au fond de la boîte).
  - Les quatre couteaux à conserve.
  - Les deux aiguilles d'emballage les pointes fichées dans un liège.
  - La pelote de grosse ficelle (debout dans un angle).
  - Les deux bobines de ficelle calant le tout.
- Le ciseau à froid.
- Le marteau.
- Le sac de pesage roulé sur lui-même.
- La tenaille.
- Le tournevis.

(1) Vol. 95, E. M.

Tableau n° 75. (*Suite.*)

L'attribution est faite comme il suit :

1° A raison d'un petit outillage à distribution :

Par bataillon d'infanterie;
Par escadron de cavalerie;
Par groupe de batteries d'artillerie;
Par batterie d'artillerie isolée;
Par échelon d'un parc d'artillerie;
Pour l'ensemble des unités composant { un grand parc d'artillerie d'armée / un parc de siège; / un parc du génie d'armée;
Par compagnie du génie, quelle que soit sa nature;
Par demi-compagnie du génie, quelle que soit sa nature;
Par section technique de télégraphie;
Par chaque groupe du grand quartier général des armées et du quartier général d'armée;
Par quartier général de corps d'armée;
Par quartier général de division d'infanterie ou de cavalerie;
Par ambulance;
Par hôpital de campagne;
Par dépôt de remonte mobile.

2° A raison de deux petits outillages à distribution :

Par bataillon de chasseurs à pied ou alpins;
Les corps et services de l'armée active sont dépositaires, en temps de paix, des petits outillages à distribution qui leur sont attribués ainsi que de ceux à affecter à la mobilisation, aux formations supplémentaires ou de réserve correspondantes;
Ces outillages sont portés, en campagne, sur les fourgons à vivres des corps de troupe et des quartiers généraux ou ambulances et hôpitaux de campagne.

b) Moyens d'assurer les distributions sans le secours du petit outillage.

En campagne, les corps peuvent s'aider, pour assurer les distributions, de certains ustensiles de petit équipement et de campement qui sont à la disposition des hommes, tels sont les gobelets ou quarts, les gamelles, les bidons et les marmites, dont la capacité approximative en denrées et liquides des vivres réglementaires de campagne peut être facilement évaluée.

TABLEAU des indemnités de gestion et de frais de bureau des officiers d'approvisionnement (1).

<table>
<tr><th>DÉSIGNATION DES ÉLÉMENTS.</th><th>INDEMNITÉS.</th><th>OBSERVATIONS.</th></tr>
<tr><td>Grand quartier général des armées (1er et 2e groupes)..........</td><td rowspan="11">3 francs par jour.</td><td rowspan="32">Pour les formations pouvant être éventuellement constituées, il est opéré par analogie conformément aux prescriptions spéciales qui les concernent.
—
NOTA. — Pendant les manœuvres, les indemnités de gestion et de frais de bureau sont allouées pour la durée effective des dites manœuvres, y compris, s'il y a lieu, le 31e jour du mois.
Elles sont réduites de moitié pour les journées de route précédant ou suivant les manœuvres pendant lesquelles les officiers d'approvisionnement exercent leurs fonctions spéciales.
Les mêmes indemnités réduites sont allouées pendant les journées passées en route pour se rendre aux exercices techniques (tirs de combat, exercices de tir, écoles à feu, etc.) ou en revenir, et aussi pour les journées de marches lors des changements de garnison.</td></tr>
<tr><td>Régiment d'infanterie..........</td></tr>
<tr><td>Bataillon de chasseurs à pied..........</td></tr>
<tr><td>Régiment de cavalerie..........</td></tr>
<tr><td>Artillerie divisionnaire..........</td></tr>
<tr><td>Artillerie de corps..........</td></tr>
<tr><td>Artillerie lourde d'armée..........</td></tr>
<tr><td>Echelon sur route d'un grand parc d'artillerie d'armée..........</td></tr>
<tr><td>1er, 2e ou 3e échelon d'un parc d'artillerie de corps d'armée..........</td></tr>
<tr><td>Parc d'artillerie de division de réserve.......</td></tr>
<tr><td>Quartier général d'armée (1er et 2e groupes)..</td></tr>
<tr><td>Quartier général de corps d'armée..........</td><td rowspan="10">2 francs par jour.</td></tr>
<tr><td>Quartier général de division d'infanterie ou de cavalerie..........</td></tr>
<tr><td>Bataillon d'infanterie....... } détachés en mission spéciale prolongée....</td></tr>
<tr><td>Groupe de 2 escadrons..... } détachés en mission spéciale prolongée....</td></tr>
<tr><td>Groupe de 3 batteries...... } détachés en mission spéciale prolongée....</td></tr>
<tr><td>Groupe d'artillerie à cheval de divis. de caval.</td></tr>
<tr><td>Compagnie du train des équipages attelant une section de convoi..........</td></tr>
<tr><td>Compagnie du train des équipages attelant une boulangerie de campagne..........</td></tr>
<tr><td>Compagnie du génie..........</td></tr>
<tr><td>Parc du génie d'armée, de corps d'armée, de division isolée..........</td></tr>
<tr><td>Demi-compagnie isolée (du génie) en mission spéciale prolongée..........</td><td rowspan="11">1 franc par jour.</td></tr>
<tr><td>Ambulance..........</td></tr>
<tr><td>Hôpital de campagne..........</td></tr>
<tr><td>Parc de bétail (armée ou corps d'armée).....</td></tr>
<tr><td>Troupeau de ravitaillement..........</td></tr>
<tr><td>Groupe d'exploitation..........</td></tr>
<tr><td>Réserve de commis et ouvriers militaires d'administration d'armée..........</td></tr>
<tr><td>Dépôt de remonte mobile..........</td></tr>
<tr><td>Unité administrative (compagnie, escadron, batterie, section de munitions) groupe d'unités administratives, isolés ou détachés temporairement d'un corps pourvu d'un officier d'approvisionnement titulaire, lorsque le détachement nécessite la désignation d'un officier d'approvisionnement spécial.......</td></tr>
</table>

(1) Vol. 95. E. M.

Tableau donnant la constitution et le sectionnement du train régimentaire.

Le train régimentaire est composée de fourgons à vivres et de voitures diverses dont le nombre est fixé par les instructions ministérielles.

Il comprend en principe 3 sections :

1re section de distribution (1) : Les fourgons à vivres pleins destinés, en totalité ou en partie, à assurer la distribution de jour;

2e section de ravitaillement (1) : Les fourgons vidés lors de la distribution précédente, puis envoyés au point de ravitaillement;

3e section de réserve : Les fourgons spéciaux portant la réserve de vivres définie à l'article 14, les équipages divers, les chevaux haut-le-pied et de main, etc...

Les fourgons des deux premières sections sont employés alternativement aux distributions et à leur propre ravitaillement. Dans les petites unités, en raison du nombre restreint de fourgons qui leur sont affectés, les bagages et les vivres sont portés par les mêmes voitures ; il n'est constitué en ce cas, que 2 sections; chacune d'elles peut ne comporter qu'une voiture. En général, ces sections marchent séparément : l'une sert au transport des vivres et des bagages, l'autre est affectée au ravitaillement.

Dans les régiments de cavalerie et groupes d'artillerie à cheval des divisions de cavalerie, les voitures du train régimentaire ne forment qu'une section.

Lorsqu'une fraction, égale ou supérieure à un bataillon, à un escadron, une batterie est détachée, le chef de corps lui affecte, s'il le juge nécessaire, un nombre de fourgons à vivres proportionné à l'effectif de cette fraction.

Dans le grand quartier général des armées et les quartiers généraux d'armée, le train régimentaire de chacun de ces deux groupes est divisé en deux sections distinctes; la première comprend les fourgons à vivres, la deuxième, les fourgons à bagages, les équipages divers, les chevaux haut-le-pied et de main.

Les convois administratifs, les réserves de commis et ouvriers militaires d'administration, ne comportent pas de train régimentaire.

Composition et destination du chargement du train régimentaire (2).

L'ensemble des fourgons des deux premières sections du train régimentaire porte normalement deux jours de vivres (3), au taux de la ration forte.

Des fourgons spéciaux faisant partie de la section de réserve transportent :

---

(1) L'expression distribution s'applique à la livraison aux parties prenantes et aux consommateurs; l'expression ravitaillement s'applique au recomplètement des trains régimentaires et des voitures à viande.

(2) Vol. 95, E. M.

(3) Sauf dans les régiments et les groupes d'artillerie des divisions de cavalerie, qui ne disposent que d'un jour, les convois administratifs, les réserves de commis et ouvriers militaires d'administration qui n'ont pas de vivres régimentaires.

1° Un supplément de sucre et de café correspondant à la différence qui existe, pour ces denrées, entre le taux d'une ration de réserve et celui d'une ration forte ;

2° La viande de conserve, le potage salé et l'eau-de-vie (1) qui ne sont distribués que dans les circonstances particulières ;

3° Le tabac (1-2), Les équipages divers sont chargés conformément aux prescriptions spéciales qui les concernent.

La dotation règlementaire des deux premières sections et des fourgons spéciaux est déterminée en prenant pour base l'effectif de guerre du corps ou service.

Sauf en cas de changement dans la constitution du corps ou service, cette dotation n'est pas modifiée au cours des opérations, malgré les pertes qui se produiront en hommes et en chevaux; elle est inscrite pour mémoire en tête des colonnes du journal des entrées et sorties tenu par l'officier d'approvisionnement.

En raison des pertes, les approvisionnements d'une section, lorsqu'ils seront complets, seront supérieurs à ceux nécessaires pour assurer la distribution à titre gratuit d'un jour de vivres à l'effectif réel du corps ou service.

Les ressources qui resteront disponibles dans la section après cette distribution permettront à l'officier d'approvisionnement de satisfaire, au moins en partie, à d'autres demandes de vivres. (Distributions aux parties prenantes et étrangères.)

Si ces disponibilités sont insuffisantes, le complément pourra être prélevé sur l'autre section du train régimentaire.

Pour que ce prélèvement soit possible il est nécessaire que la section rejoigne, en temps opportun, le cantonnement des parties prenantes intéressées.

Les vivres chargés sur les fourgons spéciaux constituent une réserve utilisée, lorsqu'il est nécessaire, soit de reconstituer une ration de vivres de réserve consommée par la troupe, soit seulement de substituer dans les vivres du jour la viande de conserve et le potage salé à la viande fraîche, demi-saléé ou frigorifiee.

Dans chaque section, les poids sont répartis aussi également que possible entre les voitures.

Un tableau de chargement, établi par l'officier d'approvisionnement, indique l'affectation et le mode de chargement de chaque voiture.

---

(1) L'eau-de vie et le tabac sont contenus dans des récipients que les corps se procurent à cet effet, au moment de la mobilisation, par achat ou par réquisition. Les récipients destinés à l'eau-de-vie sont des fûts en bois de 100, 50, 30 ou 25 litres ou des bonbonnes ou bouteilles revêtues d'osier.

(2) Le tabac transporté par le train régimentaire ne constitue pas une réserve ; il est seulement destiné à assurer la plus prochaine distribution. Afin de limiter les quantités à transporter, le chef de corps peut prescrire de distribuer le tabac aux diverses unités à des jours différents.

SUPPLÉMENT N° 1

HYGIÈNE DES HOMMES (1).

Hygiène du soldat en marche, en manœuvre, en campagne. — Recommandations générales pour les marches et manœuvres.

Avant de faire une marche, les hommes s'assurent que leurs effets ne les gênent pas. Ils veillent surtout à la chaussure, qui doit avoir été portée, brisée et être souple.

Les pieds doivent être l'objet de soins constants; dès qu'une partie quelconque est pressée douloureusement, il faut, à la première halte, remédier à la gêne produite en quittant les chaussures, s'il est possible, et graisser fortement la partie lésée et la partie qui frotte.

Il ne faut pas se laver les pieds à grande eau. Chaque jour, à l'arrivée, on doit les nettoyer avec un linge légèrement humide et les essuyer. En temps ordinaire, on distribue à cet effet, aux hommes, des effets de linge ou de treillis hors d'usage. Les hommes qui ont des ampoules se présentent à l'infirmier de service, qui a reçu à ce sujet des instructions du médecin.

Pendant les marches, en été, il faut boire, mais en petite quantité. L'absorption rapide de grandes quantités d'eau est souvent suivie d'accidents graves. A la grand'halte ou à l'arrivée, il est prudent de manger un peu avant de boire.

Le cavalier, avant et pendant la marche, doit s'abstenir de boissons alcooliques, s'il veut conserver sa vigueur physique et résister à la fatigue.

Autant que possible, on ne part pas à jeun; on réserve toujours quelque aliment pour la grand'halte; il ne faut manger des fruits, même très mûrs, qu'avec modération.

On évite, au repos, les endroits humides ou trop frais, et, si l'on est en transpiration, on se prémunit contre le vent; on se donne du mouvement si l'on sent que l'on se refroidit, et on se garde de s'étendre sur l'herbe.

Lorsque le soleil est trop ardent, il faut se garantir la tête avec un mouchoir, en l'interposant entre la tête et la coiffure, de telle manière que la partie postérieure fasse l'office de couvre-nuque.

A la suite d'une longue marche, d'un exercice fatigant, après la pluie et particulièrement pendant les grandes chaleurs, on ne doit pas se dévêtir en arrivant, à moins que l'on ne veuille changer de linge; dans ce cas, on le fait sans perdre de temps, et en se garantissant des courants d'air.

Il importe d'éviter soigneusement, qu'après un travail qui les a mis en transpiration, les hommes soient exposés à un refroidissement, par suite d'une immobilité de longue durée, et de la nécessité de conserver sur le corps des effets mouillés, du stationnement dans une cour, dans un corridor exposés au vent.

(1) Extrait du Service Intérieur.

Le soir, on doit se déshabiller pour se coucher, si l'on dispose d'un lit, les membres reposent mieux et le corps reprend sa souplesse. Si l'on n'a pas de lit, il faut ôter sa chaussure, se déshabiller en partie, ou tout au moins desserrer toutes les parties des vêtements et se couvrir le mieux possible en évitant les courants d'air. On se couche tôt pour reposer le nombre d'heures nécessaires.

Dans les bivouacs, on doit se coucher, autant que possible, sur de la paille, du foin ou des copeaux; il ne faut pas se dévêtir; il est bon de se couvrir la tête avec le bonnet de police, en le rabattant sur les yeux.

Recommandations spéciales pour les manœuvres d'hiver.

Le port des tricots, caleçon de laine, gilet et ceinture de flanelle, est recommandé. Chaque homme a une paire de gants de laine. Les vêtements sont bien boutonnés et fermés aux poignets et au cou pour emprisonner l'air déjà échauffé, en contact avec le corps. Les chaussures sont soigneusement graissées pour être rendues imperméables; dans aucun cas on ne doit les faire sécher près du feu.

Les hommes ne se mettent en marche le matin qu'après avoir pris une partie du café, ils emportent l'autre partie dans les bidons. La ration alimentaire est augmentée.

Les haltes se font dans des endroits abrités. Pour dormir, les hommes se couvrent le nez et les oreilles avec le bonnet de police et placent les pieds dans la couverture, les extrémités du corps étant particulièrement exposées à la congélation.

On se protège de cet accident par les mouvements et les frictions, si quelque partie du corps commence à devenir douloureuse sous l'action du froid.

Troupes campées ou bivouaquées.

L'intérieur des tentes doit être tenu dans le plus grand état de propreté. Le sol ne doit pas être creusé, mais décapé seulement; on extrait les herbes et les racines, on creuse une rigole au pied de la tente pour l'écoulement des eaux, et on ménage un rebord, sur lequel on puisse étendre les effets quand il fait beau.

Si de la paille est distribuée, on la répartit sur le sol intérieur, principalement sur la partie où les hommes doivent placer la tête; si l'on n'a pas de paille, on ramasse de l'herbe sèche, de la mousse, du foin, des feuilles sèches pour éviter le contact du sol.

Il ne faut jamais se coucher sur des plantes aromatiques ou odorantes, ni sur les joncs ou plantes vertes qui croissent dans les endroits marécageux.

Dès que le soleil paraît, les tentes sont ouvertes et relevées du côté du soleil, la paille est remuée et exposée au grand air, les effets sont sortis, étendus et battus ainsi que les couvertures.

La tente et les alentours sont balayés avec soin; les ordures sont portées au loin, brûlées ou enterrées; il est défendu d'uriner auprès des tentes et de sortir la nuit de la tente, sans être chaussé et suffisamment vêtu.

La vie au bivouac exige des précautions très grandes; il faut se garantir le mieux possible du froid et de l'humidité, et, la nuit, se tenir les pieds auprès du feu. On organise, si possible, avec des branchages, des abris contre le vent.

Recommandations spéciales pour les manœuvres pendant la chaleur.

En France, pendant les journées de grandes chaleurs, il est prudent de ne pas faire marcher une troupe d'infanterie de 10 heures à 15 heures.

Certaines circonstances peuvent imposer des modifications à cette règle. Les chefs de colonne, de corps ou de détachement, prennent alors les dispositions nécessaires pour éviter les accidents. Pendant les marches, lorsque la chaleur est forte, on fait ouvrir les rangs et marcher le plus possible sur les accotements des routes, pour diminuer la poussière. On ralentit l'allure, tout en veillant à éviter les allongements.

Lorsque l'ordre en est donné, les hommes desserrent les cravates, dégrafent le col.

Avant de partir, les hommes doivent remplir leurs petits bidons avec de l'eau additionnée de café, si c'est possible.

Quand le commandant de la colonne juge utile de faire renouveler la provision d'eau en cours de route, il envoie en avant un gradé, pour faire préparer de l'eau en quantité suffisante, dans les localités où la troupe doit passer. Les habitants sont invités à disposer sur les bords de la route, des récipients en bon état de propreté (baquets, tonneaux ouverts, seaux, arrosoirs, etc..) dans lesquels les hommes pourront remplir leurs bidons. Pendant la route, on empêchera soigneusement les hommes de boire directement aux ruisseaux, fontaines.

La consommation de boissons alcooliques, avant le départ ou en cours de marche, prédispose aux accidents les plus graves d'insolation ou de coup de chaleur.

Le commandant de la colonne prend aussi des dispositions pour faire boire les chevaux pendant les marches.

Troupes cantonnées.

Lorsqu'une troupe doit occuper un cantonnement, l'officier commandant le campement s'informe auprès de la municipalité ou, à son défaut, auprès des habitants que leur situation met le mieux en mesure de le renseigner, si des épidémies ou des épizooties sévissent ou ont sévi récemment dans la commune.

Si le cantonnement laisse à désirer au point de vue sanitaire, un médecin de la troupe devant l'occuper procède à une enquête, de concert avec l'officier commandant le logement ou le campement. Celui-ci se fait indiquer d'une manière précise, les maisons ou locaux contaminés, et vérifie ou fait vérifier au besoin l'exactitude des renseignements recueillis. Il n'hésite pas à écarter complètement de la répartition du cantonnement des locaux reconnus suspects et à les signaler, pour que défense soit faite d'y laisser pénétrer, suivant le cas, les hommes où les animaux appartenant à l'armée.

Il est interdit d'installer l'infirmerie et de passer la visite dans les salles d'école, sans l'assentiment formel des municipalités.

Le commandant du cantonnement fait indiquer très exactement à la troupe, les meilleures fontaines, sources, pompes ou puits de la commune, ainsi que ceux qui sont suspects ; ces derniers sont consignés rigoureusement et un écriteau portant la mention « Défense de boire de cette eau » est immédiatement placé près d'eux en évidence ; on les fait au besoin garder par une sentinelle.

Il faut toujours se méfier des puits et pompes placés dans le voisinage des fosses d'aisance, des mares de fermes et des amas de fumier ; leur eau contient souvent l'agent infectieux de la fièvre typhoïde ou de la dysenterie.

Quand un cantonnement doit être occupé par plusieurs troupes de passage, le commandant de chacune d'elles doit laisser à la mairie, à l'adresse du suivant, tous les renseignements utiles sur les mesures de salubrité qu'il convient particulièrement d'observer dans ce cantonnement.

Etablissement de feuillées.

Toute troupe qui cantonne, campe ou bivouaque doit établir des feuillées suivant les prescriptions réglementaires.

Les feuillées doivent être éloignées des points d'eau, sources, puits, canalisations ; elles doivent être désinfectées avec de la chaux journellement, ainsi qu'au départ de la troupe.

Eau d'alimentation en campagne.

Il importe qu'en campagne, une zone de protection de 10 à 20 mètres, sous forme d'enclos, soit établie autour des sources ou des puits. Quand il s'agit d'un cours d'eau, on aura soin de prendre l'eau de boisson en amont des grandes agglomérations.

SUPPLÉMENT N° 2

HYGIÈNE DES CHEVAUX (1).

Soins à donner aux chevaux en route, en manœuvre et en campagne.

Il n'est pas toujours possible de se conformer, pendant les routes, les manœuvres et en campagne, aux prescriptions concernant l'hygiène des chevaux, en vigueur dans les garnisons; on doit cependant s'efforcer de les observer, autant que les circonstances le permettent, car l'état des chevaux et, par conséquent, le service qu'on peut exiger d'eux, dépendent en partie des soins qui leur sont donnés.

Les règles concernant la tenue des locaux, l'alimentation, l'abreuvage, les soins à donner avant et après le travail, le pansage, etc., seront appliquées dans la mesure du possible.

En campagne, tout commandant de troupe, tout cavalier ou conducteur isolé devra mettre à profit, dès qu'elles se présenteront, les circonstances qui lui paraîtront favorables pour alimenter et abreuver les chevaux.

L'examen journalier et minutieux des différentes parties du corps du cheval, la surveillance des membres et de la ferrure, prennent une importance particulière puisque, plus encore qu'en garnison, il y a intérêt à soigner, dès le début, les maladies ou blessures qui viendraient à se produire.

Il convient de faire une remarque particulière relative aux soins à donner au dos.

Lorsque, à l'arrivée au cantonnement ou au bivouac, il n'est pas possible d'observer les prescriptions concernant les soins à donner au dos du cheval, après l'avoir dessellé il y a souvent intérêt à opérer de la façon suivante :

Après avoir débridé et attaché le cheval, on maintient la selle en place; mais, afin de réduire au minimum la compression sur le dos, on a soin de décharger le cheval, en enlevant les parties pesantes du paquetage et de dessangler.

En agissant ainsi, on évite de provoquer le refroidissement brusque du dos. En outre, les vaisseaux sanguins, comprimés par la selle, reprennent peu à peu leur volume normal, et la circulation se rétablit lentement.

On peut, de la sorte, prévenir souvent le développement de tumeurs susceptibles de devenir, dans la suite, la cause de blessures plus sérieuses.

Il demeure d'ailleurs entendu que la selle est enlevée aussitôt après l'arrivée, si le cavalier est en mesure de donner immédiatement au dos du cheval les soins prescrits. Dans aucun cas, la selle n'est maintenue plus de trois quarts d'heure en place.

---

(1) Extrait du Service Intérieur.

Soins à donner aux chevaux malades ou blessés.

CHEVAUX MALADES

Signes à observer.

Les gradés et hommes de troupe chargés de la surveillance des chevaux, doivent connaître les signes auxquels on reconnaît qu'un cheval est malade, afin de pouvoir, en l'absence d'un vétérinaire ou lorsqu'ils sont isolés, faire donner les premiers soins indispensables.

On reconnaît qu'un cheval est malade :

Quand il ne mange pas ou qu'il mange moins qu'à l'ordinaire;

Quand il est triste, qu'il porte la tête basse ou se tient éloigné de la mangeoire à bout de longe;

Quand il tousse ou qu'il a la respiration accélérée;

Quand il s'agite, se tourmente, ou enfin, qu'il y a dans sa manière d'être quelque chose d'anormal.

Dès qu'un cheval présente un ou plusieurs de ces signes de maladie, il faut : le sortir du rang, l'isoler, l'abriter le mieux possible, le tenir chaudement, en le couvrant si la température l'exige, lui supprimer l'avoine et le foin et ne lui donner à manger que de la paille et du barbotage.

Toux.

Quand un cheval tousse, tout en conservant son appétit et sa gaieté, il faut le tenir chaudement en hiver, ne le sortir que couvert et par le beau temps.

Inflammation de la gorge.

Si le cheval est triste, a de la peine à manger, s'il a la bouche baveuse, et rejette des parcelles d'aliments par les naseaux, c'est le signe d'une inflammation de la gorge qui peut devenir grave. On doit alors couvrir le cheval, lui envelopper la gorge avec une peau de mouton ou un morceau de couverture, afin de maintenir la chaleur dans cette région, et ne lui donner que de l'eau blanchie avec de la farine d'orge.

Coliques.

Lorsque le cheval s'agite, se couche, se roule sur le sol, se relève pour se recoucher tout de suite, regarde son flanc, se plaint et se campe comme pour uriner, c'est l'indice qu'il est atteint de coliques; il faut le faire bouchonner vigoureusement, le bien couvrir et le promener au pas, lui donner quelques lavements tièdes si c'est possible, et le laisser à la diète complète. Il y a toujours danger à faire prendre de force des breuvages à un cheval atteint de coliques, en raison de la surcharge que le breuvage occasionne dans l'estomac, et de la difficulté de l'opération pour les personnes inexpérimentées.

Soignées convenablement dès le début, les coliques sont le plus souvent guérissables, aussi doit-on se hâter de prévenir le vétérinaire.

La plupart du temps, les maladies de l'appareil digestif, désignées sous le nom de coliques, sont imputables à une hygiène irrégulière de l'alimentation ou du travail, et à des infractions aux prescriptions réglementaires : écarts de régime divers, repas trop réduits ou trop copieux, mal répartis ou pris trop vite par des animaux affamés et gloutons, consommation accidentelle de denrées fourragères passées ou altérées (particulièrement luzerne ou sainfoin), abreuvage insuffisant ou excessif, ingestion d'eau froide par des animaux à jeun ou en sueur, refroidissements cutanés subits, travail trop rapproché des repas, fatigue, surmenage.

Fourbure.

Lorsque, après une grande fatigue ou un très long repos, un cheval a de la difficulté pour marcher, s'il a les pieds chauds, les membres postérieurs engagés sous le corps, les antérieurs portés en avant, il est fourbu. Les mesures à prendre sont les suivantes :

Soulager les pieds en faisant desserrer les fers et en les maintenant seulement par quelques clous, entourer les pieds au moyen de chiffons, qu'on entretient humides en les arrosant fréquemment; si la température est favorable, mettre le cheval à l'eau pendant plusieurs heures, jusqu'au-dessus des boulets.

CHEVAUX BLESSÉS

Blessures du harnachement.

Les blessures causées par le harnachement peuvent être de plusieurs sortes.

Si, après avoir enlevé la selle, on observe, sur les parties où elle a porté, une grosseur plus ou moins volumineuse communément appelée « gonfle », il faut immédiatement essayer de la faire disparaître par le massage; pour cela, le cavalier enduit légèrement la paume de sa main d'un corps gras, huile, graisse, ou à défaut de savon, et frotte longtemps dans le sens du poil, en appuyant avec la paume de la main; si la grosseur ne disparaît pas complètement, il faut appliquer dessus une éponge constamment imbibée d'eau légèrement salée ou vinaigrée que l'on maintient avec un surfaix un peu serré; pour éviter les blessures que celui-ci pourrait amener sur la ligne saillante du dos, on interpose un bottillon de chaque côté. A défaut d'éponge, on peut se servir d'une motte de gazon fixée dans les mêmes conditions, la partie herbeuse de la motte étant mise en contact avec la peau.

Il sera prudent de ne pas monter le cheval avant la disparition complète de la grosseur.

Lorsque la blessure s'accompagne d'une plaie superficielle, elle doit être soigneusement nettoyée avec de l'eau ordinaire, ou mieux, légèrement vinaigrée ou salée, afin d'éviter la formation de croûtes épaisses; il est bon, dans ce cas, de fixer à la couverture un carré de toile cirée, débordant largement la plaie, et enduite très légèrement d'un corps gras, huile, graisse ou vaseline.

Les blessures produites par la sangle sont traitées de la même façon.

Les cors ou mortifications de la peau qui se forment sur le dos ou sur les côtes sont respectés aussi longtemps qu'ils permettent l'utilisation du cheval, c'est-à-dire qu'ils ne sont pas accompagnés d'une grosse tuméfaction, toujours extrêmement sensible et indice de la formation d'un abcès ; en route ou en manœuvres, on doit toucher le moins possible aux cors et se borner à un simple nettoyage journalier.

Les blessures qui se forment sur la nuque, sur le garrot et sur le rein, doivent être attentivement surveillées et soignées, en raison des complications fréquentes et parfois graves qui peuvent survenir.

Les blessures du harnachement doivent être soignées dès le début, d'une façon rationnelle, pour éviter leur aggravation; aussi, doit-on présenter, chaque fois que cela est possible, les chevaux blessés, à la visite du vétérinaire, dès l'apparition des blessures.

Blessures ou accidents divers.

Les coups de pied, atteintes, chutes sur les genoux, couronnements, embarrures, prises de longe sont des accidents fréquents ; les plaies qui en résultent doivent être nettoyées, journellement, par des lotions d'eau vinaigrée ou salée. Lorsque la plaie donne lieu à une hémorragie (écoulement abondant du sang), on l'entoure, si possible, au moyen d'un mouchoir, d'une cravate, ou d'un linge propres que l'on serre assez fort ; si la plaie ne peut pas être entourée, on la recouvre de la même façon et on comprime le pansement avec la main jusqu'à ce que le sang ne s'écoule plus.

Quand un cheval boite, on examine tout d'abord le pied, et on s'assure qu'il n'y a pas de cailloux, graviers, etc., enfoncés entre le fer et la corne, ni de clou ayant pénétré dans la sole ou dans la fourchette. Le corps étranger est retiré immédiatement s'il y a lieu, et lorsque le pied est sensible, on fait prendre des bains de pied au cheval.

Si le pied n'est pas sensible, il faut examiner, le membre, le palper dans toute son étendue pour déterminer la région douloureuse ; il convient surtout d'explorer avec soin les articulations et la région tendineuse du canon, en en comparant la sensibilité et le volume, avec la sensibilité et le volume des mêmes parties du membre opposé ; s'il y a de l'engorgement ou de la chaleur, on fait prendre des bains au membre de l'animal, dans un seau de bois, ou mieux dans un cours d'eau.

Dans le pli du paturon, existent parfois des crevasses ; elles sont le résultat soit du manque de soins, soit d'une prise de longe, soit du séjour dans un terrain boueux. Il faut couper les poils autour de la plaie, la nettoyer et appliquer, en petite quantité, de la glycérine ou de la vaseline boriquée. Si le cheval peut être laissé au repos, on place dans le pli du paturon un tampon de coton imbibé d'eau blanche très légère, d'alcool ou d'eau-de-vie ordinaire, maintenu en place par un pansement à demeure.

Jusqu'à guérison complète, on évite de faire passer les chevaux dans l'eau et dans la boue.

AJUSTAGE ET ENTRETIEN DU HARNACHEMENT

Des blessures quelquefois graves et susceptibles d'entraîner une longue indisponibilité, peuvent être causées aux chevaux par les pièces de harnachement.

Les gradés et cavaliers doivent donc connaître exactement les différentes opérations à effectuer, pour ajuster chacune des parties du harnachement et les entretenir en bon état.

Bride et licol de parade.

Ajustage. — On ajuste une bride en réglant la longueur des deux montants au moyen des boucles dont ils sont munis. Cette longueur doit être telle que les canons du mors soient à un ou deux travers de doigt au-dessus des coins (juments) ou des crochets (chevaux).

Le mors lui-même ne doit être ni trop étroit, pour que ses branches supérieures ne viennent pas comprimer et écorcher les joues, ni trop large, afin de ne pas ballotter dans la bouche du cheval.

La gourmette, mise sur son plat et accrochée, doit être suffisamment longue pour que l'on puisse passer deux doigts entre elle et la barbe. Lorsque la gourmette n'est pas mise sur son plat ou lorsqu'elle est trop serrée, elle a une action douloureuse et peut blesser le cheval.

Pour ajuster le licol de parade, il faut d'abord allonger plus ou moins les montants au moyen de la boucle du montant de gauche, afin que la muserolle ne frotte pas sur les saillies osseuses des joues, puis régler la longueur de la sous-gorge de manière que le cheval, tout en conservant la liberté de la respiration, ne puisse ni se débrider ni se délicoter.

Entretien.

Chaque fois qu'une bride a servi, on nettoie les cuirs et les aciers.

Les cuirs sont, suivant le cas, simplement nettoyés avec une éponge humide, ou bien savonnés et lavés. Dans aucun cas on ne les laisse séjourner dans l'eau.

On conserve aux cuirs leur souplesse, en les graissant légèrement avec un mélange d'huile de pied de bœuf et de suif de mouton par parties égales. On fait pénétrer la graisse dans le cuir en frottant avec un linge sec.

Les aciers (mors de bride et filet) sont lavés et tenus au clair. On ne les graisse que s'ils doivent rester un certain temps sans servir.

BRIDONS D'ABREUVOIR ET LICOL D'ÉCURIE.

Ajustage.

L'ajustage du bridon se fait au moyen de la boucle du dessus de tête; il faut donner aux montants du bridon une longueur telle, que le mors du filet soit à hauteur des commissures des lèvres sans les plisser.

Pour ajuster le licol d'écurie, on boucle plus ou moins serré le dessus de tête, suivant les dimensions de la tête du cheval, de manière à empêcher celui-ci de se délicoter. Il faut veiller toutefois à ne pas gêner sa respiration.

Entretien.

Le cuir hongroyé du bridon et du licol d'écurie est lavé et graissé comme il est dit pour le cuir de bride.

Le bridon et le licol ne doivent jamais traîner à terre ou dans la poussière.

Couverture.

La couverture est destinée à amortir la pression et à adoucir les frottements de la selle sur le dos du cheval. Elle est entretenue avec soin, afin de rester souple et moelleuse.

Après avoir dessellé, on fait sécher, en évitant de l'exposer au soleil, la face qui était au contact du cheval et qui est toujours plus ou moins humide. La couverture est ensuite battue, puis brossée avec une brosse en crin (l'usage de la brosse en chiendent détériore la couverture et est interdit).

Tous les ans, la couverture doit être foulonnée.

Avant de seller, on secoue la couverture et on la plie soigneusement en quatre. La présence de corps étrangers (boue séchée, petits cailloux) ou de faux plis dans la couverture est une cause de blessures qu'un peu d'attention permet d'éviter.

SELLE.

De toutes les parties du harnachement, la selle est la plus délicate à ajuster. Comme les erreurs d'ajustage entraînent inévitablement des blessures pour le cheval, cette opération doit être faite avec le plus grand soin.

Ajustage de la selle.

1° Passer d'abord au gabarit l'arçon dépourvu de sa matelassure, pour s'assurer de la symétrie parfaite des deux bandes et de leur régularité.

2° Placer l'arçon sur le dos du cheval et vérifier :

a) Si les bandes reposent bien à plat, sur la partie la plus forte de la ligne du dos, avec un léger relèvement des extrémités. Il y a lieu, dans cette opération, de tenir compte de l'épaisseur de la matelassure et de celle de la couverture, qui viendront s'interposer entre le dos du cheval et les bandes d'arçon;

b) Si le siège a une position sensiblement horizontale.

Si ces deux conditions ne sont pas parfaitement remplies, on remédie aux différents défauts constatés par l'apposition, sous les bandes, de lames de feutre ou de cuir, ce qui permet, soit de remplir les vides, soit de redresser certaines parties, ou de les incurver davantage.

Le léger relèvement des bandes est indispensable pour qu'aux extrémités, l'appui aille en diminuant progressivement d'intensité. Ce relèvement, toutefois, ne doit pas être trop prononcé, car, en diminuant la surface d'appui, il provoquerait le roulement de la selle.

Le siège doit être horizontal, pour que le cavalier soit d'aplomb, et que le poids soit uniformément réparti sur toute la surface de contact avec le dos.

L'arçon une fois ajusté, le crin est également réparti dans les panneaux; il faut avoir soin d'en mettre une moins grande quantité aux extrémités, afin de faciliter le léger relèvement prescrit plus haut.

On évite de partir pour un déplacement de quelque durée avec des selles fraîchement rembourrées.

Entretien de l'arçon et de la matelassure.

1° Passer au moins une fois par an, au retour des manœuvres, tous les arçons au gabarit, afin de s'assurer qu'ils ont conservé leur forme primitive;

2° Refaire complètement les opérations de l'ajustage toutes les fois qu'une selle change d'affectation;

3° Faire toujours rembourrer les 2 panneaux ensemble et par le même ouvrier;

4° S'assurer fréquemment que le rembourrage des panneaux n'est pas remonté vers l'évidement et ne présente ni pelotes, ni lacunes;

5° Voir si les arcades ne présentent pas de fêlures, ou n'ont pas cédé;

6° Enfin, toutes les fois que le cheval a été blessé, rechercher soigneusement la cause et y apporter remède.

On évite les déformations de la matelassure en prenant les précautions suivantes :

a) Ne pas utiliser une selle pour monter un cheval autre que celui pour lequel elle a été ajustée.

En effet, même à conformation identique, la matelassure ne prend pas la même forme sur deux chevaux différents, à cause de la non similitude de leurs allures.

b) Ne pas empiler les selles les unes sur les autres soit dans les selleries ou magasins, soit au bivouac, mais les placer debout sur le pommeau.

Entretien journalier.

Les cuirs de selle sont entretenus comme ceux de la bride, exception faite pour le siège, que l'on graisse rarement; par contre, les faux quartiers et l'envers des quartiers doivent être fréquemment graissés et entretenus souples.

La toile des panneaux est soigneusement brossée; il est interdit de la laver.

HARNAIS D'ATTELAGE.

Ajustage des harnais.

La bricole est placée de façon à se trouver sensiblement horizontale, son bord inférieur un peu au-dessous de la pointe des épaules, afin de ne pas gêner les mouvements du cheval. Si la bricole est trop haute, elle peut comprimer les voies respiratoires.

La sous-ventrière est bouclée de manière que l'on puisse passer le doigt entre elle et la sangle.

Le colleron est ajusté de telle sorte que, le cheval étant attelé, le timon soit horizontal.

L'avaloire est placée normalement à la partie du cheval située immédiatement au-dessus de la pointe de la fesse. Si l'avaloire est trop descendue, le cheval a moins de force pour arrêter ou faire reculer la voiture; si elle est trop remontée, elle passe facilement au-dessus de la pointe de la fesse, n'a aucune efficacité dans les arrêts ou dans les reculs, fait ruer le cheval, et peut occasionner des blessures.

La plate-longe est bouclée à l'avaloire de manière à laisser au cheval une aisance suffisante dans ses mouvements.

Entretien des harnais.

Les harnais doivent être suspendus et placés dans un endroit couvert.

Aussitôt après avoir dégarni le cheval, passer l'éponge humide sur toutes les parties du harnachement imprégnées de sueur et souillées par la boue et la poussière. Lorsque ces soins ne seront pas suffisants, laver avec l'éponge, essuyer ensuite et frotter avec une pièce de laine ou de drap, principalement le corps de bricole, pour lui conserver toute sa souplesse. Exposer les couvertures et les panneaux de selle à l'air lorsqu'ils sont mouillés ou imprégnés de sueur; les battre ensuite avec des baguettes pour leur conserver leur souplesse.

Les harnais en cuir fauve sont graissés, aussi souvent que l'exige leur état, avec un mélange d'huile de pied de bœuf et de suif de mouton par parties égales. Quatre graissages complets par an sont généralement suffisants.

Les harnais en cuir noir sont cirés; ils sont néanmoins graissés au moins quatre fois par an.

TABLE ALPHABÉTIQUE DES MATIÈRES

Paris et Limoges. — Impr. et libr. milit. H. CHARLES-LAVAUZELLE

www.ingramcontent.com/pod-product-compliance
Ingram Content Group UK Ltd.
Pitfield, Milton Keynes, MK11 3LW, UK
UKHW020450200726
13857UKWH00002B/655